MANUAL DEL
CAÑISTA INDUSTRIAL

TÉC. JOSÉ LUIS PLANO

Instructor de Formación Profesional
Ex Proyectista de Piping
Ex Supervisor de Prefabricado y Montaje
de Cañerías de Alta Presión

MANUAL DEL CAÑISTA INDUSTRIAL

TÉCNICA Y PRÁCTICA

Librería y Editorial Alsina

Paraná 137 - C1017AAC Ciudad Autónoma de Buenos Aires
Tel.: 54 11 4373-2942 – Telefax: 54 11 4371-9303
info@lealsina.com   www.lealsina.com

© 2013 *by* Librería y Editorial Alsina
Buenos Aires

Maquetación y armado de interiores:
Gráfica del Parque

ISBN 978-950-553-234-6

Queda hecho el depósito que establece la ley 11.723

Impreso en Argentina

Plano, José Luis
  Manual del cañista industrial. - 1ª ed. - Buenos Aires: Librería y Editorial Alsina, 2013.
  236 p. ; 14x20 cm.

  ISBN 978-950-553-234-6

  1. Construcciones. I. Título
  CDD 690

Dedicado a mi inolvidable Esposa RUBÍ,
que está en el cielo
junto a sus padres y hermano,
y a mis dos adoradas hijas
Mabel y Yanina, por todo el apoyo brindado.

ACERCA DEL AUTOR

José Luis Plano nació en la ciudad de Rosario, provincia de Santa Fe.

Actualmente reside en la ciudad de Puerto Madryn, provincia de Chubut.

Es técnico electromecánico e instructor de formación profesional, egresado del C.O.N.E.T. (Consejo Nacional de Educación Técnica).

E-mail : joselitoplano@hotmail.com.

Experiencia laboral

- Montajes industriales.
- Proyectista de piping.
- Construcción y montaje de cañerías industriales.
- Trabajos de trazados y calderería.
- Supervisión y dirección de obras.
- Capacitación de personal operario.

Fue convocado por el Ministerio de Trabajo, la Municipalidad de Puerto Madryn y la Empresa Aluar, para la formación de operarios a través del Programa de Empleo y Capacitación.

Participó en Cursos de Formación con Salida Laboral en el Centro de Formación Profesional Nº 651 de la ciudad de Puerto Madryn.

Capacitó a operarios de la Empresa Infa Ingeniería, en interpretación de planos de taller, trazados y calderería.

ÍNDICE GENERAL

PRESENTACIÓN

Siempre anhelé confeccionar un libro o manual que cumpla la misión de informar y a la vez adiestrar o instruir a todo aquel que esté trabajando o haya trabajado en obras de montajes industriales y quiera formarse como **oficial cañista**, usando en su redacción la terminología usual de la especialidad.

Este manual cubrirá las principales exigencias del aprendizaje. La finalidad es ofrecer lo indispensable en materia de conocimientos, de manera que con dedicación y gran esfuerzo de superación, se llegue a adquirir una sólida preparación técnica-práctica, debiendo comprenderse que esto último sólo se logra a través de la participación en obras en plantas de diversos procesos.

En esta obra se desarrollará un método activo, afrontando dificultades de a una por vez. No puedo dejar de tener en cuenta que en diversas situaciones el **oficial cañista** necesita conocer algunas fórmulas matemáticas o aplicaciones de geometría y trigonometría, fáciles de memorizar, que al aplicarlas en el momento adecuado, resolverán problemas relacionados con nuestro oficio.

Se aplicarán las normas aceptadas internacionalmente.

En este manual he desarrollado un curso al estilo de **Formación Profesional**, donde soy partícipe como instructor. Sumemos a ello mi larga participación en obras de instalaciones industriales, con más de 35 años en la especialidad de **cañerías industriales**, aportando mis conocimientos técnicos y experiencias, logradas también como docente, convencido que de esta forma contribuyo a la formación de futuros cañistas, con el sano propósito de hacer conocer los aspectos fundamentales del oficio, dispuestos con una secuencia natural de dificultades.

Me propongo también, formar, a través del aprendizaje, trabajadores aptos para ejercer el oficio de hombre, y ciudadanos capaces de contribuir activamente a la prosperidad del país, porque, como sabemos, toda actividad se encuentra al servicio de la sociedad, por todo el bienestar que ésta proporciona.

Procuro satisfacer a corto plazo las necesidades de mano de obra, problema que la enseñanza tradicional no contempla, en tipo y grado de conocimientos teóricos-prácticos para el desarrollo racional de la ocupación.

La enseñanza se basará en el principio de **"aprender haciendo"**, y puedo anticipar que el medio más eficaz de aprendizaje consistirá en hacer ejecutar las tareas propias del oficio, para adquirir las habilidades y conocimientos que conduzcan a una real calificación profesional.

Creo haber salvado, dentro de la limitación de medios disponibles, los obstáculos de requerir información, acariciando la idea de que el presente manual será de gran utilidad, especialmente para los que traten de iniciarse en el oficio.

Comenzaremos por conocer la composición de los diferentes materiales componentes de las cañerías y sus principales accesorios, en su gran variedad, que usaremos en su armado o prefabricación, según las normas establecidas. Estos temas se verán en los **Capítulos 1 y 2**, suficientemente amplios como para asegurar el completo dominio del conjunto de conocimientos que son gran utilidad, especialmente para los que traten de iniciarse en el oficio.

En el **Capítulo 3** aprenderemos los conocimientos básicos sobre la interpretación de los planos de obras, isométricos, coordenadas, nivelación y toda información que necesitamos para ubicarnos en nuestro lugar de trabajo. Se conocerá también la simbología normalizada que se emplea en los mismos. En este capítulo, conoceremos, todo el equipamiento y herramientas que se utilizan para realizar un trabajo eficiente.

Luego de asimilar los tres primeros capítulos, se estará en condiciones de examinar la realización de un proyecto, en todos sus aspectos, como analizaremos en el **Capítulo 4.** Para poder completar prácticamente su estudio, se tendrá que lograr dominar conocimientos de armado de cañerías y aplicar lo visto anteriormente, sobre isometría, ubicación, simbología normalizada, nivelación. Los textos explicativos van acompañados con ilustraciones de las tareas o secuencias a seguir, para la realización de estas operaciones. Todo esto permitirá al futuro oficial, adquirir conocimientos que le serán fundamentales para su futuro, al lograr con ello gran capacidad competitiva.

En **"Conocimientos teóricos relacionados"**, como introducción a los conceptos de medición directa e indirecta, que se verá en el **Capítulo 5**, se exponen y desarrollan los principios básicos de matemáticas, geometría y trigonometría aplicados, para resolver con exactitud, problemas propios del oficio.

En el **Capítulo 6** se verá el sistema de trazado paralelo, especialmente indicado para resolver problemas relacionados con tuberías, como por ejemplo: descentro o "falsos", codos de 90° en gajos, intersecciones, reducciones, construcción de plantillas y sobre todo, se mostrará la forma correcta de usar los útiles y herramientas para trazar.

Y por último, dedico el **Capítulo 7**, titulado **"Aplicaciones prácticas relacionadas"**, para emplear y dar a conocer el procedimiento o modo de resolver algunos trabajos, dependiendo del conocimiento, la experiencia y la habilidad.

Todo lo expuesto se verá en este Manual; el propósito del autor es el de encerrar dentro de los límites de los siete capítulos, la enseñanza técnico-práctica con el objetivo de formar trabajadores que no hayan transitado por la educación formal.

Manifiesto mi profundo agradecimiento y reconocimiento a todos los que cooperaron y ayudaron a que este proyecto se materializara.

EL AUTOR

Capítulo 1

CAÑERÍAS INDUSTRIALES

NOCIONES GENERALES

Se entiende por **cañerías** a todos los elementos que usamos para conducir fluidos por su interior, regularlos o transferirlos de un recipiente a otro.

Se nos hace muy difícil referirnos a un tipo de instalación en particular, pues las cañerías las encontramos en instalaciones de industrias petroquímicas, plantas elaboradoras de papel, destilerías, siderúrgicas, gasoductos y todo proceso que necesite del traslado o desplazamiento de líquidos o pastas livianas a determinado lugar.

Como me propuse que el desarrollo de este Manual sea lo más claro, completo y didáctico posible, informaré sobre las normas que definen y regulan la fabricación y calidad técnica sobre **cañerías industriales**.

Se denomina **cañería** al conjunto de elementos básicos que se utilizan para armar o conformar un tramo, donde interviene como principal componente el **caño**, y sus complementos, como ser bridas, juntas, espárragos, válvulas y accesorios diversos, tes, codos, reducciones, etc.

En primer lugar, por ser éste el elemento principal, se verá todo lo referente a los caños.

Para referirnos a los materiales con que se fabrican éstos y sus accesorios, debemos recurrir a las **Normas ASTM** (American Society Test Material), donde tenemos dos grandes grupos:

FERROSOS Y NO FERROSOS

Ferrosos

Acero al carbono (bajo, medio y alto porcentaje de carbono).
Acero aleado (cromo-molibdeno, cromo-vanadio y otros).
Acero inoxidable (cromo-níquel).

No ferrosos

Cobre
Bronce
Plomo

También tenemos un grupo de cañerías **no metálicas**: hormigón, plástico, vidrio.

OBTENCIÓN Y FABRICACIÓN

Todos estos tipos de cañerías cumplen especificaciones relacionadas con la función a la que están destinadas.

Según el sistema de fabricación y las necesidades, los caños pueden dividirse en dos grupos: **con costura** y **sin costura de soldadura**.

Pertenecen al primer grupo los fabricados por medio de un fleje metálico de anchura correspondiente al desarrollo del caño a producir y cuyo espesor sea igual a las paredes del caño deseado.

El fleje metálico preparado para este trabajo, se conoce con el nombre de **"palastro"**.

La plancha denominada palastro se calienta a 1400 °C, y luego se pasa, tirando a través de un carro provisto con unas tenazas que sujetan y arrastran al fleje, para pasarlo lentamente porpiezas con orificios llamadas **"hileras"**, sistema muy parecido a las operaciones de trefilado pero en forma de embudo, con los orificios acordes con el diámetro externo del caño a fabricar, dando a la chapa forma de tubo.

Los bordes del fleje son comprimidos con tanta presión que quedan soldados entre sí, previo a introducir un mandril o dardo llamado también **"bala"**, de diámetro interior para evitar el aplastamiento.

Este procedimiento se denomina **Fretz-Moon** (Figuras 1 y 2).

Figura 1

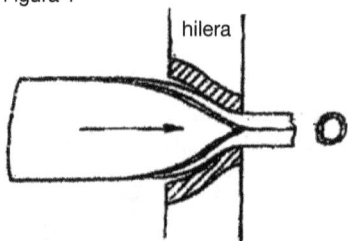

hilera

Figura 2

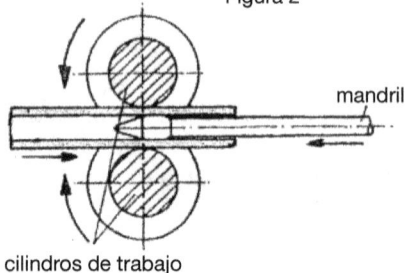

mandril

cilindros de trabajo

Existen otros sistemas para unir los bordes: soldadura por arco automática, por inducción y por resistencia.

Luego se pasa el caño por cilindros que dejan su diámetro exterior uniforme, mientras que el mandril le va corrigiendo su diámetro interior, pasando a máquinas que lo enderezan y cortan en longitudes establecidas.

Para comprobar si el caño está bien terminado y soldado, se lo somete a una presión hidráulica de 15 atmósferas. Los caños obtenidos con bordes soldados ofrecen la dificultad del curvado, porque se rompen o se abren por la línea de soldadura.

Para eliminar en parte este inconveniente, se recurre a la soldadura **helicoidal**, donde el fleje de chapa se arrolla en forma de hélice sobre un cilindro, de modo que sus bordes queden apoyados, seguidamente se efectúa la soldadura por medio de procedimientos mecánicos.

CAÑOS O TUBOS SIN COSTURA

Se producen a partir de un macizo, por medio de operaciones de laminación.

El procedimiento más antiguo para fabricar caños sin costura es el llamado **"cilindros cruzados"**, en el que se hace pasar un bloque de acero redondo a través de dos cilindros abombados, cuyos ejes se cruzan entre sí, girando en el mismo sentido, creándose así un movimiento tal que el núcleo del bloque se desgarra.

A través de la abertura que se forma, se introduce un mandril para alisarla y ensancharla.

El tubo de gruesas paredes obtenido de este modo se estira empujándolo sobre otro mandril, adelantándose y retrocediendo mientras desgarra el material (esta operación se llama" paso de peregrino"), que será el que le dará el diámetro interior definitivo.

Este movimiento de vaivén se va repitiendo hasta que todo el caño pasa sobre los cilindros de la laminadora (Figura 3) .

Cilindros cruzados para fabricar tubos sin costura

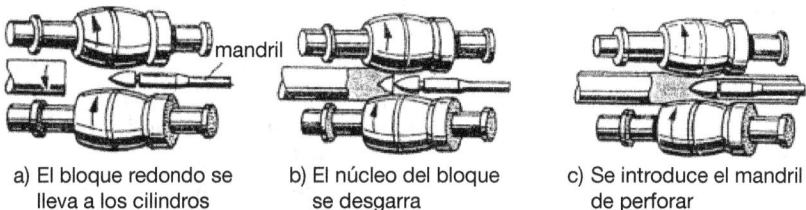

a) El bloque redondo se lleva a los cilindros

b) El núcleo del bloque se desgarra

c) Se introduce el mandril de perforar

El procedimiento más moderno para la fabricación de caños o tubos es el **procedimiento de extrusión**, en el que se comprime un corto bloque redondo de acero puesto al rojo, haciéndolo pasar junto con un mandril de perforar a través de una matriz.

De este modo se pueden fabricar tubos terminados en una sola operación.

Los procedimientos de fabricación examinados son los más elementales, pero es propio de cada industria emplear su sistema productivo, siempre que se cumpla con las normas y especificaciones que rigen este tipo de producto.

ESPECIFICACIONES TÉCNICAS

En la página anterior, al referirme a caños o tubos lo hacía indistintamente, pero cada uno de estos elementos tiene características distintas, como ser: materiales, dimensiones, aplicaciones y uso.

Los caños están normalizados en cuanto a sus dimensiones, según Normas **A.S.A.** o **A.N.S.I.**, Asociación Americana de Normas y American National Standars Institute respectivamente; esta última normaliza específicamente a caños o tubos de acero inoxidable. En cuanto a los elementos o componentes de su material y grados, los normaliza como ya vimos anteriormente **A.S.T.M.**

A los tubos los encontramos en el mercado, con dimensiones y espesores distintos a los de los caños; puede que a pedido del cliente el diámetro exterior sea igual al diámetro nominal, o inversamente, que el diámetro interior coincida con el diámetro exterior nominal, situación que no ocurre con los caños.

Las Normas **I.S.O.** (International Organization Standartization) se encarga de la tabulación de esta especificación.

Los tubos también varían sus espesores, que se miden en milímetros o fracciones de pulgada.

Pueden fabricarse con costura o sin costura y como pasa con los caños, los componentes de sus materiales también los normaliza **A.S.T.M.**

Para una información más completa se debe recurrir a las próximas páginas, donde se mencionan los caños más usados, tablas de dimensiones, componentes y tipos, con las explicaciones correspondientes.

El espesor de la pared se encuentra tabulado según Schedule, abreviado Sch, que es un número *adimensional* que nos representa a dicha dimensión, resuelto mediante una fórmula matemática, donde intervienen entre otros, valores sobre la presión de trabajo, tensión admisible del material, temperatura de uso.

Adimensional = Dimensión que resulta de operaciones matemáticas, con fórmulas complejas.

Para continuar con este tema, quiero poner en relieve la importancia que tiene poder dominar el conocimiento de las dimensiones, composición de los diversos materiales y la enorme diversidad de accesorios con que se cuenta para resolver las necesidades de una instalación industrial.

DIMENSIONES Y PESO DE LOS CAÑOS

Para ayudar a adquirir estos conocimientos, daré a continuación tablas o datos tabulados, por ser de elemental necesidad, puesto que las mismas resuelven con rapidez problemas que con frecuencia se encuentra el **oficial cañista**.

Las tablas siguientes son las más usuales por la utilidad que prestan, el aprendizaje y memorización de medidas y denominaciones de los accesorios dará al oficial un signo de capacidad técnica, que seguramente será valorado en cualquier trabajo relacionado con su oficio.

Analicemos las siguientes **tablas de dimensiones** y **peso de caños**, donde vemos en la primera columna el valor del diámetro exterior **nominal** en pulgadas, que es como se denomina el caño según **A.S.A.**; en la segunda columna tenemos en milímetros el diámetro **real** exterior correspondiente.

Como se observa, el diámetro nominal y el diámetro real no coinciden con el diámetro exterior ni con el diámetro interior, esto ocurre hasta el diámetro Nominal exterior de 12", desde el caño de 14" en adelante el diámetro exterior Nominal coincideen su equivalenciacon el diámetro exterior Real.

En la tercera columna se tienen los números **Schedule** y su tipo: **STD**, estándar.

La cuarta columna nos muestra los valores en milímetros del espesor de la pared de los **XS**, reforzado y **XXS**, súper reforzado, de los caños correspondientes a los números de la tercera columna, respectivamente.

Y por último, en la quinta columna vemos el peso en kilos por metro, vacío, de los caños correspondientes, datos que nos sirven para calcular el peso al realizar el montaje de los mismos.

El futuro **oficial cañista** debe tener conciencia de la importancia fundamental que requiere el conocimiento, y a su vez reconocimiento físico de los caños por su diámetro exterior, el espesor de su pared y si es con o sin costura, para aplicar los mismos al trabajo que está realizando, donde se le indica las especificaciones que corresponden.

Por eso, la importancia de reconocer un caño es básica; cuando comenzamos un trabajo de prefabricación o montaje de isométricos, lo primero que se hace es controlar qué tipo de cañería se empleará antes de solicitarla y cuando nos la entregan, lo mismo debe ocurrir con los accesorios correspondientes

Luego de las tablas siguientes, seguiremos analizando la composición de los materiales involucrados en las exigencias de fabricación de los caños.

TABLA I. DIMENSIONES Y PESO DE LOS CAÑOS

Diámetro exterior nominal en pulg.	Diámetro exterior real en mm	Tipo de Schedule A	B	Espesor de pared en mm	Peso del caño vacío kg/m
1/8"	10,29	40	STD	1,73	0,370
		80	XS	2,41	0,470
1/4"	13,72	40	STD	2,23	0,630
		80	XS	3,02	0,800
3/8"	17,15	40	STD	2,31	0,840
		80	XS	3,20	1,100
1/2"	21,34	40	STD	2,77	1,270
		80	XS	3,73	1,620
		160	XXS	4,75	1,940
1"	33,40	40	STD	3,38	2,500
		80	XS	4,55	3,230
		160	XXS	6,35	4,230
1 1/4"	42,16	40	STD	3,56	3,380
		80	XS	4,85	4,460
		160	XXS	6,35	5,600
1 1/2"	48,26	40	STD	3,68	4,040
		80	XS	5,08	5,400
		160	XXS	7,14	7,230
2"	60,33	40	STD	3,91	5,440
		80	XS	5,54	7,470
		160	XXS	8,71	11,080
2 1/2 "	73,00	40	STD	5,16	8,500
		80	XS	7,01	11,500
		160	XXS	9,53	14,850
3"	88,90	40	STD	5,47	11,280
		80	XS	7,62	15,250
		160	XXS	11,10	21,310

TABLA II. DIMENSIONES Y PESO DE LOS CAÑOS

Diámetro exterior nominal en pulg.	Diámetro exterior real en mm	Tipo de Schedule A	B	Espesor de pared en mm	Peso del caño vacío kg/m
4"	114,30	40	STD	6,02	16,060
		80	XS	8,56	22,290
		120	XXS	11,10	28,210
		160	XXS	13,49	33,490
5"	141,30	40	STD	6,55	21,750
		80	XS	9,53	30,900
		120	XXS	12,70	40,300
		160	XXS	15,87	49,000
6"	168,30	40	STD	7,11	28,230
		80	XS	10,97	42,510
		120	XXS	14,27	54,150
		160	XXS	18,24	67,410
8"	219,10	20	STD	6,35	33,270
		30	STD	7,04	36,750
		40	STD	8,18	42,480
		60	XS	10,31	53,030
		80	XS	12,70	64,560
		100	xs	15,06	75,690
		120	XXS	18,24	90,220
		140	XXS	20,62	100,830
		160	XXS	23,01	114,140
10"	273,10	20	STD	6,35	41,720
		30	STD	7,80	50,950
		40	STD	9,27	60,230
		60	XS	12,70	81,450
		80	XS	15,06	95,720
		100	xs	18,24	114,470
		120	XXS	21,41	132,730
		140	XXS	25,40	154,950
		160	XXS	28,58	172,090

TABLA III. DIMENSIONES Y PESO DE LOS CAÑOS

Diámetro exterior nominal en pulg.	Diámetro exterior real en mm	Tipo de Schedule A	B	Espesor de pared en mm	Peso del caño vacío kg/m
12"	323,8	20	STD	6,35	49,670
		30	STD	8,38	65,130
		40	STD	10,31	79,750
		60	XS	14,27	108,860
		80	XS	17,45	131,700
		100	xxs	21,41	159,510
		120	XXS	25,40	186,730
		140	XXS	28,58	207,840
		160	XXS	33,32	238,480
14"	355,6	10	STD	6,35	55,200
		20	STD	7,92	69,000
		30	STD	9,53	81,800
		40	STD	11,10	93,700
		60	XS	15,02	126,400
		80	XS	19,05	159,500
		100	xXs	23,81	198,800
		120	XXS	27,78	224,400
		140	XXS	31,75	254,200
		160	XXS	35,71	282,500
16"	406,4	10	STD	6,35	62,600
		20	STD	7,92	77,900
		30	STD	9,53	93,100
		40	STD	12,70	123,200
		60	XS	16,66	160,000
		80	XS	21,41	203,000
		100	xXs	26,19	245,300
		120	XXS	30,94	286,100
		140	XXS	36,50	332,600
		160	XXS	40,46	364,700

TABLA IV. DIMENSIONES Y PESO DE LOS CAÑOS.

Diámetro exterior nominal en pulg.	Diámetro exterior real en mm	Tipo de Schedule A	B	Espesor de pared en mm	Peso del caño vacío kg/m
18"	457,2	10	STD	6,35	70,500
		20	STD	7,92	87,800
		30	STD	11,10	105,000
		40	STD	14,27	122,100
		60	XS	19,05	139,000
		80	XS	23,80	155,900
		100	xXs	29,36	205,600
		120	XXS	34,93	254,100
		140	XXS	39,67	309,400
		160	XXS	45,24	365,300
20"	508,0	10	STD	6,35	78,500
		20	STD	9,53	117,000
		30	STD	12,70	155,000
		40	STD	15,06	182,900
		60	XS	20,62	247,600
		80	XS	26,19	310,800
		100	xXs	32,54	382,100
		120	XXS	38,10	441,000
		140	XXS	44,45	507,600
		160	XXS	49,99	564,000
22"	558,8	20	STD	9,53	129,500
		30	STD	12,70	171,000
24"	609,6	10	STD	6,35	94,350
		20	STD	9,53	140,790
		30	STD	14,27	209,510
		40	STD	17,45	254,710
		60	XS	24,59	354,310
		80	XS	30,94	440,980
26"	660,4	20	STD	9,53	153,300
		30	STD	12,70	202,500
30"	762,0	20	STD	12,70	234,400
		30	STD	15,88	291,770

ACEROS Y SUS ALEACIONES

Antes de pasar a ver lo correspondiente a la clasificación en **grados de calidad** de los caños, nos detendremos a considerar lo relacionado con las distintas características de los aceros y sus componentes, usados en la elaboración de las cañerías.

Veremos también las distintas Normas que disponen especificaciones para los tratamientos térmicos y ensayos a que son sometidos estos aceros, para lograr la calidad requerida.

El acero

El acero se fabrica predominantemente del lingote obtenido por fusión del mineral de hierro en el alto horno.

Una de las razones de la gran utilidad del hierro es precisamente la facilidad con que se puede mezclar con otros elementos y obtener así una inmensa variedad de propiedades, estas combinaciones de elementos reciben el nombre de **aleaciones**.

Sin el hierro no podría concebirse nuestra civilización, porque forma parte principal de todos nuestros medios de locomoción, de toda obra de ingeniería y aun de los artículos de uso doméstico.

El hierro es el más importante de los materiales en la construcción, y comparativamente es el más económico. Por aleación se obtienen muchas clases de acero con diversas propiedades; el hierro puro no se emplea en la práctica. En el cuadro siguiente vemos algunos elementos de aleación, sus funciones y símbolo químico.

Elemento	Símbolo	Origen	Principales funciones
Azufre	S	Estado natural	Libra de impurezas la colada. Por dar una fundición quebradiza, el % debe ser el mínimo
Carbono	C	Estado natural	Aumenta la resistencia y dureza de los aceros
Cromo	Cr	No se encuentra naturalmente	Aumenta la resistencia a la oxidación y corrosión
Fósforo	P	Estado natural	Aumenta la resistencia y dureza de los aceros de bajo contenido de carbono
Manganeso	Mn	No existe libre en la naturaleza	Contrarresta la fragilidad debido al azufre. Favorece la penetración del temple
Molibdeno	Mo	Existe combinado con otros minerales	Aumenta la tenacidad, además de la resistencia al calor

Elemento	Símbolo	Origen	Principales funciones
Níquel	Ni	Estado natural	Aumenta la tenacidad en los aceros, junto con el cromo
Silicio	Si	Existe combinado como arena,cuarzo	Repercute favorablemente en las propiedades magnéticas del acero
Tantanio	Ta	Estado natural	Le confiere al acero,resistencia a muchos agentes corrosivos o ácidos
Titanio	Ti	Estado natural	Fija al carbono y evita la pérdida de cromo durante calentamientos muy prolongados
Vanadio	V	Existe combinado con otros minerales	Dificulta el ablandamiento en el revenido,mejora la tenacidad

PROPIEDADES DE LOS ACEROS

Como todos sabemos, existen otros componentes para disponer de aleaciones, pero no han sido citadas porque forman parte de otras calidades y características de aceros.

La elección de un material determinado depende en primer lugar de sus propiedades.

Las propiedades que más se destacan son:

Resistencia: es la oposición que ejerce un material a las deformaciones o a la separación de sus más pequeñas partículas.

Dureza: es la resistencia que un material opone a la penetración de un cuerpo extraño, así como al desgaste.

Ductilidad y tenacidad: propiedades que hacen posible una gran deformación por la acción de las fuerzas exteriores, sin que el material pierda por ello su cohesión interna.

Elasticidad: propiedad que permite a un material, una vez que cesa la acción de las fuerzas exteriores, recobrar su forma primitiva.

Estabilidad al calor: permite el calentamiento de un material hasta determinada temperatura sin perder sus restantes propiedades.

Resistencia a la corrosión: es la inalterabilidad de un material bajo influencias exteriores desfavorables, por ejemplo intemperie, humedad, vapores, gases, ácidos, álcalis, etc.

Además de tener la propiedad de obtener una variedad de propiedades mediante diferentes composiciones, los aceros poseen la característica de sufrir cambios cuando son sometidos a tratamientos térmicos.

Someter un acero a un **tratamiento térmico** significa en su expresión más simple, "calentamiento y enfriamiento controlado", para obtener un resultado.

TRATAMIENTOS TÉRMICOS

Cuando decimos que un acero es tratado térmicamente, puede consistir de una o varias de las siguientes operaciones, según necesidad:

Recocido: se aplica a aquellos aceros que por su dureza no se pueden trabajar, se recomiendapara "ablandar" los aceros de gran resistencia; consiste en calentar al acero hasta un rojo oscuro (700 °C),y dejarlo enfriar lentamente.

También se lo denomina **Normalizado**, pero éste se ejecuta con menos temperatura.

Temple: la cualidad más notable de los aceros es la de aumentar grandemente su dureza por medio del temple.

Calentando al acero sobre 900 °C y luego enfriándolo suficientemente deprisa, se produce un cambio en su estructura interna, aumentando la resistencia a la tracción, el límite elástico y desde luego su dureza.

Revenido: consiste en calentar al acero, después de haber sido templado, a una temperatura inferior (350 °C) en zonas donde queremos disminuir la dureza y resistencia a la rotura.

El revenido da al acero las condiciones adecuadas al fin a que será destinado.

Cementación: reside en aumentar el contenido de carbono de la superficie de un acero, mediante un calentamiento a temperaturas comprendidas entre 800 y 950 °C, en presencia de un medio capaz de cederle carbono, denominado agente cementante o carburante.

La cementación va seguida siempre del temple y el revenido.

Se aplica a piezas que requieran gran dureza superficial y resistencia al desgaste, junto a elevados niveles de ductilidad y resistencia para poder soportar esfuerzos de importancia.

Se emplean principalmente aceros de bajo contenido de carbono, aleados o no.

Estos tratamientos **"termoquímicos"**, a nivel industrial, se deben realizar en hornos especiales con atmósfera controlada y se denominan termoquímicos porque aparte de las operaciones de calentamiento y enfriamiento, modifican la composición química del acero en su capa superficial, mediante el aporte o la difusión de ciertos elementos como ser carbono, nitrógeno, cianuro y otros.

Cuando se trata de una pieza única o de pocas cantidades de piezas a tratar, estas operaciones son realizadas en forma manual, por operarios experimentados.

ENSAYO DE LOS MATERIALES

Para conocer con exactitud las propiedades mecánicas de toda clase de metales, se recurre a una serie de pruebas o ensayos solicitados por las Normas correspondientes logrando establecer entre otros datos la **tensión admisible** de cada material.

Se denomina **tensión** a un esfuerzo unitario; está medido por una fuerza que actúa sobre una unidad de superficie (ejemplo kg/cm^2). Por lo tanto **tensión admisible**, es el valor adoptado, luego de los ensayos pertinentes, y aplicando un determinado **"coeficiente de seguridad"**.

Límite de fluencia

Todos hemos visto que un pedazo de acero común tiene cierta elasticidad, es decir que luego de doblarlo o torcerlo hasta cierto punto, la pieza vuelve a su forma original.

La deformación temporaria que sufre el acero se denomina **deformación elástica**; si seguimos ejerciendo fuerza sobre el trozo de acero podemos doblarlo o torcerlo de modo que ya no vuelva a su forma original.

Esta deformación permanente se denomina **deformación plástica**.

Al ensayarse un trozo de acero torneado de una dimensión determinada y normalizada para poder computar exactamente su resistencia por mm^2, la primera parte del estiramiento es elástico, puesto que si quitamos la carga de la máquina de ensayo, la probeta vuelve a su forma original.

Luego, después de haberse agotado toda capacidad de estiramiento elástico, la probeta empieza a estirarse en forma plástica, al punto que esto ocurre, es decir, que el esfuerzo que es necesario para causar un principio de estiramiento plástico se denomina **"límite de fluencia"**, y esta cualidad es sumamente importante, puesto que a una estructura cualquiera no sólo se le exige resistencia a la rotura, también se le pide resistencia a la deformación.

Diagrama de la deformación de una probeta sometida
a la prueba de carga a la tracción

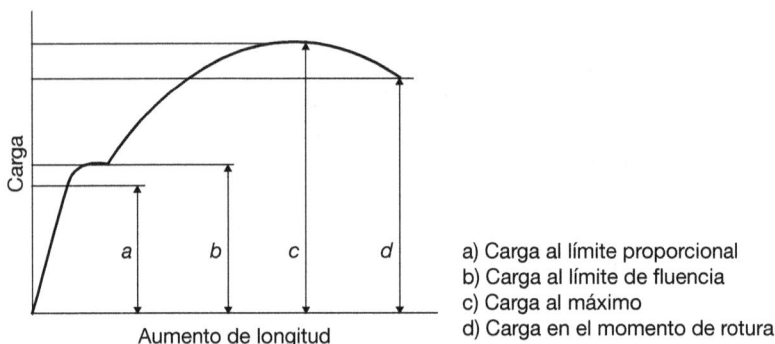

a) Carga al límite proporcional
b) Carga al límite de fluencia
c) Carga al máximo
d) Carga en el momento de rotura

RESISTENCIA A LA TRACCIÓN

El esfuerzo que se necesita para romper una probeta es la **carga de rotura** y la resistencia que opone el material es la **resistencia a la tracción**.

Las probetas se tornean a un diámetro ya establecido, medido con mucha exactitud y se calcula luego la superficie de la sección en milímetros cuadrados.

La cifra de carga de rotura, en kilos, se divide por el número de milímetros cuadrados y el resultado es la resistencia por milímetro cuadrado ⓐ.

Ductilidad

El cambio de longitud que sufre una probeta de acero, en un ensayo de tracción es la medida de **ductilidad.**

Generalmente se marca una distancia de 50 mm, sobre la parte cilíndrica de 12,7 mm de diámetro de la probeta y luego de producirse la rotura, se mide nuevamente la distancia entre las marcas.

Se divide el aumento de longitud por la longitud original, obteniéndose así el alargamiento expresado en por ciento.

Un acero de bajo tenor de carbono, con buena ductilidad, puede tener un alargamiento de 30%, por ejemplo ©.

Estricción

Al estirarse una probeta en un ensayo de tracción, queda reducida la sección en el lugar de la rotura.

Esta reducción de sección se convierte en porcentaje sobre la sección original y se llama **porcentaje de estricción.**

La causa de esta reducción es una deformación en la estructura del acero ⓑ.

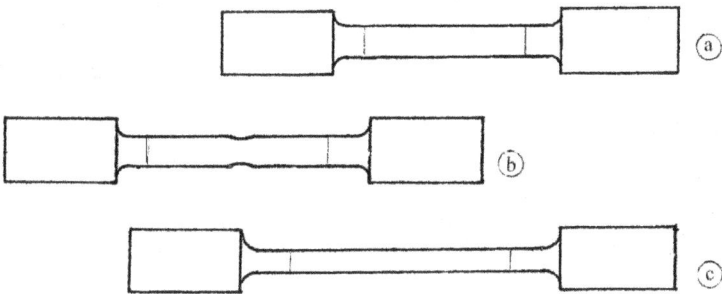

Dureza

Existen varios métodos para determinar la dureza de los metales, pero el más común para los aceros es el **método Brinell**.

Este ensayo consiste en la aplicación, mediante una máquina especial, de una carga de 3.000 kilos, durante 30 segundos, sobre una bolita de acero de 10 mm de diámetro, colocada sobre una superficie lisa del acero a ensayarse.

Luego de quitar la carga, se mide el diámetro de la impresión que dejó la bolita y la **dureza Brinell** es determinada mediante una fórmula matemática.

Resistencia al choque (resiliencia)

Ocurre muchas veces que se rompe una pieza de acero, en lugar donde existe un ángulo agudo o una entalladura.

La resistencia que un acero posee a la deformación y propagación de grietas en una entalladura, es medida mediante un ensayo especial, y es un indicio de su tenacidad.

Se hace una entalladura en la probeta, que luego se sujeta entre dos soportes y se rompe mediante el golpe de un péndulo, cuyo recorrido después de romper la probeta queda registrado en una escala gráfica, que indica la resistencia al choque.

Debo aclarar que todos estos procedimientos de ensayos que hemos visto, y otros que no se vieron, se realizan con máquinas y elementos creados o propuestos para estos fines, por las normas correspondientes.

Rotura progresiva de una probeta bajo choque

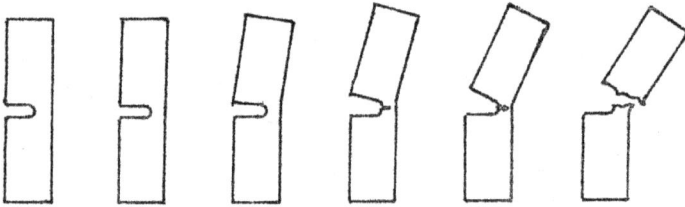

GRADOS DE CALIDAD

Como dijimos anteriormente, según el uso para que están destinados, los caños se clasifican con diferentes **grados de calidad**, como nos indican las **Normas A.S.T.M.**, y esto es válido para la construcción de bridas, accesorios, piezas o partes de válvulas y también para la bulonería en el ensamble de las cañerías.

Esta normalización considera para su clasificación, la composición química de los componentes del material, como sus características mecánicas, temperaturas y presiones de trabajo a que están sometidas las cañerías correspondientes.

Para nuestro conocimiento citaremos los grados más comúnmente usados en la conducción de fluidos por cañerías; analizando luego a cada grado en particular.

Grado A.S.T.M.	Tipo	Aplicaciones
A-53	Acero al carbono	Para usos industriales generales.
A-106	Acero al carbono	Para instalaciones que deben soportar temperaturas medias. Hasta aprox. 400 °C.
A-120	Acero al carbono	Para usos muy comunes. Temperatura ambiente.
A-312	Acero inoxidable	Para instalaciones en condiciones muy severas de presión/corrosión. Altas temperaturas, hasta 650 °C.

Grado A.S.T.M.	Tipo	Aplicaciones
A-333	Acero aleado	Para instalaciones que deban soportar muy bajas temperaturas, menores de 0 °C.
A-335	Acero aleado	Para instalaciones que deben soportar altas temperaturas de 500 °C.

A.S.T.M. A-53 A Y B

Tenemos dos tipos de calidades en este acero: **Grado A** y **Grado B**

Composición química y características mecánicas

Grado A.S.T.M. A-53	Carbono % máx.	Manganeso % máx.	Fósforo % máx.	Azufre % máx.	Tensión de rotura kg/mm²	Límite de fluencia kg/mm²	Alarga-miento mínimo %
A	0,25	0,95	0,05	0,06	34	21	35
B	0,35	1,20	0,05	0,06	42	25	30

Usos

Es un material muy noble, se lo utiliza para la conducción de un gran número de fluidos, podemos mencionar entre otros, los siguientes:

Agua

- Blanda
- Condensado de vapor
- Industrial
- Pluvial
- Potable

Aire

- Comprimido
- Para instrumentos
- Para producir vacío

Gas

- Industrial

Nota

Si la especificación del material lo solicita con el subíndice:

"S" se refiere a **caño sin costura.**
"E" se refiere a **caño con costura, soldadura longitudinal.**
"F" se refiere a **caño con costura, soldadura helicoidal.**

A.S.T.M. A-106 A-B Y C

Como podemos observar, tenemos tres tipos de grados en este acero. La diferencia con el acero A.S.T.M. A-53 Gr. A o B, radica en que posee silicio.

Composición química y características mecánicas

Grado A.S.T.M. A-106	Carbono % máx.	Manganeso % máx.	Silicio % máx.	Azufre % máx.	Tensión de rotura kg/mm²	Límite de fluencia kg/mm²	Alarga- miento mínimo %
A	0,25	0,27 a 0,93	0,10	0,05	34	21	35
B	0,30	0,29 a 1,06	0,10	0,05	42	25	30
C	0,35	0,29 a 1,06	0,10	0,05	49	28	30

El **silicio** le otorga la propiedad de incrementar la resistencia a la tracción y el límite de fluencia.

El **manganeso** aumenta más la resistencia a la tracción y también actúa como desoxidante.

Este material se usa generalmente para conducir fluidos que trabajan a altaspresiones y temperaturas de hasta 400 °C.

Como podemos ir apreciando, existe una diferencia sustancial en cuanto al tipo o clase de caño, ya sea por espesor, por Normas A.S.T.M., si es con o sin costura, al carbono o aleado, etc.

Por estas imponderables razones se codifica una identificación en colores, marcándose cada caño con una raya a todo lo largo del elemento, con el color que le corresponda, el número, grado y norma de la especificación.

La importancia de reconocer un caño es básica, para que responda a la lista de materiales y a la especificación inserta en la misma.

A.S.T.M. A-120

Es un acero utilizado en instalaciones de poca importancia. Puede encontrarse en el mercado como caño negro o galvanizado.

Se lo utiliza generalmente para temperatura ambiente (las Normas A.S.T.M. no nos dan mucha más información sobre esta calidad de acero), recalca únicamente la proporción máxima admisible de las impurezas de azufre y fósforo.

A.S.T.M. A-312

Corresponde a un acero que se utiliza en condiciones muy severas de presión, corrosión y altas temperaturas, hasta aproximadamente 650 °C.

Es un acero aleado inoxidable.

Composición química y características mecánicas

Grado A.S.T.M A-312	C %	Mn %	P %	S %	Si %	Ni %	Cr %	Otros %	Tensión de rotura kg/mm^2	Límite de fluencia kg/mm^2
TP-308	0,08	2	0,04	0,03	0,75	8-11	18-20	------	52	21
TP-309	0,15	2	0,04	0,03	0,75	12-15	22-24	------	52	21
TP-310	0,15	2	0,04	0,03	0,75	19-22	24-26	------	52	21
TP-316	0,08	2	0,04	0,03	0,75	11-14	16-18	Mo 2-3	52	21
TP-317	0,08	2	0,04	0,03	0,75	11-14	18-20	Mo 3-4	52	21
TP-321	0,08	2	0,04	0,03	0,75	9-13	17-20	------	52	21
TP-347	0,08	2	0,04	0,03	0,75	9-13	17-20	------	52	21
TP-348	0,08	2	0,04	0,03	0,75	5-8	17-20	Ta 0,1	52	21
TP-XM 10	0,08	8-10	0,04	0,03	1	5-8	19-21	Ni 0,2	64	35
TP-XM 11	0,04	8-10	0,04	0,03	1	5-8	19-21	Ni 0,4	62	35
TP-XM 19	0,06	4-6	0,04	0,03	1	11-13	20-23	Mo 1-3	69	38
TP-XM 29	0,06	11-14	0,06	0,03	1	2-3	17-19	V 1-3	69	38

A.S.T.M. A-333
GRADOS 1 Y 6

Composición química y características mecánicas

Grado A.S.T.M. A-333	C %	Mn %	Si %	P %	S %	Tensión de rotura kg/mm²	Límite de fluencia kg/mm²	Alarga-miento mínimo %
1	0,30	0,40	----	0,05	0,06	38,5	21	35
6	0,30	0,29	0,10	0,06	0,06	42	24	30

Se trata de un caño de acero sin costura, apto para conducir fluidos que trabajan a muy bajas temperaturas.

Debido a la pérdida de ductilidad que se produce en el acero a temperaturas inferiores a los 0 °C, los materiales usados en estas condiciones de trabajo deben poseer una temperatura de transición, es decir, del paso de comportamiento **dúctil** al **frágil**, más baja que la de los aceros que son empleados en condiciones normales.

Para controlar la ductilidad, los caños en su elaboración, son ensayados **al impacto** con las temperaturas mínimas aproximadas del diseño y para las cuales se garantizan, según el tipo de probeta utilizada, los valores mínimos de resistencia que deben obtenerse.

Tratamiento térmico

Todos los caños deberán ser tratados térmicamente de acuerdo a las siguientes especificaciones:

Normalizado

Se deberán calentar a una temperatura no menor de 810 °C,enfriar en aire o cámara de enfriamiento de horno de atmósfera controlada, normalizado y revenido opcional.

Controlando la temperatura final del proceso de laminación en caliente dentro del rango de 850° y 950 °C, 0 recalentando hasta dicha clase de temperatura y enfriando en una atmósfera controlada desde la temperatura inicial de 810 °C.

A.S.T.M. A-335
GRADOS P-1 P-2 P-5 P-11 P-12 Y P-22

Caños de acero sin costura, usados para altas temperaturas, pertenecen al grupo de aceros al molibdeno.

Se los utiliza para sistemas de generación de energía y plantas de refinación de petróleo.

Se diferencia del acero A-106 por ser más resistente a la corrosión de los fluidos calientes que pasan por él a temperaturas de hasta 500 °C,y aceptan condiciones muy severas de trabajo.

Composición química y características mecánicas

Grado A.S.T.M.	C %	Mn %	Si %	Cr %	Mo %	P %	S %	Tensión de rotura kg/mm²	Límite de fluencia kg/mm²	Alargamiento mínimo %
P-1	0,10 0,20	0,30 0,80	0,10 0,50	----	0,45 0,65	0,05	0,05	39	21	30
P-2	0,10 0,20	0,30 0,60	0,10 0,50	0,50 0,80	0,45 0,65	0,05	0,05	39	21	30
P-5	0,15	0,30 0,60	0,50	4,00 6,00	0,45 0,65	0,03	0,03	42	21	30
P-11	0,15	0,30 0,60	0,50	1,00 1,50	0,45 0,65	0,03	0,03	42	21	30
P-12	0,15	0,30 0,65	0,50	0,80 1,25	0,45 0,65	0,05	0,05	42	21	30
P-22	0,15	0,30 0,60	0,50	1,90 2,80	0,90 1,20	0,03	0,03	42	21	30

Los materiales de los Grados P-5,P-11 y P-22 se deberán suministrar recocidos, normalizados y revenidos.

Si se suministran normalizados y revenidos o trefilados, la temperatura de revenido final será de 650 °C, mínimo para Grado P-11,y de 680 °C, mínimo para Grados P-5 y P-22.

Los caños Grados P-1, P-2 y P-12, ya sean terminados en caliente o trefilados en frío, se deberán suministrar distensionados a una temperatura de entre 650° y 700 °C.

Estos caños son aptos para ser doblados o pestañados, si se lo desea.

Completamos analizando, de manera resumida, las variadas aplicaciones de los materiales usados en la elaboración de caños más usados, según nos especifica A.S.T.M.

Para cualquier otro tipo de aplicación que no figure en estas páginas, se debe consultar a Normas A.S.T.M. Cañerías/Tuberías.

Caños sin costura para usos térmicos

Grado-A.S.T.M.	Características	Aplicación
A-192	Acero al carbono 0,06%	Para altas temperaturas
A-209	Acero aleado C-Si-Mo	Para usar en calderas y sobrecalentadores
A-210	Acero aleado C-Si	Para caños o tubos de evaporación,más de 300 °C
A-213	Acero aleado Cr-Mo	Para usar en altas presiones y altas temperaturas

Estos aceros abarcan una variedad de usos, como caños o tubos de calderas, para sobrecalentadores, pared de agua o usos complememtarios de los generadores de vapor.

Las condiciones de trabajo pueden ser muy amplias, según la instalación, donde tenemos equipos que trabajan a 300 °C y 15 kg/cm^2 de presión, hasta grandes generadores de cerca de 600 °C de temperatura y muy altas presiones.

Los generadores de vapor es una de las aplicaciones en que el caño sin costura es indispensable, por la homogeneidad de su estructura y mayor límite de fluencia en las altas temperaturas.

En su elaboración, luego de la última pasada, deben ser tratados térmicamente.

OTROS TIPOS DE GRADOS A.S.T.M. Y SUS APLICACIONES

A-161   Usado en destilerías   Aleación de Cr-Ni
A-200   Usado en destilerías   Aleación con bajo porcentaje de C
A-271   Usado en destilerías   Aleación inoxidable Cr-Ni
A-334   Similar a A-333   Aleación para bajas temperaturas
A-539   Usado en transporte
         de Fuel-Oil y Gas   Acero al C

NORMAS CONSULTADAS

Luego de examinar detenidamente los temas anteriores, referidos a materiales, sólo me resta citar las normas consultadas, para confeccionar la información ofrecida, que ayudará a conocer técnicamente en forma simple y sin palabras complicadas, casi todo lo referente a la elaboración de las cañerías industriales y sus exigencias productivas.

En el párrafo anterior digo **casi todo**, porque existe un gran número de datos elaborados por empresas dedicadas a la fabricación o comercialización de elementos del ramo, que son sencillos de adquirir, en su promoción publicitaria o solicitándolos sin cargo.

Normas I.R.A.M. Instituto Argentino de Racionalización de Materiales

Número	2502	Caños de acero para conducción de fluidos
"	2585	Método de ensayo de aplastamiento
"	2587	Método de ensayo de presión hidrostática interna
"	2608 /102-4	Método de ensayo de tracción
"	597	Método de ensayo de doblado guiado

Otras normas

A.S.A.	Asociación Americana de Normas
A.S.T.M.	American Society for Testing and Materials
A.S.M.E.	Sociedad Americana de Ingenieros Mecánicos
A.I.S.I.	Instituto Americano del Hierro y del Acero
A.W.S.	American Welding Society
A.N.S.I.	American National Standards Institute
D.I.N.	Deutsche Industrie Norm
I.S.O.	International Standartization Organization
I.S.A.	International Standars Association
S.A.E.	Standard American Engineer
S.A.E.	Society of Automotive Engineer
U.N.E.	Unión Europea
U.N.I.	Unión Internacional

CAPÍTULO 2

ACCESORIOS

Los accesorios cubren en segundo lugar la nómina de elementos que usamos para la fabricación o montaje de las cañerías.

Los accesorios componen una lista muy amplia por su denominación y uso.

Los oficiales cañistas deben poner primordial atención en conocer y memorizar, con el tiempo, la gran variedad con que se cuenta de ellos en el mercado.

Nos referiremos detalladamente tanto a su clasificación, conforme a las normas que los regulan, como a analizar los materiales que se usan en su construcción.

Clasificaremos a los accesorios en dos importantes grupos:

– Accesorios para la prefabricación
– Accesorios para armado o montaje

En el primer caso agrupamos:

– Accesorios roscados   Para baja presión y baja temperatura.
– Accesorios para soldar   A enchufe generalmente hasta 2" de diámetro.
– Bridados   Se los utiliza para que la instalación se monte y desmonte con facilidad.

En el segundo grupo ordenamos:

– Bridas
– Válvulas
– Juntas
– Espárragos y bulones

Analizaremos los elementos de cada grupo

Dentro de los accesorios propiamente dichos del primer grupo, podemos decir que de acuerdo con la técnica usada para su ensamble o unión con los caños correspondientes, se clasifican en:

– Accesorios roscados, con rosca Whitworth Gas /A.S.A. B 2.1 / IRAM 5063.
– Accesorios Butt Weld (*batwel*)), biselados para soldar.
– Accesorios Socket Welding (*sokeweld*), de enchufe para soldar.

Esto determina una clasificación independientemente del material o espesor de que se trate, denominaciones que es necesario tener muy en cuenta.

BISELADOS PARA SOLDAR (*BUTT-WELD*)

Veremos a continuación un cuadro con dimensiones en milímetros, aplicable a accesorios biselados para soldar, fabricados conforme a las normas:

ANSI B 16.9 - IRAM 2607-2646-2647 - ASTM A 234

Diámetro exterior nominal en pulg.	Diámetro exterior real en mm	A L	A C	B	C	L	H
1/2	21,3	38,1	----	15,9	25,4	----	25,4
3/4	26,6	38,1	-----	19,1	28,5	38,1	25,4
1	33,4	38,1	25,4	22,2	38,1	50,8	38,1
1 ¼	42,2	47,6	31,8	25,4	47,6	50,8	38,1
1 ½	48,3	57,1	38,1	28,6	57,1	63,5	38,1
2	60,3	76,2	50,8	34,9	63,5	76,2	38,1
2 ½	73,0	95,2	63,5	44,4	76,2	88,9	38,1
3	88,9	114,3	76,2	50,8	85,7	88,9	50,2
3 ½	101,6	133,4	88,9	57,1	95,2	101,6	63,5
4	114,3	152,4	101,6	63,5	104,8	101,6	63,5
5	141,3	190,5	127,2	79,4	123,8	127,0	72,2
6	168,3	228,6	152,4	95,2	142,9	139,1	88,9
8	219,1	304,8	203,2	127,0	177,8	152,4	101,6
10	273,1	381,0	254,0	158,8	215,9	762,0	127,0
12	323,8	457,2	304,8	190,5	254,0	203,2	152,4
14	355,6	533,4	355,6	222,3	279,4	330,2	165,1
16	406,4	609,6	406,4	254,0	304,8	355,6	177,8
18	457,2	685,8	457,2	285,7	342,9	381,0	203,2
20	508,0	762,0	508,0	317,5	381,0	508,0	228,6
22	558,8	838,2	------	342,9	419,1	508,0	254,0
24	609,6	914,4	------	381,0	431,8	508,0	266,7
26	660,4	990,6	------	406,4	495,3	609,6	266,7

Diámetro exterior nominal en pulg.	Diámetro exterior real en mm	A L	A C	B	C	L	H
28	711,2	1066,8	------	438,1	520,7	609,6	266,7
30	762,0	1143,0	------	469,9	558,8	609,6	266,7
32	812,8	1219,2	------	502,0	597,0	609,6	266,7
34	863,6	1295,4	------	533,4	635,0	609,6	266,7
36	914,4	1371,6	------	565,1	673,0	609,6	266,7

La medida **AL**, corresponde a un diámetro y medio *nominal* en su equivalencia en milímetros.

La medida **AC**, corresponde a un diámetro *nominal* en su equivalencia en milímetros.

La medida **L**, corresponde a reducciones, cuyo diámetro mayor es el diámetro *nominal* considerado.

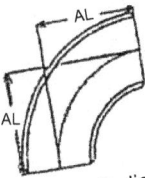

Codo 90° - Radio largo
90° Long Radius Elbow

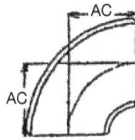

Codo 90° - Radio corto
90° Short Radius Elbow

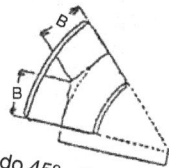

Codo 45° - Radio largo
45° Long Radius Elbow

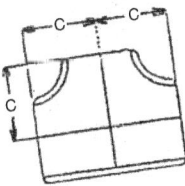

Te normal
Straight Tee

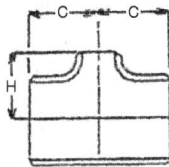

Te de reducción
Reducing Tee

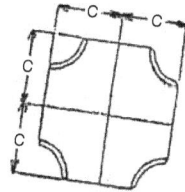

Cruz normal
Straight Cross

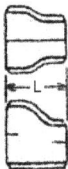

Reducciones concéntricas y excéntricas
Concentric and Eccentric Reducers

Casquete semielíptico ANSI
Ellipsoidal Cap ANSI

SERIES Y NORMAS DE ACCESORIOS FORJADOS

Los accesorios mencionados en este capítulo se pueden encontrar sin ningún inconveniente en proveedores como Curvo Sold, Briver, Cintolo y otros.

Aclaramos que las normas de dibujos y medidas están regidos por las Normas ANSI, a los fines completamente didácticos.

Los accesorios forjados, que son los roscados o a enchufe, se clasifican con número de serie:

Serie 2000 #   Serie 3000 #   y   Serie 6000 #

Estos números definen la presión de trabajo admisible a la temperatura de 38 °C (que se la puede suponer temperatura ambiente), de los siguientes materiales y grados:

Acero ASTM A.105 Gr. 1 — Acero al carbono
Acero ASTM A.182 Gr. F 304 — Acero inoxidable
Acero ASTM A.234 Gr. WPB — Acero al carbono

Serie 2000

Temperatura	Presión lb/pulg^2	Presión kg/cm^2
38 °C ref.	2000 #	140
480 °C máx.	590 #	42

Serie 3000

Temperatura	Presión lb/pulg^2	Presión kg/cm^2
38 °C ref.	3000 #	210
480 °C máx.	1200 #	84

Serie 6000

Temperatura	Presión lb/pulg^2	Presión kg/cm^2
38 °C ref.	6000 #	420
480 °C máx.	2000 #	140

= Símbolo de libras por pulgadas cuadradas.

Como dijimos anteriormente, la común indicación de **Butt Weld** (*batweld*), significa: para soldar biselados a tope, y tienen la particularidad de poseer como diámetro las mismas medidas de los caños que ensamblan con ellos, y están tabulados desde ½" en adelante, hasta más de 30".

La indicación **Socket Welding** (*sockeweld*), significa: de enchufe y de uso en cañerías de hasta 2".

Como todo lo que involucra a cañerías, son denominaciones que es necesario tener muy en cuenta.

ACCESORIOS FORJADOS ROSCADOS SERIES 2000 #, 3000 # Y 6000

Serie	Medida	1/8	1/4	3/8	1/2	3/4	1	1 1/4	1 1/2	2
2000	A	24,5	24,5	24,5	28,5	33,5	38,5	44,5	51,0	60,5
	B	26,0	26,0	26,0	33,5	38,1	46,0	55,5	62,0	76,0
	C	19,0	19,0	19,0	22,0	25,5	28,5	32,0	35,0	43,0
3000	A	25,4	25,4	28,5	33,5	38,5	44,5	51,0	60,5	63,5
	B	26,0	26,0	33,5	38,1	46,0	55,5	62,0	76,0	82,5
	C	19,0	19,0	22,0	25,5	28,5	32,0	35,0	42,0	43,6
6000	A	24,5	28,5	33,5	38,1	44,5	51,5	60,5	63,5	82,5
	B	26,5	33,5	38,1	46,0	55,5	62,0	76,0	82,5	110,0
	C	19,0	22,0	25,5	28,5	32,0	35,0	42,0	43,6	52,5
2000 3000	D	22,0	22,0	28,0	31,5	38,0	46,0	55,5	62,0	76,0
	L	44,5	44,5	51,0	54,0	58,5	63,5	71,5	79,5	89,0
	X	16,0	19,0	22,0	28,5	35,0	44,5	57,0	63,5	76,0
6000	D	----	----	----	38,0	46,0	55,5	63,5	76,0	83,0
	L	----	----	----	73,0	85,5	92,0	98,5	106,0	117,0
	X	22,0	25,5	32,0	38,0	44,5	57,0	63,5	76,0	92,0
2000 3000 6000	H	19,0	26,0	26,0	32,0	36,0	41,0	45,0	45,0	48,0
	O	6,3	6,3	8,0	8,0	9,5	9,5	12,7	15,8	17,4
	P	11,0	15,8	17,4	19,0	23,8	25,4	25,4	25,4	28,0
	Q	11,1	15,8	17,5	22,0	27,0	36,5	46,0	51,0	63,5
	N	32,0	35,0	47,5	51,0	60,5	60,5	66,5	79,5	85,5
	U	9,5	11,1	12,7	15,8	19,0	22,2	23,8	25,4	28,5
	V	13,8	19,0	20,6	25,4	28,1	31,8	33,5	33,5	33,5

Este grupo de accesorios sufre una variación en la medida del diámetro de su conducto interior (paso del fluido), de acuerdo con la presión de trabajo.

Accesorios forjados roscados

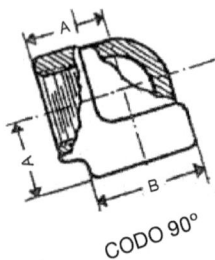

CODO 90°

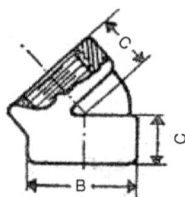

CODO 45°

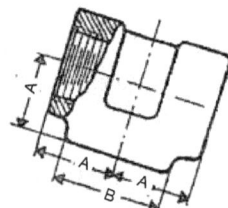

TEE

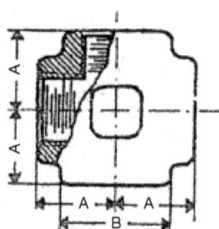

CRUZ

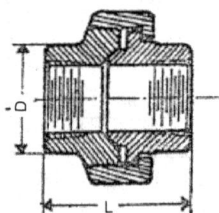

UNIÓN DOBLE

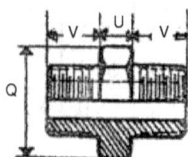

ROSCA CON TUERCA

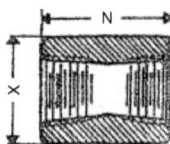

CUPLA

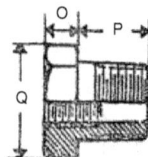

BUJE DE REDUCCIÓN

TAPA

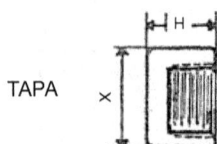

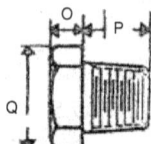

TAPÓN

Para más libras de presión se reduce el diámetro del conducto interior, y por lo tanto, aumenta el espesor del cuerpo del accesorio.

Podemos ver estas dimensiones en el cuadro siguiente, perteneciente a accesorios.

Socket Welding, correspondiente a la medida **F**, que son válidas para ambos grupos.

ACCESORIOS FORJADOS SOCKEL WELDING
SERIES 2000 #, 3000 # Y 6000

Serie	Medida	1/8	1/4	3/8	1/2	3/4	1	1 1/4	1 1/2	2
2000	A	24,5	24,5	24,5	28,5	33,5	38,5	44,5	51,0	60,5
	B	26,0	26,0	26,0	33,5	38,1	46,0	55,5	62,0	76,0
	C	19,0	19,0	19,0	22,0	25,5	28,5	32,0	35,0	43,0
	D	10,7	14,1	17,6	21,7	27,1	33,8	42,5	48,6	61,1
	E	9,5	9,5	11,0	12,5	14,5	16,0	17,5	19,0	22,0
	F	6,8	9,2	12,5	15,8	20,9	26,6	35,1	40,9	52,5
3000	A	25,4	25,4	28,5	33,5	38,5	44,5	51,0	60,5	63,5
	B	26,0	26,0	33,5	38,1	46,0	55,5	62,0	76,0	82,5
	C	19,0	19,0	22,0	25,5	28,5	32,0	35,0	42,0	43,6
	D	10,7	14,1	17,5	21,7	27,1	33,8	42,5	48,6	61,1
	E	9,5	9,5	11,0	12,5	14,5	16,0	17,5	19,5	22,5
	F	5,5	7,7	10,7	13,8	18,8	24,3	32,5	38,1	49,3
6000	A	24,5	28,5	33,5	38,1	44,5	51,5	60,5	63,5	82,5
	B	26,5	33,5	38,1	46,0	55,5	62,0	76,0	82,5	110,0
	C	19,0	22,0	25,5	28,5	32,0	35,0	42,0	43,6	52,5
	D	10,7	14,1	17,5	21,7	27,1	33,8	42,5	48,6	61,1
	E	9,5	9,5	11,0	12,5	14,5	16,5	17,5	19,0	22,0
	F	6,4	6,4	6,4	6,4	11,0	15,2	22,8	27,9	38,1

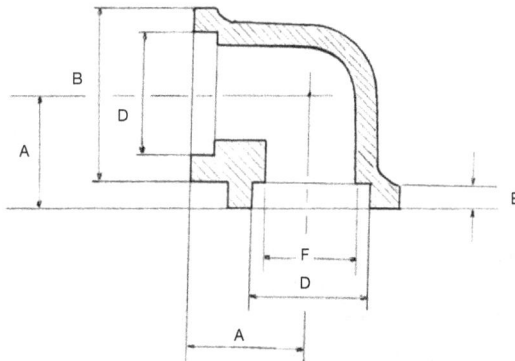

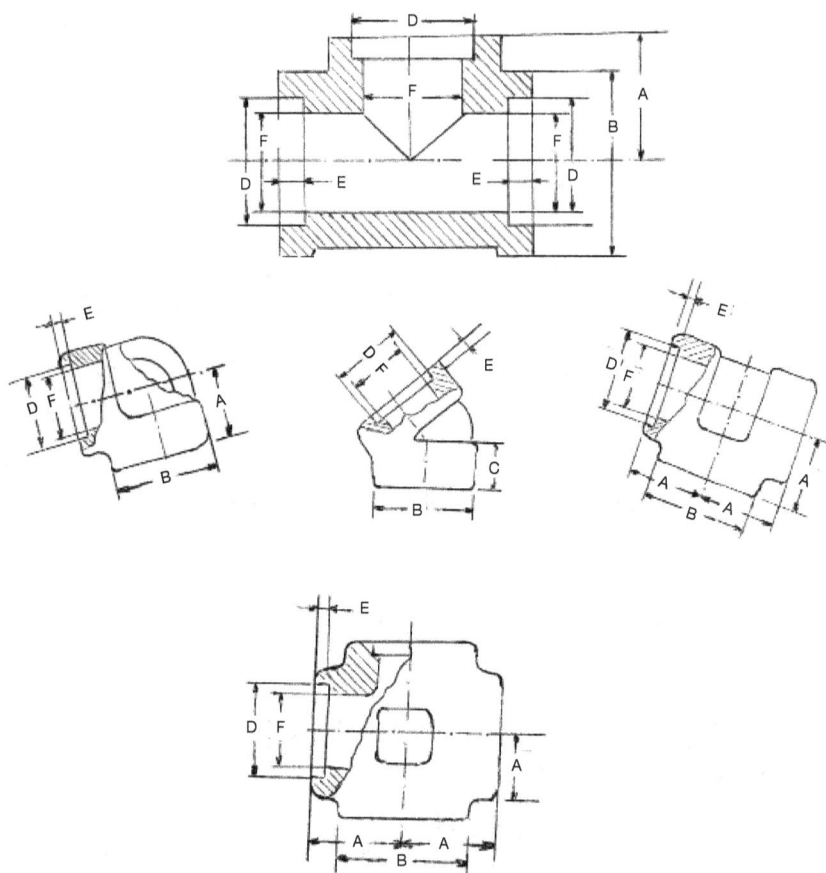

ESPECIFICACIONES DE MATERIALES CITADOS

Acero ASTM A.182 Gr. F 304

Aleación de acero inoxidable, forjado o laminado para accesorios, partes de válvulas y bridas con altas temperaturas de servicio.

Composición química

C %	Mn %	P % máx.	S % máx.	Si % máx.	Ni %	Cr %	Mo %
0,08	2,00 máx.	0,04	0,03	1,00	8,00	18,00	-----

Acero A.S.T.M. A-105 Gr. 1

Acero al carbono para accesorios forjados.

Composición química y propiedades mecánicas

C %	Mn %	S %	P %	Si %	Tensión de rotura kg/mm²	Límite de fluencia kg/mm²	Alargamiento mínimo %
0,22 a	0,5 a	0,04	0,05	0,35 máx.	5000	2570	22

Acero al carbono A.S.T.M. A-234 Gr. WPB

Acero al carbono forjado, para accesorios de cañerías para media y alta temperatura de servicio.

Comercialmente, se denominan: con el grado A = WPA
con el grado B = WPB
con el grado C = WPC

El Grado B, conocido como **WPB**, es el más usado. Contiene elementos idénticos al acero

A.S.T.M. A-106 Gr. B (ver página 34, Primera Parte del Capítulo 1).

BRIDAS

Son los elementos que se utilizan para colocar en las cañerías con el fin de poder armar y desarmar las mismas, sin necesidad de cortar con oxicorte, indispensable para el montaje o desmontaje.

La gran variedad de tipos de bridas obliga a que se preste un especial interés en el estudio sobre su denominación y clasificación.

Se fabrican conforme a los valores que determinan las distintas normas que corresponden a cada una de ellas según la función a cumplir y a los materiales requeridos.

Su utilización debe ser la correcta y estar de acuerdo con las especificaciones y tipo, pedidas en la lista de materiales, planos o isométricos de la obra.

Por su diseño tenemos los siguientes tipos más conocidos en instalaciones industriales:

– **Welding Neck**
– **Slip On**

- **Lap Joint**
- **Roscadas**
- **Ciegas**
- **Ring Joint**
- **Socket Weld**

Analizaremos a cada una de ellas, de acuerdo con el uso o característica para su aplicación.

SERIE DE LAS BRIDAS

El número de serie corresponde a la *presión de trabajo admisible*, considerando el material trabajando a *alta temperatura*.

Las series de las bridas forjadas responden a:

150 #   300 #   600 #   900#   1200 #   2500 #

Correspondiente, como se dijo, a la presión de trabajo admisible de sus materiales:

Acero al carbono	Acero A.S.T.M. A-105 Gr. 1 – A-181 Gr. 1
Acero al carbono aleado con Mo	Acero A.S.T.M. A-182 Gr. FS-12
Acero al carbono aleado con Mo y Cr	Acero A.S.T.M. A-182 Gr. F-12 / F5
Acero inoxidable	Acero A.S.T.M. A-182 Gr. F-321 /347

Además, siempre considerando su diseño, se indican como: **FF** (lisas, sin resalto ni rayado en la cara de contacto), **RMS** (lisas, con resalto de alta presión), **RF** (*race face*, con resalto).

BW (biselados), tenemos también las roscadas, con rosca **BSP o NPT**.

Están todas normalizadas por **ASA / ANSI B 16,5**.

Serie de la brida	Presión de trabajo lb/pulg.^{2}	Acero al carbono	Acero aleado	Acero inoxidable
150 #	150	260 °C	----------	----------
300 #	300	455 °C	525 °C	610 °C
600 #	600	455 °C	525 °C	610 °C
900 #	900	455 °C	525 °C	610 °C
1500 #	1500	455 °C	525 °C	610 °C
2500 #	2500	455 °C	525 °C	610 °C

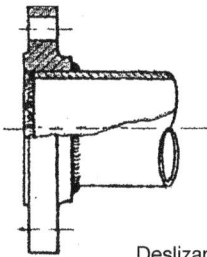

Deslizante

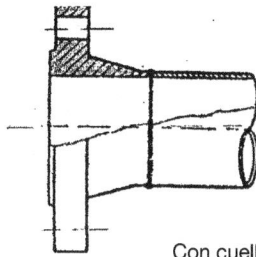

Con cuello
para soldar

Ciega

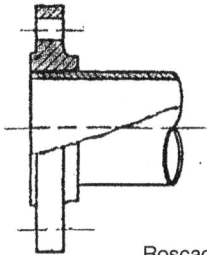

Roscada

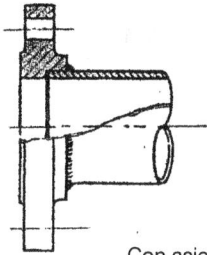

Con asiento
para soldar

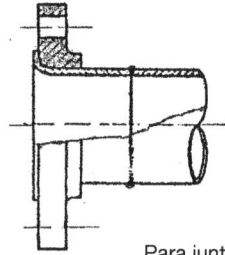

Para junta
con solapa

En los siguientes cuadros, vamos a ver: tipo, dimensiones y peso de las tres series de bridas más usadas, según Normas ASA o ANSI 16,5, información brindada gentilmente por Briver S.R.L.

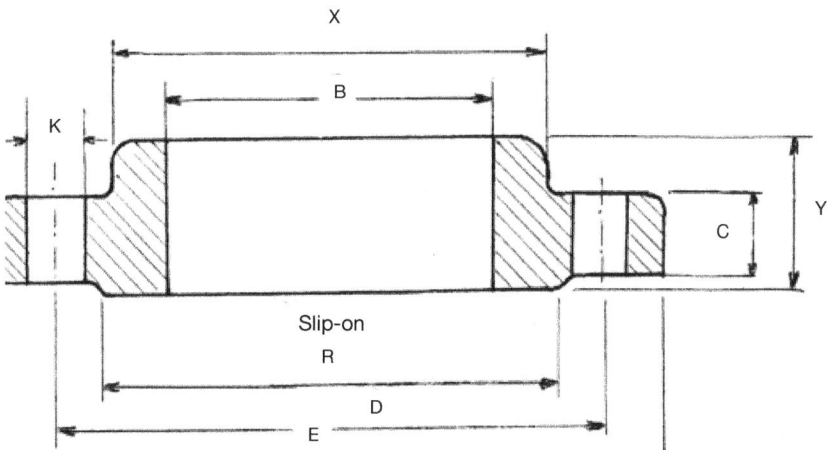

SERIE 150 LIBRAS SLIP-ON

Diám. nominal	E Exterior	B Interior	C Espesor	Y Alto	R Resalte	X Exterior	D Centro	Cant.	K Broca	Peso Aprox.
1/2	88,9	22,2	11,1	15,9	35,0	30,2	60,3	4	16,0	0,500
3/4	98,4	28,0	12,7	15,9	43,0	38,1	69,8	4	16,0	0,700
1	108,0	34,5	14,3	17,5	50,8	49,2	79,4	4	16,0	0,900
1 1/4	118,0	43,2	15,9	20,6	63,5	58,8	88,9	4	16,0	1,200
1 1/2	127,0	49,5	17,5	22,2	73,0	65,1	98,4	4	16,0	1,400
2	152,4	62,0	19,0	25,4	92,1	77,8	120,6	4	19,0	2,300
2 1/2	178,0	75,0	22,2	28,6	104,8	90,5	139,7	4	19,0	3,600
3	190,0	91,0	23,8	30,2	127,0	107,9	152,8	4	19,0	4,000
3 1/2	216,0	103,0	23,8	31,7	139,7	122,2	177,8	8	19,0	5,100
4	229,0	116,0	23,8	33,3	157,2	135,0	190,5	8	19,0	5,900
5	254,0	144,0	23,8	36,5	185,7	163,5	215,9	8	22,0	6,800
6	280,0	171,0	25,4	39,7	215,9	192,1	241,3	8	22,0	8,100
8	343,0	221,0	28,6	44,4	269,9	246,1	298,4	8	22,0	12,800
10	406,0	276,0	30,2	49,2	323,8	304,8	361,9	12	25,4	18,000
12	483,0	327,0	31,7	55,6	381,0	365,0	431,8	12	25,4	28,000
14	533,0	359,0	34,9	57,1	412,7	400,0	476,2	12	28,6	37,000
16	597,0	410,0	36,5	63,5	470,0	457,0	539,7	16	28,6	48,000
18	635,0	462,0	39,7	68,3	533,4	504,8	577,8	16	31,7	54,000
20	698,0	513,0	42,9	73,0	584,2	558,8	635,0	20	31,7	66,000
24	813,0	616,0	47,6	82,5	692,0	663,6	749,3	20	35,0	95,000

En la medida **Y** *está incluida* la altura del resalto que es para la Serie 150 Libras de 1,6 mm.

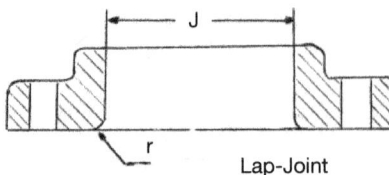

Lap-Joint

SERIES 150 LIBRAS LAP-JOINT, WELDING-NECK, SOCKET-WELDING, CIEGA

Diám. nominal del caño	Lap-Joint			Welding-Neck					Socket-Welding		Ciega
	J	r	Peso Aprox.	N	S	S	H	Peso Aprox.	P	Peso Aprox.	Peso Aprox.
	Interior	Radio		Caño	Sch 40	Sch 80	Altura		Profun.		
1/2	22,9	3,2	0,500	21,3	15,7	13,9	47,6	0,700	9,5	0,500	0,600
3/4	28,2	3,2	0,700	26,7	20,9	18,7	52,4	0,900	11,1	0,700	0,800
1	35,1	3,2	0,900	33,5	26,6	24,3	55,6	1,100	12,7	0,900	1,000
1 1/4	43,7	4,8	1,200	42,2	35,1	32,5	57,1	1,400	14,3	1,200	1,400
1 1/2	50,0	6,4	1,400	48,3	40,9	38,1	62,0	1,900	15,9	1,400	1,800
2	62,5	7,9	2,300	60,4	52,6	49,2	63,5	2,700	17,5	2,400	2,700
2 2/2	75,4	7,9	3,600	73,0	62,6	58,9	69,8	4,200	19,0	3,800	4,400
3	91,5	9,5	4,000	89,0	77,9	73,6	69,8	5,600	20,6	4,200	5,600
3 1/2	104,0	9,5	5,000	101,6	90,0	85,3	71,4	6,400	22,2	5,400	6,500
4	117,0	11,1	6,000	114,3	102,3	97,2	76,2	7,500	23,8	6,300	7,700
5	144,5	11,1	6,800	141,2	128,1	122,1	88,9	9,200	23,8	7,300	9,100
6	171,4	12,7	8,100	168,4	154,1	146,3	88,9	12,400	27,0	8,600	11,800
8	222,0	12,7	12,800	219,2	202,7	193,8	101,6	19,500	31,7	13,700	20,400
10	277,0	12,7	18,000	273,0	254,0	247,6	101,6	26,700	33,3	19,200	31,800
12	328,0	12,7	27,000	323,8	305,0	298,4	114,3	37,000	39,7	29,300	50,000
14	360,0	12,7	41,000	355,0	336,6	317,5	127,0	52,000	41,3	39,600	62,000
16	411,0	12,7	54,000	406,0	387,4	363,6	127,0	64,000	44,3	51,000	84,000
18	463,0	12,7	62,000	457,0	438,2	409,6	139,7	73,000	49,2	58,000	99,000
20	514,0	12,7	75,000	508,0	489,0	455,6	144,5	90,000	54,0	72,000	128,000
24	616,0	12,7	107,000	609,0	590,6	547,6	152,4	121,000	63,5	103,000	188,000

En la medida **Y** *está incluida* la altura del resalto, que es para la Serie 150 Libras de 1,6 mm.

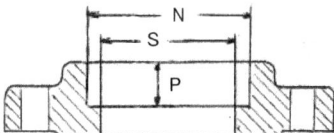

Socket-Welding

Ciega

SERIE 300 LIBRAS SLIP-ON

Diám. nominal	E Exterior	B Interior	C Espesor	Y Alto	R Resalte	X Exterior	D Centro	Cant.	K Broca	Peso Aprox.
1/2	95,2	22,3	14,3	22,2	34,9	38,1	66,7	4	15,9	0,700
3/4	117,5	27,7	15,9	25,4	42,9	47,6	82,5	4	19,0	1,300
1	123,8	34,5	17,5	27,0	50,8	54,0	88,9	4	19,0	1,500
1 1/4	133,3	43,2	19,0	27,0	63,5	63,5	98,4	4	19,0	1,900
1 1/2	155,6	49,5	20,6	30,2	73,0	69,8	114,3	4	22,2	2,600
2	165,1	62,0	22,2	33,3	92,1	84,1	127,0	8	19,0	3,000
2 1/2	190,5	74,7	25,4	38,1	104,8	100,0	149,2	8	22,2	4,600
3	209,5	90,7	28,6	42,9	127,0	115,5	168,3	8	22,2	6,200
3 1/2	228,6	103,4	30,2	44,4	139,7	133,3	184,1	8	22,2	7,700
4	254,0	116,1	31,7	47,6	157,2	146,0	200,0	8	22,2	9,800
5	279,4	143,8	34,9	50,8	185,7	177,8	234,9	8	22,2	13,000
6	317,5	170,7	36,5	52,4	215,9	206,4	269,9	12	22,2	16,200
8	381,0	221,5	41,3	61,9	269,9	260,3	330,2	12	25,4	24,700
10	444,5	276,6	47,6	66,7	323,8	320,7	387,3	16	28,6	36,000
12	520,7	327,1	50,8	73,0	381,0	374,6	450,8	16	31,7	51,000

En la medida **Y** *no está incluida* la altura del resalte, que es para la Serie 300 Libras, de 1,6 mm.

SERIE 600 LIBRAS SLIP-ON

Diám. nominal	E Exterior	B Interior	C Espesor	Y Alto	R Resalte	X Exterior	D Centro	Cant.	K Broca	Peso Aprox.
1/2	95,2	22,3	14,3	22,2	34,9	38,1	66,7	4	15,9	0,900
3/4	117,5	27,7	15,9	25,4	42,9	47,6	82,5	4	19,0	1,500
1	123,8	34,5	17,5	27,0	50,8	54,0	88,9	4	19,0	1,800
1 1/4	133,3	43,2	20,6	28,6	63,5	63,5	98,4	4	19,0	2,600
1 1/2	155,6	49,5	22,2	31,7	73,0	69,8	114,3	4	22,2	3,100
2	165,1	62,0	25,4	36,5	92,1	84,1	127,0	8	19,0	4,000
2 1/2	190,5	74,7	28,6	41,3	104,8	100,0	149,2	8	22,2	5,900
3	209,5	90,7	31,7	46,0	127,0	117,5	168,3	8	22,2	7,500
3 1/2	228,6	103,4	43,9	49,2	139,7	133,3	184,1	8	25,4	9,500
4	273,0	116,1	38,1	54,0	157,2	152,4	215,9	8	25,4	15,100
5	330,2	143,8	44,4	60,3	185,7	188,9	266,7	8	28,6	24,100
6	355,6	170,7	47,6	66,7	215,9	222,2	292,1	12	28,6	29,000
8	419,1	221,5	55,6	76,2	269,9	273,0	349,2	12	31,7	49,000
10	508,0	276,3	63,5	85,7	323,8	342,9	431,8	16	34,9	78,000
12	558,8	327,1	66,7	92,1	381,0	400,0	488,9	20	34,9	95,000

En la medida **Y** *no está incluida* la altura del resalte, que es para la Serie 600 Libras, de 6,4 mm.

Slip-on

Welding-Neck

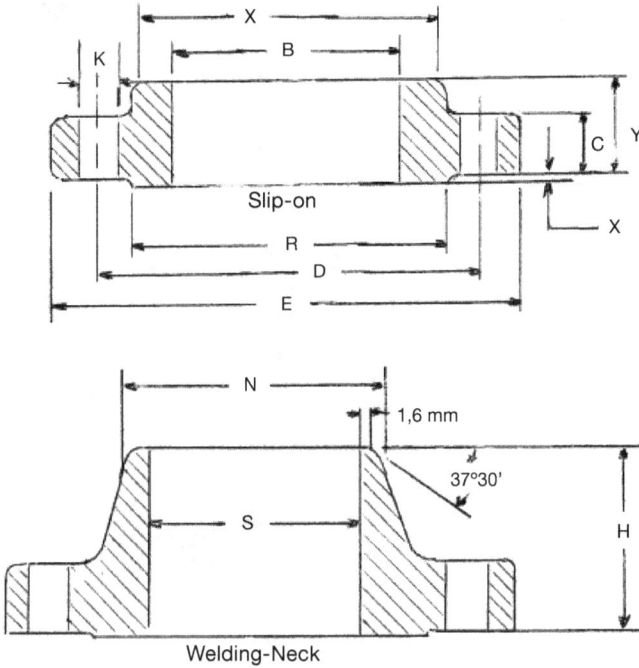

SERIE 300 LIBRAS LAP-JOINT, WELDING-NECK, SOCKET-WELDING, CIEGA

Diám. nominal del caño	Lap-Joint			Welding-Neck					Socket-Welding		Ciega
	J Interior	r Radio	Peso Aprox.	N Caño	S Sch 40	S Sch 80	H Altura	Peso Aprox.	P Profun.	Peso Aprox.	Peso Aprox.
1/2	22,9	3,2	0,700	21,3	15,7	13,9	52,4	0,900	9,5	0,700	0,800
3/4	28,2	3,2	1,300	26,7	20,9	18,7	57,1	1,400	11,1	1,200	1,400
1	35,1	3,2	1,500	33,5	26,6	24,3	61,9	1,800	12,7	1,400	1,700
1 1/4	43,7	4,8	1,900	42,2	35,1	32,5	65,1	2,700	14,3	1,900	2,100
1 1/2	50,0	6,4	2,600	48,3	40,9	38,1	68,3	3,300	15,9	2,800	3,200
2	62,5	7,9	3,000	60,4	52,6	49,2	69,8	3,900	17,5	3,300	3,600
2 2/2	75,5	7,9	4,600	73,1	62,6	58,9	76,2	5,700	19,0	4,600	5,500
3	91,4	9,5	6,200	88,9	77,9	73,6	79,4	7,200	20,6	6,300	7,100
3 1/2	104,1	9,5	7,700	101,6	90,0	85,3	81,0	8,300	22,2	7,800	9,500
4	116,8	11,1	9,800	114,3	102,3	97,2	85,7	11,500	23,8	10,200	11,700
5	144,5	11,1	13,000	141,2	128,1	122,1	98,4	15,200	27,0	15,900	16,400
6	171,4	12,7	16,200	168,4	154,1	146,3	98,4	20,100	31,7	21,500	22,200
8	222,2	12,7	24,700	219,2	202,7	193,8	111,1	30,500	33,3	34,100	35,000
10	277,4	12,7	41,000	273,0	254,4	247,6	117,5	45,300	39,7	54,900	56,000
12	328,2	12,7	51,000	323,8	305,0	298,4	130,2	62,500	41,3	80,000	83,000

En la medida **H** *no está incluida* la altura del resalte, que para la Serie 300 Libras,es de 1.6 mm.

SERIE 600 LIBRAS LAP-JOINT, WELDING-NECK, SOCKET-WELDING, CIEGA

Diám. nominal del caño	Lap-Joint			Welding-Neck					Socket-Welding		Ciega
	J Interior	r Radio	Peso Aprox.	N Caño	S Sch 40	S Sch 80	H Altura	Peso Aprox.	P Profun.	Peso Aprox.	Peso Aprox.
1/2	22,9	3,2	0,900	21,3	13,9	18,7	52,4	1,100	9,5	1,000	1,200
3/4	28,2	3,2	1,500	26,7	18,7	20,7	57,1	1,600	11,1	1,600	1,750
1	35,1	3,2	1,800	33,5	24,3	26,7	61,9	2,100	12,7	1,900	2,100
1 1/4	43,7	4,8	2,600	42,2	32,5	29,5	66,7	3,000	14,3	2,700	2,900
1 1/2	50,0	6,4	3,1	48,3	38,1	34,0	69,8	3,900	15,9	3,400	3,550
2	62,5	7,9	4,000	60,4	49,2	42,9	73,0	4,400	17,5	4,400	4,550
2 2/2	75,4	7,9	5,900	73,1	58,9	54,0	79,4	6,500	19,0	6,800	7,100
3	91,4	9,5	7,500	88,9	73,6	66,6	82,5	8,800	20,6	9,000	9,150
3 1/2	104,1	9,5	9,500	101,6	85,3	98,4	85,7	11,500	22,2	13,000	13,200
4	116,8	11,1	15,100	114,3	97,2	109,3	101,6	19,500	23,8	17,000	18,500
5	144,5	11,1	24,100	141,2	122,1	125,4	114,3	29,100	27,0	29,100	30,900
6	171,4	12,7	29,000	168,4	146,3	131,8	117,5	35,000	31,7	37,900	39,000
8	222,2	12,7	49,000	219,2	193,8	173,1	133,3	54,000	33,3	59,100	60,000
10	277,4	12,7	81,000	273,0	247,6	215,8	152,4	86,500	39,7	93,500	95,100
12	328,2	12,7	97,000	323,8	298,4	238,4	155,6	102,500	41,3	105,300	106,900

En la medida **H** *no está incluida* la altara del resalte, que para la Serie 600 Libras, es de 6.4 mm.

CARACTERÍSTICAS Y APLICACIÓN DE LAS BRIDAS

Por su diseño y empleo, hay diversas clases de bridas:

— Bridas **Welding-Neck**: también llamadas "con cuello"; se proveen con resalte o sin resalte. Se caracterizan por tener un cuerpo cónico largo, lo que nos permite tener una suave transición de espesor entre la brida y el caño.
Este tipo de construcción le confiere a la brida una sólida resistencia que es muy beneficiosa en condiciones de trabajos críticas y a muy alta temperatura.
Utilizando este modelo de brida en la unión de caños, se puede obtener una resistencia comparable a la de un caño sin cortes. Este tipo de brida se utiliza para trabajos severos de alta presión.

— Bridas **Slip-on**: se las conoce también como "deslizantes". Se fabrican con o sin resalte; su uso está más difundido que la

ACCESORIOS 59

anterior, debido a su bajo costo comparativo, y su fácil montaje, ya que entra en los caños. Recordemos que los diámetros exteriores de los mismos permanecen constantes.

Debido a que su resistencia a la fatiga y a la presión interna es aproximadamente un 30% menor que la W-N, su uso se debe aplicar únicamente en condiciones que no sean severas.

– Bridas **Lap-Joint**: se las utiliza generalmente en cañerías de acero inoxidable. Permite ahorrar costos, pues esta brida es de acero al carbono forjado, como las anteriores.

Como no está soldada al caño, gira libremente y permite localizar sus agujeros para bulones fácilmente.

Posee una pieza especial, de acero inoxidable, denominada **stub end**, con pestañas que no permiten que la brida se salga y ofician de resalte. Esta pieza se provee con la brida correspondiente y se debe soldar al resto del caño inoxidable para conformar la cañería, que tendrá contacto con el fluido.

Su capacidad de soportar presiones es muy baja, y su uso debe ser evitado en instalaciones donde existen severas tensiones de flexión.

– Bridas **Roscadas**: se las utiliza en aplicaciones muy especiales. Poseen la ventaja de que su instalación no necesita soldadura, pero no son las adecuadas para trabajos de alta presión y temperaturas elevadas.

Tampoco deben ser usadas en instalaciones que transmitan vibraciones o flexiones de gran magnitud, donde se pueden originar pérdidas, a través de la rosca.

– Bridas **Ring-Joint**: corresponden a la familia de la Welding Neck, pero con la particularidad que poseen una ranura circular concéntrica, en donde va alojada una junta de forma ovalada o trapecial.

Se las utiliza para grandes presiones o para la conducción de fluidos que requieren seguridad de no pérdida.

– Bridas **Ciegas**, "blind": se las utiliza para cerrar los extremos de cañerías con miras a continuar en el futuro; son provistas con o sin resalte.

Bridas, con resalte o sin resalte.

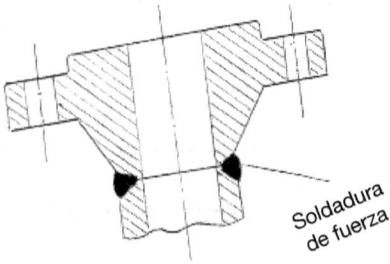

Welding Neck (con cuello)

Soldadura de fuerza

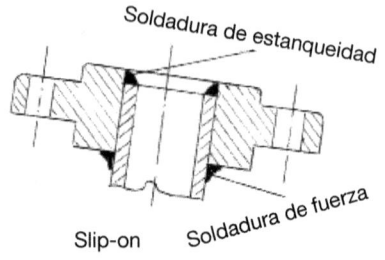

Soldadura de estanqueidad

Slip-on   Soldadura de fuerza

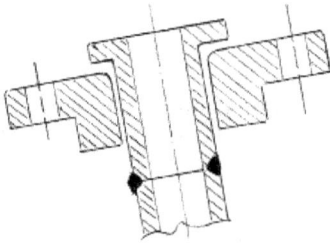

Lap-Joint

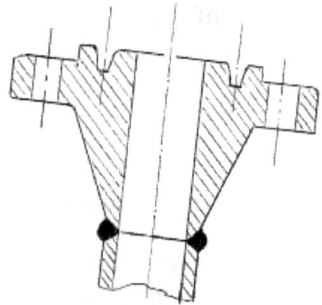

Ring-Joint

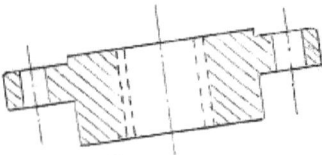

Roscada

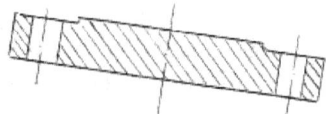

Ciega

ESPECIFICACIONES Y PROPIEDADES DE MATERIALES
PARA LA CONSTRUCCIÓN DE BRIDAS

Como se trata de una parte importante de la capacitación, analizaremos como de costumbre los materiales más usados en la fabricación de las bridas, según las normas correspondientes.

Materiales que fueron citados en las *páginas 51-52 de este capítulo.*

Acero al carbono A.S.T.M. A-105 Gr. 1, ver página 51, cuadro de especificaciones.

Acero al carbono A.S.T.M. A-181 Gr. 1 y 2

Es un acero forjado o laminado usado para la construcción de bridas y partes de válvulas.

Composición química

Acero aleado inoxidable A.S.T.M. A-182 Gr. F-321/F-347.

A.S.T.M.	Aleación	C %	Mn %	P % máx.	S % máx.	Si % máx	Ni %	Cr %	Mo %	Otros %
A-182 Gr. F-321	18 % Cr 8 % Ni	0,08	2 Máx.	0,03	0,03	1	9 12	17 Mín.	--	Ta 0,6 %
A-182 Gr. F-347	18 % Cr 8 % Ni	0,08	2 Máx.	0,03	0,03	1	9 13	17 20	--	Co 1 %

JUNTAS

Es el elemento que se utiliza en la unión de las bridas, para evitar contacto entre sus caras metal-metal. Como podemos imaginarnos, sin éstas sería muy difícil lograr una hermeticidad total.

Podemos clasificar a las juntas por el material que las compone, en:

- Juntas de goma en general.
- Juntas de amianto comprimido.
- Juntas de amianto forrado con metal.
- Juntas de metal corrugado.
- Juntas de anillo metálico

En la elección de una junta debemos tener en cuenta, siempre, los siguientes parámetros:

- Fluido a conducir.
- Presión de trabajo.
- Temperatura de trabajo.

Nos limitaremos a tratar los dos tipos de juntas más conocidos que se encuentran en el mercado:

- **Juntas Brucap**, de la firma Bruno/Cape.
- **Juntas Klingerit**, de la firma Klinger.

El **amianto comprimido** es uno de los componentes más usados en la fabricación de las juntas. Se trata de fibras de amianto aglutinadas con adhesivos naturales o sintéticos, resistentes a las condiciones a que estará sometido, con porcentajes de vulcanizantes.

Se emplea para sellar hermética y desmontable dos piezas metálicas, paralelas, debidamente enfrentadas como son las bridas de cañerías, tapas de inspección de calderas, o algo similar.

Teniendo presente como base los parámetros antes mencionados, para la elección de la junta, diremos:

si comparamos el valor económico con la calidad y el servicio previsto, este material es apreciablemente reducido, comparado con el costo del mantenimiento de la instalación, la elección debe inclinarse por calidades superiores y proceder a su reemplazo, sin dudarlo, si la junta está dañada.

Los comercios o fabricantes clasifican mediante tablas o cuadros las aplicaciones, calidad, componentes, espesores y características del fluido, con especificaciones establecidas por normas que nos proporcionan un óptimo rendimiento y seguridad en nuestra instalación.

PREPARACIÓN DE LOS ASIENTOS A UNIR

Antes de colocar una junta, se deben limpiar prolijamente las superficies a unir, eliminando todo rastro de la junta anterior (en caso de cambio), verificar el estado de las superficies que entrarán en contacto con el material, la perfecta alineación, paralelismo y concentricidad de las bridas.

Se debe centrar la junta lo más exacto posible.

Ajustar los bulones en cruz, tratando de que las presiones aplicadas sean parejas.

Reajustar luego de un tiempo de estar sometida la instalación, a la presión y temperatura de trabajo.

En general es conveniente usar el amianto comprimido de superficie natural, ya que la misma terminará su proceso de vulcanizado *in situ*, adaptándose a las posibles irregularidades de las caras y adhiriéndose a ellas perfectamente.

Clasificación según normas

De acuerdo con las Normas ASTM D 1170 / IRAM 213-461, se distinguen básicamente tres grupos según los usos a que podrán someterse los materiales de las juntas (es decir, los fluidos con que podrán estar en contacto).

Grupo "A"

Materiales para emplear con vapor de agua o sustancias inertes, agua fría o caliente.

A medida que mejoran las condiciones de resistencia mecánica y térmica de los materiales de este grupo, pueden emplearse con soluciones básicas levemente ácidas y en presencia de aceites, solventes y otros.

Grupo "B"

Materiales para empleo con aceites, lubricantes, combustibles soluciones ácidas y alcalinas.

Grupo "C"

Materiales para empleo en soluciones fuertemente ácidas y concentradas.

Juntas Brucap

Tipo o designación	Espesores normales	Clasificación s/normas	Temperatura de trabajo Gr. C	Presión de trabajo kg/cm^2
BRUCAP 25 - Roja o grafitada	0,5 a 4 mm	Grupo A	360	25
BRUCAP 50 - Roja/grafitada	0,5 a 4 mm	Grupo A	425	50
BRUCAP 350 - Amarilla o graf.	0,5 a 4 mm	Grupo A	460	350
BRUCAP 375 - Verde o graf.	0,5 a 4 mm	Grupo A	550	375
ACIDCAP - Azul	0,5 a 4 mm	Grupo C	300	40
OILCAP - Gris oscuro	0,5 a 4 mm	Grupo B	500	300
CAPOILIT - Gris	0,5 a 4 mm	Grupo B	300	50

Juntas Klinger

Tipo o designación	Espesores normales	Clasificación s/normas	Temperatura de trabajo Gr. C	Presión de trabajo kg/cm²
KLINGERIT 400 UNIVERSAL	0,5 a 5 mm	Grupo A	550	140
KLINGERIT Marrón	0,5 a 5 mm	Grupo A	550	130
KLINGERIT 80 Rosa	0,5 a 5 mm	Grupo A	360	25
KLINGERIT 200 Marrón Claro	0,5 a 5 mm	Grupo A	400	40
KLINGER OILIT Negro	0,25 a 5 mm	Grupo B	500	130
KLINGER GU 22 Celeste	0,3 a 4 mm	Grupo B	450	100
KLINGER ACIDIT Marfil	0,5 a 3 mm	Grupo C	150	20
KLINGERIT 1000 Negro	0,6 a 3 mm	Grupo A	550	200
KLINGERFLEX CH1 Ocre	0,5 a 1,5 mm	Grupo B	150	25

La junta debe ser instalada en **condición seca** y por lo tanto, debe ser almacenada en **ambiente seco,** ya que el amianto **absorbe fácilmente la humedad ambiente.**

Planchas grafitadas en una o ambas caras, se suministran a pedido.

ESPÁRRAGOS

Para su unión, las bridas llevarán los espárragos que correspondan según las especificaciones de diámetro y longitud. Éstos deben estar limpios de suciedad u oxidación; para su protección debe usarse una mezcla de grasa grafitada, con aplicación a todo lo largo del mismo.

El ajuste inicial en las bridas deberá ser suave, arrimando las tuercas en forma manual. Cuando se comience el ajuste con llave se realizará en forma cruzada; no deben emplearse palancas para el ajuste final en las bridas chicas hasta 4″ de 150 libras, porque pueden llegar a doblarse o quebrarse en las zonas afectadas por el ajuste de las tuercas.

Un mal ajuste de los espárragos en cualquier brida, generalmente de mayor diámetro, puede producir pérdidas o escapes de líquidos o gases.

La **norma ANSI B 16.5** prevé para la unión de las bridas, la utilización de bulones o espárragos, pero por practicidad y economía se ha impuesto este último y su uso es exigido casi en la totalidad de los casos.

A continuación se detallan las dimensiones de diámetro y longitud, *en milímetros*, de los espárragos para bridas Serie 150 #, 300 # y 600 #. Los largos especiales se entregan a pedido.

Serie	1/2"	3/4"	1"	1 1/4"	1 1/2"
150 #	12,7x57,1	12,7x57,1	12,7x63,5	12,7x63,5	12,7x69,8
300 #	12,7x63,5	15,8x69,8	15,8x76,2	15,8x76,2	15,8x82,6
600 #	12,7x76,2	15,8x85,8	15,8x85,8	15,8x92,1	15,8x101,6

Serie	2"	2 1/2"	3"	3 1/2"	4"
150 #	15,8x76,2	15,8x82,5	15,8x88,9	15,8x88,9	15,8x88,9
300 #	19,5x88,9	19,5x95,2	19,5x101,6	19,5x107,9	19,5x107,9
600 #	19,5x104,8	19,5x114,3	19,5x127,0	22,2x133,3	22,2x139,7

Serie	5"	6"	8"	10"	12"
150 #	19,5x95,2	19,5x95,2	19,5x101,6	22,2x114,3	22,2x114,3
300 #	19,5x114,3	19,5x120,6	19,5x133,3	25,4x152,4	28,5x165,1
600 #	25,4x158,7	25,4x165,1	28,5x187,4	31,7x209,5	31,7x215,9

Serie	14 #	16 #	18 #	20 #	24 #
150 #	25,4x127,0	25,4x133,3	28,5x146,0	28,5x152,4	31,7x171,4
300 #	28,5x171,4	31,7x184,1	31,7x190,5	38,1x203,2	38,1x228,6
600 #	34,9x228,6	38,1x247,6	41,2x266,7	41,2x249,4	47,6x311,1

MATERIALES DE LOS ESPÁRRAGOS

El acero que se usa para construir los espárragos se adapta a la Norma ANSI B 16.5 y ANSI 318.2, es A.S.T.M. A-307 Gr. B (acero de bajo carbono), y A.S.T.M. A-193 Gr. B7 (acero aleado cromo molibdeno),y las tuercas se fabrican según A.S.T.M. A-194 Gr..2H (acero al carbono templado).

También a pedido, se entregan en otros materiales.

VÁLVULAS

Elementos que permiten el paso, regulación o la interrupción de la circulación de un fluido, mediante el accionamiento manual o automático de un obturador, mecanismo móvil que varía su posición con respecto al asiento, para dejar fluir o obstruir la circulación de líquidos o gases en las cañerías de los procesos industriales.

Debido a los diferentes y variados procesos productivos existentes, no puede haber una válvula única, que satisfaga o cumpla con todos los requisitos solicitados.

Sería imposible mencionar las características de cada tipo de válvula que se fabrica actualmente y no es mi intención hacerlo, simplemente citaré en este manual, a las más usuales y que se exigen sean de conocimiento y dominio del oficial cañista.

Las distintas y conocidas firmas constructoras de este importante elemento, o comercios que las representan facilitan, en sus promociones, catálogos con modelos, dimensiones, pesos y especificaciones técnicas de sus productos; recomiendo solicitarlos, para estar debidamente informado.

Agradezco a las firmas Favra, Doma, Aerre, Klinger, Industec, Mavainsa, y otras, por el material técnico suministrado, para poder confeccionar información didáctica sobre el uso y comportamiento de la gran variedad de válvulas, así como también, datos de los materiales usados en su construcción.

Clasificación

De acuerdo con el diseño del cuerpo de la válvula y el movimiento del obturador podremos clasificar los diferentes tipos.

Una clasificación muy importante es la que las caracteriza según la función que desempeñan en el proceso productivo que integran; también la característica del asiento, el obturador y, sobre todo, el movimiento de este último, nos determinarán los posibles servicios que cada tipo de válvula puede brindar.

Según el sistema de accionamiento, son tres los tipos o grupos de clasificación:

– Válvulas manuales.
– Válvulas automáticas.
– Válvulas de seguridad.

El acople o unión de una válvula a la cañería correspondiente, dependerá de la elección de las características y de su función

En conexiones menores a dos pulgadas, se optará por el acople mediante soldadura eléctrica en bisel, socket weld o roscada.

En líneas mayores a dos pulgadas se recurre a la unión mediante bridas.

En cañerías de acero aleado al cromo-níquel que transportan vapor a muy altas temperaturas y presiones elevadas, las correspondientes válvulas, cuyo cuerpo es del mismo material, se deben soldar con el mismo proceso usado en las uniones de los caños, para lo cual estas válvulas están provistas de sus respectivos biseles.

Cada tipo de válvula será descrito en un formato general, donde se darán recomendaciones de servicio, aplicaciones, ventajas, desventajas y toda información de utilidad para el futuro oficial.

La resistencia por presión de trabajo está tabulada como las bridas, en series de 150 libras, hasta 600 libras.

Siguiendo con la clasificación, podemos agruparlas de la siguiente manera:

- **Válvulas manuales**
  - Válvula esclusa.
  - Válvula globo.
  - Válvula mariposa.

- **Válvulas automáticas**
  - Válvula automática de control.
  - Válvula reguladora de temperatura.
  - Válvula reguladora de presión.

- **Válvulas de seguridad**
  - Válvula de retención.
  - Válvula de alivio.

Normas de fabricación

Como expresé anteriormente, sólo cité las válvulas más usadas, existiendo gran variedad de diseños en las distintas marcas, pero sus características son iguales debido a que están construidas bajo normas de fabricación.

Las válvulas se fabrican de acuerdo con las especificaciones técnicas y conforme a la calidad del material empleado.

El cuerpo puede ser de bronce, hierro fundido, acero forjado, acero fundido, acero inoxidable, monel, stillite y otros.

Citaré algunas normas para la fabricación de las válvulas:

A.S.A. = American Standard Association
           B- 16,5   con extremos bridados.
           B- 16,10   con extremos para soldar S.W.
           B- 16,25   con extremos biselados B.W.

B.S.I. = British Standard Institution
           B.S.- 1414 con extremos para soldar.
           B.S.- 1873 con extremos bridados.

A.P.I. = American Petroleum Institute
          A.P.I.- 600 A. con extremos bridados.
          A.P.I.- 600 B. con extremos para soldar.

D.I.N. = Deutsche Industrie Norm.
          D.I.N.- 2533 con extremos bridados.

Materiales empleados

Todos los materiales empleados en la fabricación de las válvulas responden, en su equivalencia, a las Normas A.S.T.M.

Las válvulas se solicitan de acuerdo con el número de norma del material correspondiente al cuerpo de la misma.

Por razones especiales de montaje se pueden solicitar con las bridas sin agujerear, citando la Norma D.I.N. 2533.

Materiales usados para la fabricación de cuerpos, tapas o cuñas, indicados según la Norma A.S.T.M. correspondiente o su equivalencia:

– Hierro fundido:
  A.S.T.M. A-126 B - A-436

– Fundición nodular:
  A.S.T.M. A-445

– Acero al carbono fundido:
  A.S.T.M. A-316 W.C.B. - A-352 L.C.B. - A-105

– Acero al carbono-molibdeno:
  A.S.T.M. A-217 W.C.9

– Acero inoxidable:
  A.S.T.M. A-351 - A-182
  A.I.S.I. 303, 304, 316, 351, 410, 416

– Bronce:
  A.S.T.M. B-61 - B-62 - B-147

Por tener excelentes características mecánicas y una elevada resistencia a la corrosión, se recomienda para la fabricación de cuñas y anillos, la aleación *metal monel*, compuesta de 0,35% de carbono, 1,5% de manganeso, 2% de silicio, 62% de níquel, 30% de cobre; el resto se completa con hierro.

Para conseguir una elevada dureza en los asientos de las válvulas, se aplica por deposición de soldadura, la *aleación stillite*, compuesta de 28% de cromo, 4% de tungsteno, 1% de carbono; el resto se completa con cobalto.

Para la unión del cuerpo y la tapa se utilizan espárragos según Norma A.S.T.M. A-193 B7, tratados térmicamente, para las tuercas se emplea el acero A.S.T.M. A-194 2H, en temperaturas de servicios hasta 470 °C.

Para temperaturas de servicio más elevadas o en ambientes muy corrosivos, los espárragos recomendados están diseñados según Norma A.S.T.M. A-193 B16. Estos aceros, por su composición, poseen una resistencia a la tracción de entre 75 a 85 kg/cm^2.

Válvulas manuales

Las válvulas manuales exigen la acción directa del operador para efectuar su regulación. El obturador es llevado por la fuerza que ejerce el operador sobre el volante. Estas válvulas de accionamiento manual se usarán en líneas donde no sea necesario una regulación frecuente para mantener y controlar la circulación del fluido.

Válvula esclusa

También llamadas válvulas de compuerta, por su diseño. Se las utiliza como válvula de paso porque trabajan eficazmente en posición de totalmente abierta o totalmente cerrada.

Como el vástago o elemento de cierre tiene forma de cuña, si no se abre completamente el líquido al pasar la hace vibrar peligrosamente y puede llegar a romperla.

No debe usarse como válvula reguladora, pues no sirve para regular el caudal del fluido.

Como este tipo de válvulas pertenece al grupo de válvulas manuales, y como vimos, requiere la presencia de un operador para poder abrirla o cerrarla, si existen circunstancias que hacen peligrar la seguridad, se debe garantizar la circulación o bloqueo de una línea determinada; se instalan las válvulas esclusas tipo C.S.O. y C.S.C., que al estar precintadas y selladas con plomo, imposibilitan su manipulación incontrolada o error involuntario del operador.

– Válvula tipo C.S.O. (*Car Seal Open*): al estar fija totalmente abierta, permite libremente el paso del fluido por la línea.
– Válvula tipo C.S.C. (*Car Seal Close*): cuando se requiera que la línea esté permanentemente cerrada y no deba abrirse por razones de seguridad, se colocarán válvulas de este tipo.

Cuando sea necesario invertir la situación, según los casos, abrir o cerrar, se deberá romper el precinto y tras su manipulación se procederá nuevamente a precintar y sellar.

Las válvulas esclusas son recomendadas para:
— Servicio con apertura o cierre total.
— Para uso frecuente.
— Para resistencia mínima a la circulación.

Aplicaciones:
— Servicios generales.

Ventajas:
— Bajo costo.
— Cierre hermético.
— Las piezas interiores se reparan, fácil de cambiar.

Desventajas:
— Para un óptimo funcionamiento, debe estar abierta o cerrada completamente.
— Control deficiente de la circulación.

Instalación y mantenimiento:
— Corregir de inmediato las fugas de la empaquetadura.
— Lubricar el vástago periódicamente.
— No accionar nunca el volante con palancas.
— Abrir la válvula con lentitud, evitando así choque hidráulico en la cañería.
— Cerrar la válvula con lentitud para ayudar a descargar los sedimentos y mugre atrapados.

Especificaciones para el pedido:
Según la necesidad y el diseño, las encontramos en el comercio con:
— Vástago y volante no ascendente.
— Vástago y volante ascendente.
— Vástago ascendente y volante no ascendente.
— Tipo de conexiones de extremos.
— Se fabrica hasta diámetro de 36˝.
— Por razones especiales, se encuentra en diseños extra chatos.
— Material del cuerpo.
— Tipo de cuña.
— Tipo de asiento.
— Tipo de vástago.
— Capacidad de presión y temperatura.

Válvula esclusa

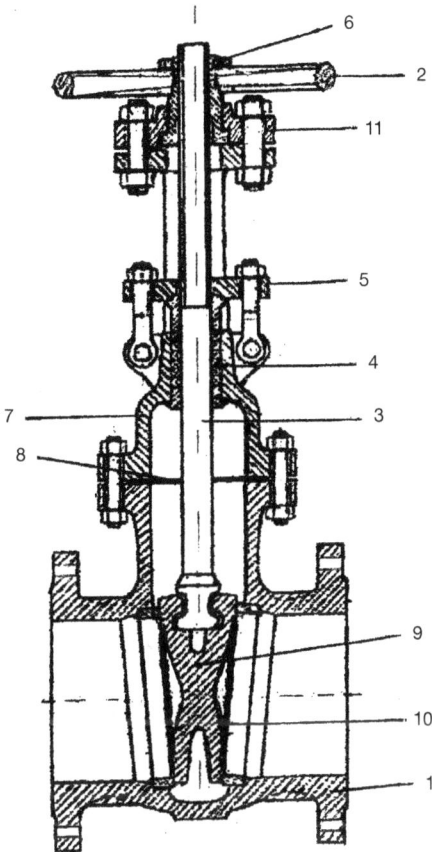

Piezas principales de válvula esclusa:

1. Cuerpo.
2. Volante de maniobra.
3. Vástago.
4. Prensa estopa.
5. Brida prensa estopa.
6. Buje roscado.
7. Tapa.
8. Junta de tapa.
9. Obturador (cuña).
10. Asiento.
11. Tuerca buje.

Válvula globo

Denominada así por la forma de ingresar el fluido, recorriendo un camino sinuoso de abajo hacia arriba, ya que está diseñada de ese modo, cualidad que permite utilizarla como válvula reguladora de caudal.

El volante que acciona al vástago debe dar varias vueltas para proceder a la apertura o cierre completo del disco o tapón que comanda.

Como su apertura es regulable, se las emplea trabajando totalmente o parcialmente abierta.

Si no está totalmente abierta, al circular el fluido, se produce una pérdida de su caudal, pérdida que permanece constante, si se deja al volante de maniobra fijamente en una posición, permitiendo así regular este caudal.

Este tipo de válvula es recomendado para:
— Estrangulación o regulación de la circulación.
— Para accionamiento frecuente.
— Para cortes seguros de gases o aire.

Aplicaciones:
— Servicios generales, líquidos, vapores, gases.

Ventajas:
— Control preciso de la circulación.
— El asiento puede cambiarse o suplantarse fácilmente.
— El disco del vástago, también puede cambiarse o suplantarse con facilidad.

Desventajas:
— Gran caída de presión.
— Costo relativamente elevado.

Materiales del cuerpo:
— Bronce, hierro, hierro fundido, acero forjado, monel, acero inoxidable.

Instrucciones de instalación y mantenimiento:
— Instalar de modo que la presión entre por debajo del disco.
— Abrir lentamente, sobretodo en cañerías de vapor, para permitir el calentamiento
— de la línea.
— Corregir fugas de empaquetaduras o prensa estopa.

Especificaciones para el pedido:
— Materiales del cuerpo.
— Diámetro y tipo de extremos.
— Tipos de disco y asiento.
— Capacidad nominal de presión

Válvula globo

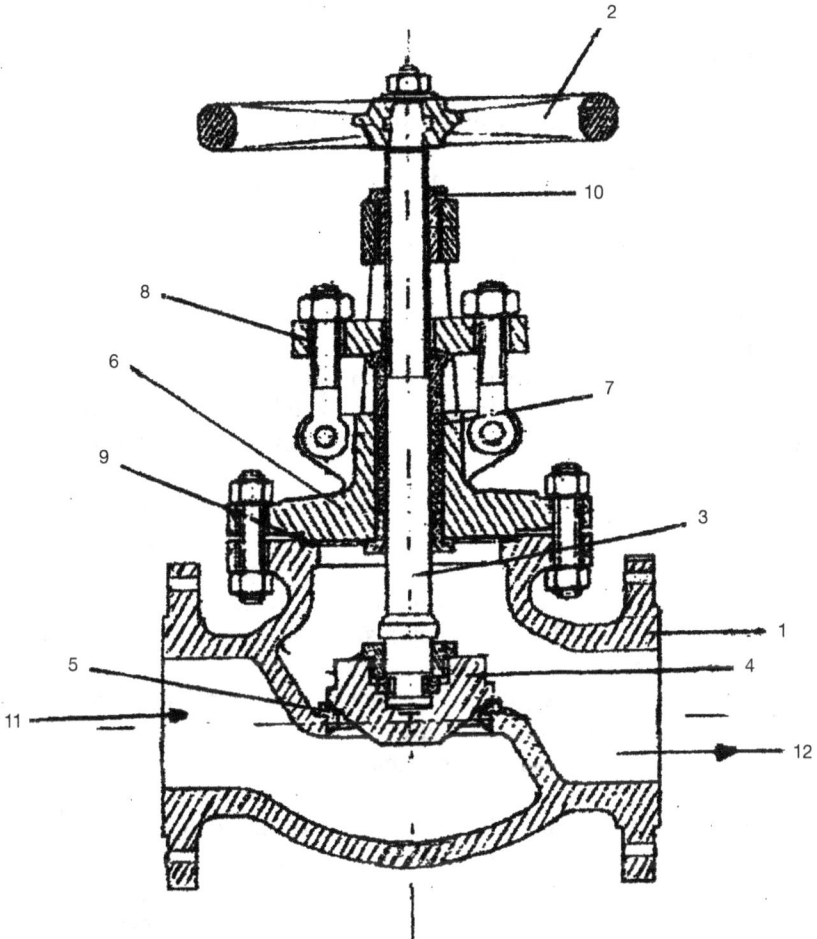

Piezas principales de la válvula globo:

1. Cuerpo.	7. Prensa estopa.
2. Volante de maniobra.	8. Brida.
3. Vástago.	9. Junta de tapa.
4. Disco obturador.	10. Buje roscado.
5. Asiento.	11. Entrada.
6. Tapa.	12. Salida.

Válvula mariposa

Es la válvula de mayor aplicación por sus características de trabajo, por su costo y por ser muy liviana. Acompañada del poco mantenimiento requerido, reemplaza con ventajas y economía a otros sistemas dentro de sus condiciones de trabajo.

Para maniobrarla solamente se necesita dar un cuarto de vuelta y controla la circulación por medio de un disco, con el eje de su orificio en ángulos rectos con el sentido de la circulación.

Es de práctico diseño; se distingue de otras válvulas en que aprovecha las ventajas del sistema a mariposa solo para una regulación grosera de caudales en fluidos líquidos y gaseosos, corrosivos, pastas livianas, polvos o granulados. Regula notablemente el caudal de aire o gases en las instalaciones de combustión o calefacción.

Por su cierre hermético compuesto por un asiento de neoprene, garantiza la hermeticidad; tampoco requiere juntas para su montaje, pues la cubeta integral de goma sintética provee el sello lateral necesario.

Solamente se deben sacar un par de pasadores cónicos, para proceder al recambio o reparación de algunas de sus partes.

Para accionarla se utiliza un modelo con palanca a gatillo que asegura, al trabarlo, que quede fija en una posición, marcada en el cuerpo de la válvula. Prevenir dejar suficiente espacio para el movimiento de la manija.

También permite, según las condiciones de montaje, su operación con volante manual o a distancia accionado por cadena transmisora manual o por medio de actuador mecánico.

Es usada especialmente para controlar la regulación o cierre de conductos de grandes dimensiones, porque se puede encontrar a pedido, hasta de 60″ de diámetro. En la industria papelera suelen reemplazar a las válvulas extra chatas esclusas, presentando notables ventajas de operación y económicas frente a otros tipos o modelos.

Cuando se tenga que utilizar este tipo de válvula con líquidos muy corrosivos, el cuerpo de la válvula estará recubierto con elastómeros compatibles con el fluido que debe pasar por la válvula, así como también el rango de temperatura, ya que el neoprene solamente es apto para temperaturas relativamente bajas.

El cuerpo se presenta en dos modelos, bridada tipo *flanged* con agujeros para instalarla o con cuatro muescas para el posicionado de los bulones de montaje. Como se dijo anteriormente, en ninguno de los dos casos se usará junta.

La recomendación y aplicación de este tipo de válvula es amplia:
- Control de líquidos y gases en general.
- En industrias procesadoras de bebidas gaseosas o alcohólicas.
- Conducción de líquidos corrosivos, combustibles, aceites, jabón.
- Para líquidos con sólidos en suspensión.
- Muy usada en industrias papeleras, curtiembres e industrias de alimentación.

Ventajas:
- Ligera de peso, compacta, bajo costo.
- Requiere poco mantenimiento.
- Poca cantidad de piezas móviles.
- Los fluidos circulan sin obstrucción.

Desventajas:
- Por su alta torsión, presenta resistencia al accionarla.
- Propensa a la *cavitación*.

Materiales:
- Del cuerpo: aluminio, hierro, acero inoxidable, bronce.
- Disco: acero inoxidable AISI 304.
- Asiento: neoprene moldeado.
- Cubeta lateral: goma sintética especial.
- Eje y buje: acero inoxidable laminado.

Instrucciones especiales de instalación y mantenimiento:
- La válvula debe estar en posición cerrada al instalarla.
- Se puede accionar con palanca gatillo, volante o rueda dentada para cadena.
- Si se acciona a palanca, dejar suficiente espacio para el movimiento de ésta.

Especificaciones para el pedido:
- Material del cuerpo.
- Tipo y material del asiento.
- Tipo y material del disco.
- Tipo de accionamiento.
- Indicar si es tipo flanged o con muescas.
- Temperatura de trabajo.
- Presión de funcionamiento.

Elastómero: Material natural o artificial que, como el caucho, tiene gran elasticidad.

Cavitación: Formación de burbujas de vapor o de gas en el seno de un líquido, causada por las variaciones que este experimenta en su presión.

Dos modelos de válvula mariposa

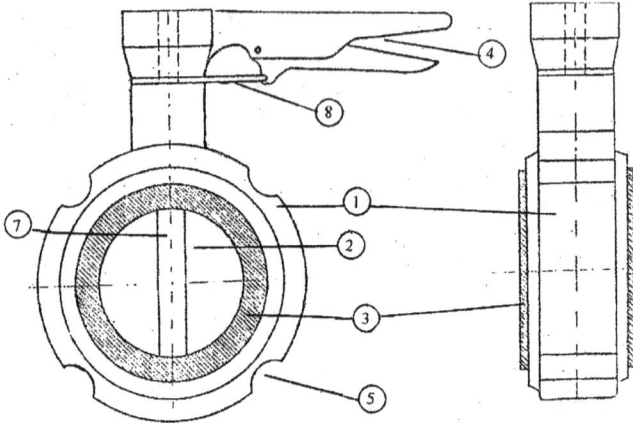

Válvula Tipo Estándar "F.R."

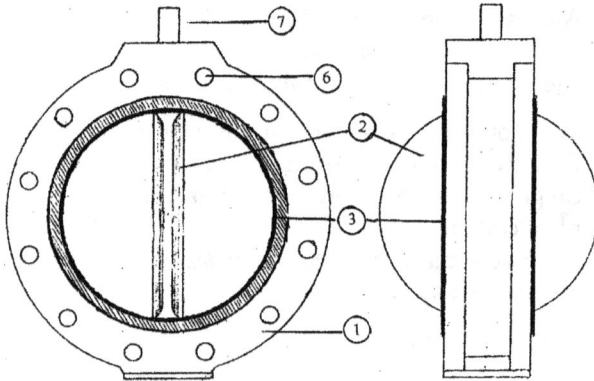

Válvula Tipo Brida (Flanged)

Referencias:

1. Cuerpo
2. Disco
3. Asiento y cubeta lateral
4. Gatillo
5. Muesca para bulones
6. Agujeros para bulones
7. Eje
8. Traba de palanca

Dentro del grupo de válvulas manuales, las tres anteriormente descriptas: esclusa, globo y mariposa, son las más usadas en una instalación industrial, pero como son muchas las variables y los diseños desarrollados actualmente, debido a las necesidades y características de la industria, nombraré algunas otras que el futuro oficial, trabajando en instalaciones de distintos procesos industriales, tendrá oportunidad de ver y adquirir conocimientos completos sobre su instalación.

Las válvulas a que me refiero son: esféricas, a diafragma, de tapón, de aguja, a solenoide, a pistón, de paso múltiple y otras, todas en sus variadas marcas, pero sujetas a las especificaciones de las normas correspondientes.

Válvula automática de control

Este tipo de válvula presenta la característica de tener un accionamiento asistido. El obturador es desplazado neumáticamente o por medio de un servomotor, al recibir una señal.

El accionamiento neumático es el más usado, pero cuando se necesita grandes esfuerzos, se recurre al uso de servomotores.

Debe tenerse presente de instalar dentro de los equipos previstos, compresores para producir aire comprimido filtrado y seco, especial para instrumentos.

El accionamiento remoto se efectúa desde la sala de control del establecimiento.

La presión de la señal neumática regulada se aplicará en el diafragma del sistema actuador de la válvula que realizará el movimiento del obturador, controlando el caudal saliente de una manera ya determinada.

Estas válvulas están compuestas de dos partes esenciales: el diafragma y resortes alojados en una carcasa sellada, que permite mediante rácords la conexión de la entrada o salida del aire. Este grupo de elementos se denomina "actuador".

La otra parte de la válvula está compuesta por el cuerpo, el obturador, el asiento, la tapa, las columnas o yugos que sostienen al actuador, con un indicador y una escala que señala el estado de abertura o cierre de la válvula, más las juntas correspondientes.

En la instalación, cercano a la válvula, se monta con su soporte correspondiente, un instrumento controlador, comandado desde la sala de control, que permitirá transferir la señal neumática (presión), que ingresará mediante caños de cobre de 3/8" de diámetro a la carcaza del actuador, accionando el diafragma que moverá el vástago desplazando al obturador de su asiento.

Según el valor de la presión neumática recibida, el vástago puede desplazarse desde una cuarta parte hasta la abertura total de la válvula.

Al interrumpirse la señal neumática, el o los resortes de retracción volverán a ubicar el diafragma en su posición original.

El grupo de instrumentistas es el encargado de la regulación de este tipo de válvula.

El oficial cañista procederá al montaje con mucho cuidado, teniendo en cuenta que trabaja como una válvula globo, es decir que el fluido ingresa por debajo del obturador.

Se recomienda especialmente que quede perfectamente nivelada, observación a tener presente para todas las válvulas que se deban instalar.

Como son válvulas de gran tamaño, es recomendable que se proceda a un seguro izaje, por medio de slingas o fajas.

Los extremos de estas válvulas son según el requerimiento, bridadas, roscadas o biseladas para soldar.

Para realizar una instalación correcta, se procede a construir en la línea un *by-pass*, designación que corresponde a una configuración de elementos para facilitar el desmontaje para inspección, reacondicionamiento o cambio de la válvula de control, sin interrumpir el servicio, cerrando las dos válvulas esclusas y abriendo, controlando el caudal, la válvula globo. Esta operación debe hacerse manualmente, hasta que se normalice la instalación.

By-pass - Diagrama de una correcta instalación

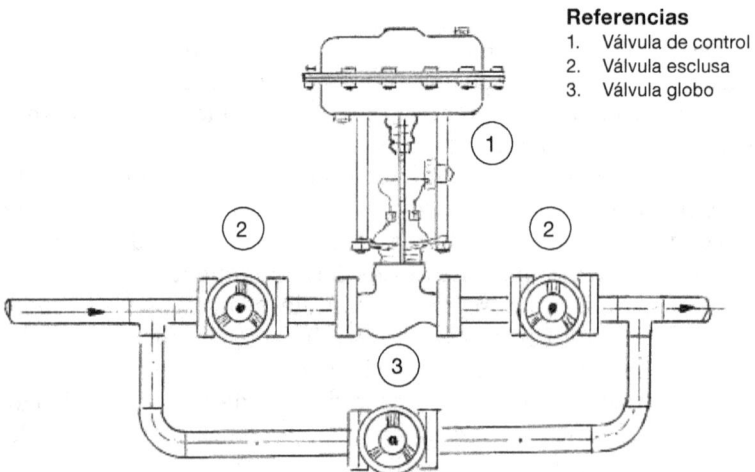

Referencias
1. Válvula de control
2. Válvula esclusa
3. Válvula globo

Elementos internos principalesde una válvula automática neumática de control

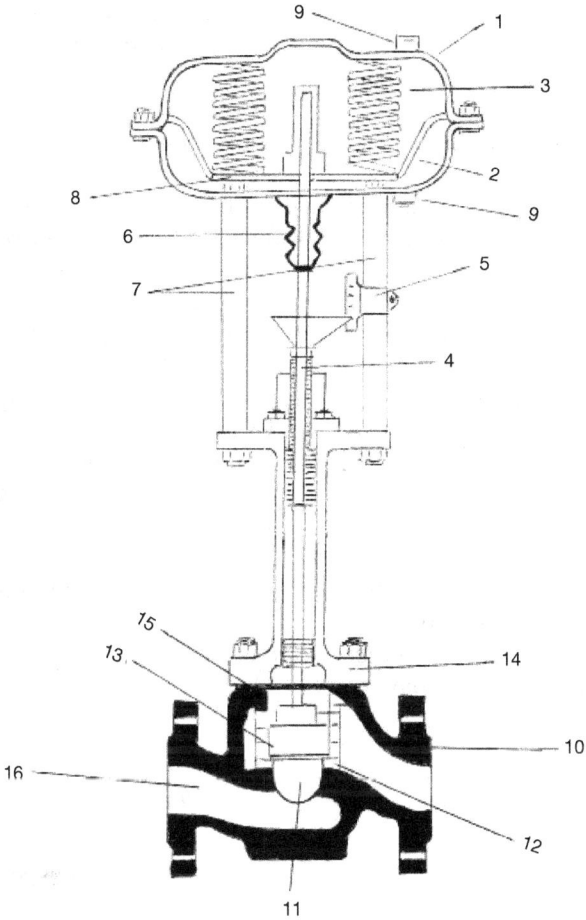

Referencias:

1. Carcaza
2. Diafragma
3. Resortes
4. Vástago
5. Escala
6. Fuelle guardapolvo
7. Columnas o yugo
8. Plato del diafragma
9. Rácord para señal
10. Cuerpo
11. Obturador
12. Asiento
13. Jaula
14. Tapa
15. Junta de tapa
16. Entrada del fluido

El equilibrio de fuerzas es el principio de su funcionamiento. La presión de la señal neumática que se aplica sobre el diafragma estará en oposición con la fuerza del resorte de retracción. La fuerza que ejercerá la presión neumática vencerá a la del resorte, realizando el movimiento del plato juntamente con el vástago, proporcionalmente de acuerdo con la presión recibida.

Si ante cualquier eventualidad que pueda presentarse en el suministro de aire comprimido, éste se interrumpiera, se deberán adoptar modelos de válvulas de forma que ante un fallo en la alimentación de aire, el sistema trabaje en condiciones mínimas ya establecidas.

Esta característica viene dada por la disposición del resorte y la acción que ejerce sobre el obturador para abrir o cerrar la válvula.

Tenemos modelos que ante un fallo en el suministro de aire comprimido, pasan a la posición de cerrada; hay otros que ante esta situación pasarán a posición abierta.

Se dispone también de un modelo que, ante una interrupción de la señal neumática, permanece en la misma posición en la que se encontraba al momento de producirse ésta, aplicando el empleo de compensadores de presión, que evitan que los actuadotes pierdan la presión.

Las válvulas *fallo abre* vienen designadas con las letras **F.O.,** y están pintadas de color verde.

Las válvulas del tipo *fallo cierra*, son las designadas **F.C.,** y están pintadas de color amarillo.

Las válvulas que *permanecen constantes*, se denominan estacionarias **F.H.**, y su color es rojo.

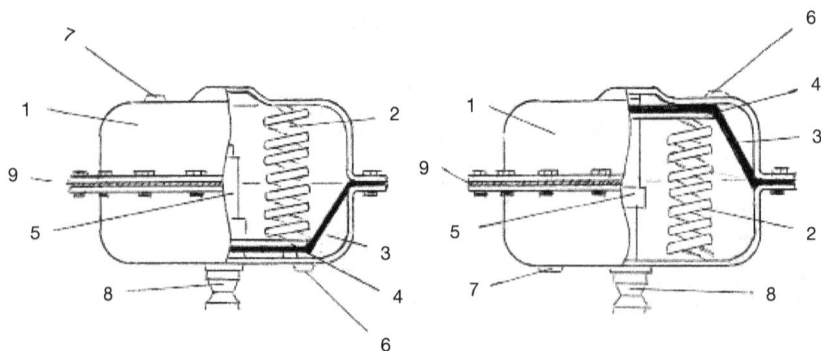

Referencias:
1. Carcaza
2. Resorte
3. Diafragma
4. Plato de diafragma
5. Vástago
6. Rácord de entrada señal
7. Rácord de escape de aire
8. Fuelle guardapolvo
9 Junta de carcaza

Dentro del grupo de las válvulas consideradas como automáticas, tenemos a aquellas que están diseñadas para reducir la presión de la línea donde trabajan y otras que regulan o mantienen la temperatura existente de un producto dentro de un recipiente.

Estas válvulas son usadas especialmente en líneas de vapor; son autónomas y autopilotadas, lo que indica que no requieren de una señal externa que las comande.

Las comprendidas como reductoras actuarán de forma que permitirá reducir la presión de la corriente de vapor hasta un valor establecido; su funcionamiento es automático; regulando mediante un tornillo la presión de un resorte se consigue establecer la presión que se necesita a la salida de la válvula.

Es muy aplicable en procesos industriales como lavaderos de botellas, secadores de cuero, máquinas de expansión de plásticos, fábrica de neumáticos. Los fabricantes de este tipo de válvula aconsejan usarlas para reducir la presión de vapor hasta un 50%.

Las válvulas llamadas reguladoras de temperatura son muy parecidas a las anteriores; en realidad, su función es regular la cantidad de vapor necesario para calentar el líquido alojado en un recipiente metálico, rodeado por serpentinas por donde circulará el vapor.

La señal para que actúe llega a través de un capilar que transporta un fluido dilatante, contenido en un bulbo depositado dentro del líquido o pasta a la que se quiere controlar su
temperatura.

El fluido dilatante del bulbo puede ser cera, parafina u otro producto. Llega a la cabeza de la válvula de control, cerrando su válvula piloto, regulada para una temperatura determinada obstruyendo el paso del vapor, que mediante serpentinas o radiadores, calienta el líquido a controlar.

Cuando el bulbo se enfría abre la válvula piloto, dejando pasar nuevamente vapor, comenzando así un nuevo ciclo.

Entre las industrias que hacen uso de este tipo de válvulas se puede citar a las industrias alimentarias, frigoríficas o químicas.

No obstante sus amplias posibilidades en líneas de vapor, son aplicables a instalaciones de aire y agua, según las condiciones de trabajo.

Para su solicitud son necesarios datos del equipo a que será acoplada, presión o temperatura de entrada, presión o temperatura de salida, caudal máximo y mínimo, tipo de servicio continuo o con interrupciones, tipo de fluido, vapor u otros.

Los fabricantes recomiendan instalarlas en un sistema de *by-pass*.

Fabrican estos tipos de válvulas, empresas conocidas como Sarco, Tres Siete, Aerre.

Válvulas de seguridad

En este grupo tenemos dos categorías: las válvulas de retención y las válvulas de desahogo o alivio, llamadas comúnmente "de seguridad".

Son dos tipos de válvulas de accionamiento automático que funcionan sin controles externos, dependiendo únicamente del sentido de la circulación del fluido o de las presiones de la instalación.

La válvula de retención está diseñada para impedir una inversión de la circulación.

Al circular el fluido en el sentido establecido abre la válvula; contrariamente, al invertirse la circulación la cierra. Cumplen con una sola función, por lo tanto su instalación requiere que se respete la flecha indicativa que debe estar grabada en su cuerpo, indicando el sentido de circulación.

Existen varios modelos: retención a clapeta, retención a bolilla o retención a pistón, la más conocida para uso horizontal, es la retención a clapeta.

El fluido al incidir sobre el obturador o clapeta ejerce una fuerza sobre el mismo, que provoca su desplazamiento, cerrando el conducto. Si la corriente se produce en el sentido de la flecha indicadora, el obturador queda en libertad de movimiento, permitiendo la libre circulación del líquido.

Para ser usada verticalmente, está diseñado el modelo de retención a bolilla, donde un resorte mantiene a una bolilla de acero en posición de cerrado; la presión ejercida por la circulación vence la resistencia del resorte, permitiendo el paso del líquido.

Aunque fue diseñada para usarse verticalmente, si hay necesidad se las puede instalar para usarse en cualquier posición.

Lo mismo puede decirse del modelo de retención a pistón, diferenciándose de la anterior al ser suplantada la bolilla por un pistón alojado en un cuerpo muy parecido a una válvula globo. También puede ser usada en cualquier posición.

La principal aplicación de las válvulas de retención en una instalación, es en la línea de impulsión de las bombas centrífugas, donde se evita que se produzca retorno de líquido a la bomba, cuando se encuentra parada.

Se fabrica con cuerpo de bronce, hierro fundido, acero forjado, acero inoxidable, acero al carbono; los extremos pueden ser bridados, roscados o biselados para soldar.

La bolilla obturadora de la válvula modelo vertical es de acero al cromo, y el resorte es de acero inoxidable AISI 316, el asiento es de teflón, soporta una temperatura de trabajo hasta 250 °C.

Todas las piezas internas son renovables. Comprobar, al instalarlas, que tanto la clapeta, la bolilla o el pistón sean abiertos por el sentido de circulación normal.

Las válvulas de alivio se pueden dividir en dos grupos: válvulas de seguridad y válvulas de desahogo.

Las primeras actúan automáticamente ante una sobrepresión; operan rápidamente produciendo un disparo de vapor o gases, hasta volver a la presión a la que fue regulada.

Las válvulas de desahogo son aptas para cumplir servicios en líquidos que sobrepasan la presión interna de sus recipientes, denominada como presión normal o de trabajo.

Se designa como presión manométrica, a la que se ajusta en la válvula para su apertura.

Se deben instalar en lugares de fácil acceso para poder realizar su inspección, mantenimiento o cambio de regulación.

La elección del tipo de válvula debe cumplir con las disposiciones del Código A.S.M.E. (Sociedad Americana de Ingenieros Mecánicos), necesarias para regular los recipientes a presión, especificando sus elementos constitutivos referidos a: medidas, series, conexiones, tipo de sierre, presiones máximas de servicio en función de la temperatura de operación, orificio de la tobera, resorte, tipo de bonete, etc. Todos estos elementos deben estar en correspondencia a las solicitaciones a que serán sometidas las válvulas.

Algunos fabricantes emplean un sistema de codificación sobre las características y funciones de los elementos citados, para seleccionar la válvula a solicitar.

Algunos modelos están provisto de una palanca de prueba, que permite, ex profeso, accionar el escape venciendo al resorte que presiona al obturador. Una vez logrado esto, la palanca se asegura mediante trabas o candado que no trabaje accidentalmente.

Para concluir este capítulo, reitero lo expresado en página 65, donde comentaba que son muchísimas las variables o modelos de este importante elemento, que el futuro oficial cañista tendrá oportunidad de conocer a medida que avance en su experiencia, participando en diversas obras, para lograr una completa formación.

Tapa de válvula de alivio

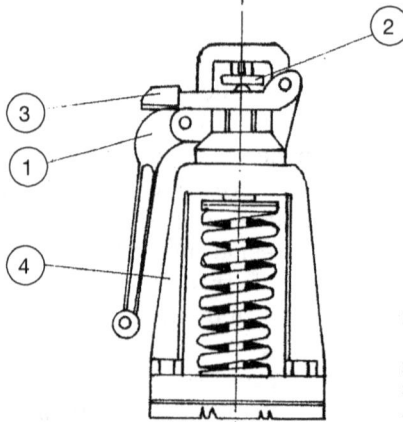

Modelo con Palanca
1. Palanca de prueba
2. Tuerca de disparo
3. Horquilla
4. Bonete

Válvula de retención a clapeta

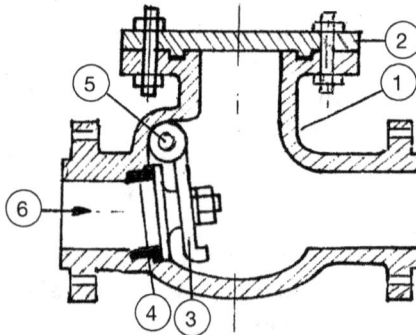

Referencias
1. Cuerpo
2. Tapa
3. Clapeta
4. Asiento
5. Eje
6. Entrada

Válvula de retención a pistón.

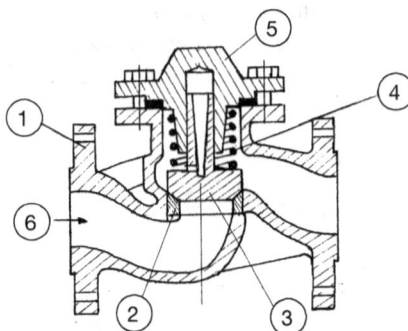

Referencias
1. Cuerpo
2. Asiento
3. Pistón obturador
4. Resorte
5. Tapa
6. Entrada

Válvula de retención a bolilla

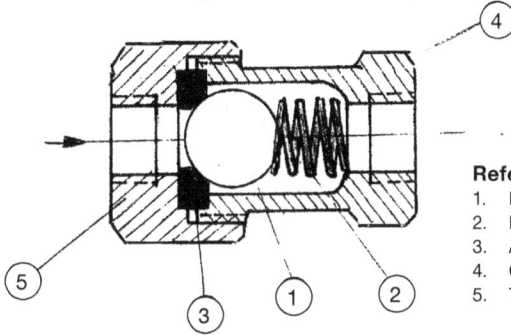

Referencias
1. Bolilla
2. Resorte
3. Asiento
4. Cuerpo
5. Tapa

Válvula de alivio

Referencias
1. Cuerpo
2. Tobera
3. Disco de cierre
4. Vástago
5. Bonete
6. Tubo eductor
7. Tapa
8. Resorte
9. Anillo de ajuste y asiento

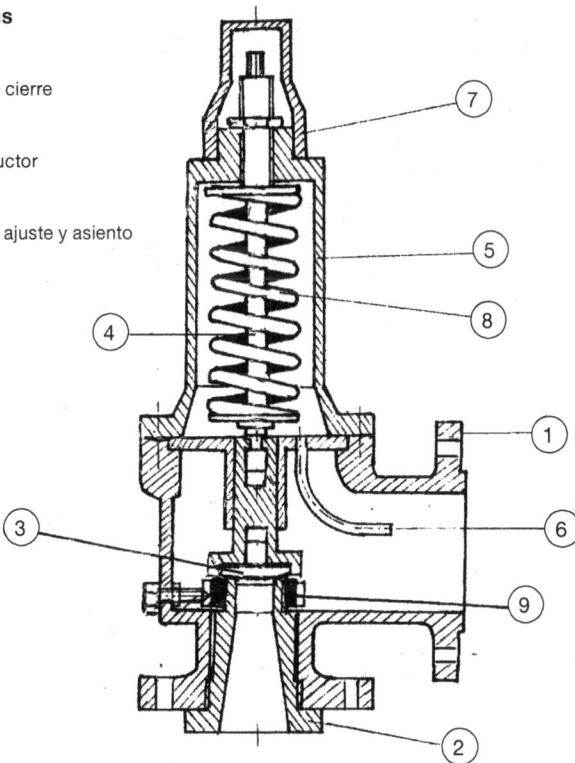

Capítulo 3

CONOCIMIENTOS PRELIMINARES

Luego de haber estudiado y asimilado los capítulos 1 y 2, que contienen una muy amplia información sobre los elementos que utilizaremos habitualmente, ingresaremos al Capítulo 3, donde veremos los temas preliminares que nos permitirán entender todo lo referente desde el proyecto hasta la ejecución de una obra.

Previamente, esto implica un estudio del nacimiento de un proyecto y descripción de todos los pasos previos, hasta la aceptación y autorización de comienzo de obra por parte del cliente, o grupo de empresarios titulares del futuro establecimiento industrial .

NACIMIENTO DE UN PROYECTO

El cliente expone ante un estudio de ingeniería calificado, perteneciente a un grupo particular de su confianza o a una empresa de construcciones local o internacional, su intención de instalar una planta para producir determinado producto.

Este grupo estudiará la posibilidad de la realización del proyecto y presentará:

- Lugar estratégico para su ubicación (contar con servicios como agua, electricidad, gas, etc., en abundancia)
- Dimensiones del terreno propuesto.
- Borrador del plano de la futura planta industrial (*lay-out*).[1]
- Plan de adquisición de las materias primas.
- Sistema de comercialización y venta del producto final.
- Estudio de costos de la instalación de la planta.
- Monto de la inversión que se debe realizar y su financiación.
- Calidad y cantidad de personal que operará la Planta, y por último;
- Un esquema simbólico de los equipos y pasos necesarios a seguir para la elaboración del producto, hasta su etapa final, llamado: **Diagrama de Flujo.**

---

1 *Lay-out* o *drawing* = croquis o dibujo

Del Diagrama de Flujo se obtendrán: características y cantidad de equipos o máquinas que demandará el proceso productivo, elementos de vinculación de un equipo a otro, como ser conductos, bombas, cintas transportadoras, cañerías etc.,instrumentos de control y otros.

Discutido, modificado o aprobado y aceptado este primer paso, el estudio de ingeniería procederá a la elaboración de un nuevo y definitivo Diagrama de Flujo, donde se diseñarán esquemáticamente, los equipos intervinientes en el proceso industrial, identificándolos con un código, que servirá para conocer datos del mismo, como ser: nombre del fabricante dimensiones, peso, forma de anclaje, instructivos de funcionamiento, instalaciones auxiliares que requiere, plan de mantenimiento, etc.,toda una base de datos a consultar.

Siempre, de modo esquemático y simbólico, sin dimensiones pero guardando un orden de continuidad y proporcionalidad, se diseñan las conexiones o vinculaciones de un equipo a otro, logrando así la llamada "cadena" del proceso productivo, incluido sistema eléctrico, de instrumentación y control.

Si se diseñan cañerías, conductos, tolvas o cintas transportadoras, todos estos elementos son identificados también con un código (en su momento analizaremos lo que concierne a cañerías).

Este último y definitivo Diagrama de Flujo, será la base y guía para todos los trabajos que se realicen durante el montaje y puesta en marcha final de las instalaciones.

No voy a entrar en muchas precisiones o estudios relativos al tema ingeniería, que no es realmente necesidad del futuro oficial cañista; en los pasos siguientes tendré en cuenta lo estrictamente de utilidad, como ser el conocimiento de los planos que intervienen en la obra.

Siendo elemental y fundamental para el desarrollo de su trabajo, el oficial debe saber interpretar **planos** e **isométricos**, temas que trataré de explicar de la manera menos complicada.

Luego del Diagrama de Flujo, se confecciona el denominado *key-plan* o **plano general,** en el cual se aprecian todos los componentes de la instalación, equipos y sectores en lo que se ha dividido la futura planta.

Se considera éste como segundo plano en importancia, que servirá de indicación y seguimiento de todo lo que se instalará.

COORDENADAS CARTESIANAS – NIVELES

En este *key-plan* se observa que el terreno disponible se ha dividido en cuadrículas de aproximadamente, según tamaño del terreno, 25 metros (25.000 milímetros), por lado cada una, dando origen a un **Sistema de Coordenadas Cartesianas** donde, una vez establecido el punto cardinal **Norte**, las **ordenadas** de Norte a Sur se denominan **Y-Y'**, y las **abscisas** de Este a Oeste son **X-X'**.

También se establece el **Nivel Cero (0,000)**, para partir con las distintas elevaciones, que se designan con la letra **Z**.

Siguiendo este diseño, se distribuyen y ubican las bases, estructuras, equipos y cañerías que intervendrán en el proceso.

El grupo de topografía, imprescindible en toda obra, es el encargado de asesorarnos y controlar que las distintas ubicaciones se realicen correctamente, colocando como guías,"mojones" o marcas indicativas en diferentes lugares del terreno.

Esto quiere decir que todo equipo o elemento a montar que figure en el plano general, debe contener como datos esenciales: **las coordenadas de ubicación, la elevación y la posición relacionada con el lado Norte.**

Todos los otros planos o isométricos descriptivos que se confeccionen en adelante para los distintos grupos que participan en la construcción, deben respetar las dimensiones y ubicación de todos los elementos involucrados.

El plano general será también, junto con el Diagrama de Flujo, base y guía, para cualquier consulta relacionada con las tareas que se realizan.

Este plano se observa desde arriba, y se designa como **planta,** según el **Sistema de Proyecciones Ortográficas de Vistas ISO "E"**, adoptado por nuestro país.

Asimismo, se confeccionan **planos de cortes,** realizados según las aclaraciones que sean necesario detallar o ampliar.

Estos planos se denominan de **elevación,** porque el diseño está de frente al observador. Se identifican con letras indicativas desde el comienzo y el final del corte a mostrar. Estas letras se observan en el plano de planta, ejemplo **Corte A-A', Corte B-B',Corte C-C'**, etc.

En estos planos de elevación, tenemos datos como niveles o alturas para el montaje de los equipos, centros de las cañerías elevadas, apoyos de soportes o terminación de bases de hormigón, usando, desde luego, el nivel cero (0),como cota de referencia.

Estos planos son confeccionados en **escalas** ya establecidas, según el tamaño del papel usado en el diseño.

En el transcurso del Capítulo 3, ya para entrar en práctica, presento un proyecto ficticio, el cual dará oportunidad para observar y analizar los temas que se han expuesto, pero antes estudiaremos **Isometría**, que es uno de los complementos principales del plano general que se emplea abundantemente, y en los cuales se encuentran isométricamente dibujados, el trazado o configuración de las cañerías que fabricaremos o montaremos.

En la actualidad, hay oficiales que no dominan completamente el conocimiento de un isométrico; desconocen no solamente la configuración sino también detalles importantes como es la simbología, coordenadas, cotas de nivel, etc, o no lo interpretan correctamente.

PERSPECTIVA ISOMÉTRICA

Con el propósito de ayudar a que se tenga un íntegro dominio de los conocimientos de **isometría**, comenzaremos con:

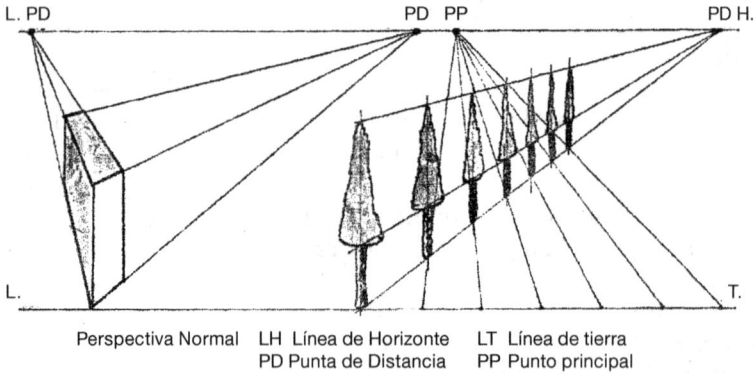

Perspectiva Normal   LH Línea de Horizonte   LT Línea de tierra
PD Punta de Distancia   PP Punto principal

El estudio de la **Perspectiva** comprende representar en forma gráfica los objetos, en una superficie plana (papel del proyectista), tal como aparecen ante nuestra vista. La impresión exacta de distancia le confiere realidad al dibujo.

Dentro de los distintos grupos en que se divide su práctica, se destaca la **Perspectiva Axonométrica Isométrica** (del griego *axon*, eje, *metrón*, medida, más prefijo *iso*: iguales).

Se supone que en ella, los objetos se ubican en un sistema de planos regulares, formando tres ejes que nacen en un punto de origen O, eje vertical OC, eje de la derecha OA, y eje de la izquierda OB, que formarán entre sí tres ángulos de 120° cada uno.

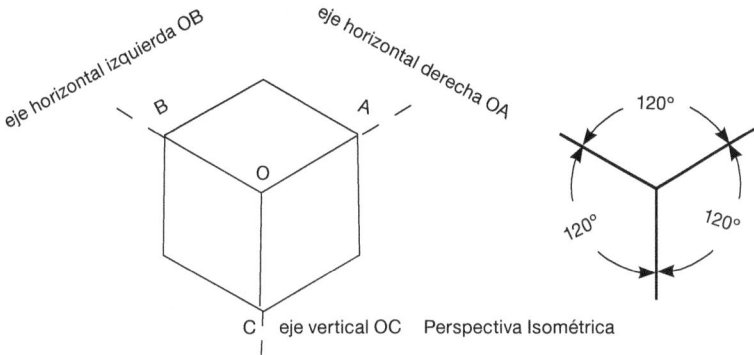

eje horizontal izquierda OB

eje horizontal derecha OA

B   A

O

C eje vertical OC   Perspectiva Isométrica

120°
120°
120°

Si cruzamos una línea horizontal, tocando el punto de origen O, vemos que formamos líneas inclinadas a la derecha e izquierda a 30°.

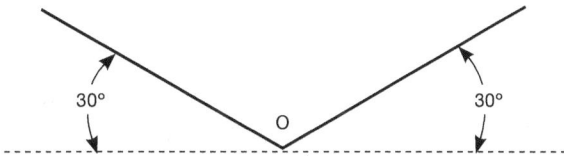

30°   30°

O

Este sistema de ejes se ha adoptado **internacionalmente**, para diseñar las líneas de
cañerías de manera unificar (una sola línea), y se ha creado un rayado guía con este fin.

Como hemos observado, la representación isométrica es un plano con dos ejes de fuga a 30°, y un tercero que es vertical.

Esta representación se utiliza para facilitar la interpretación de los planos de cañerías.

El eje vertical representa exclusivamente las líneas verticales, y los ejes a 30°, representan las líneas horizontales que siguen hacia los cuatro puntos cardinales N.S.E y O.

Cuando se trazan isométricos en un proyecto, deberán orientarse todas las líneas en un mismo sentido, una vez adoptado el lado **Norte**; para ello de utilizará la *roseta* ubicada siempre en la parte **superior derecha del papel**.

Por lo dicho, nuestro papel está rayado con líneas inclinadas a 30°, respecto de la horizontal, inclinadas en un sentido como en el otro.

Pero a su vez, tenemos también la tercera línea, que son las rayadas en forma vertical.

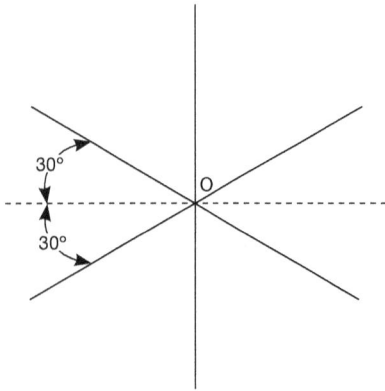

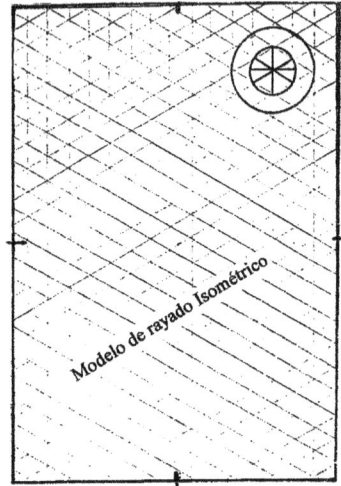

Modelo de rayado Isométrico

Diremos :

Cualquier línea paralela o comprendida en las líneas inclinadas descriptas, se encontrará en el plano horizontal.

Toda línea que esté dibujada verticalmente estará comprendida en el plano vertical.

Con ese concepto básico podemos introducirnos al dibujo de líneas de cañerías en isometría sin equivocarnos, siempre y cuando tengamos únicamente *líneas que están encuadradas en el plano horizontal y vertical, formando además entre ellas ángulos de 90°.*

Más adelante veremos casos más particulares, donde las líneas no forman entre sí ángulos rectos.

Los aspectos que estamos desarrollando forman la parte elemental para la preparación teórica del futuro oficial, que debe asimilarlos; mientras tanto me limitaré a describir de la manera menos complicada, los métodos que ayudarán a comprender claramente qué es un plano o un isométrico.

La isometría es el complemento principal de los planos de zonas en los cuales puede haber sido dividida la futura planta, en los mismos encontramos isométricamente dibujados el trazado o configuración de las cañerías que corresponden a cada zona.

Como es sabido, los isométricos se emplean tanto para la prefabricación como para el montaje

Para los planos de planta, planos de elevaciones, cortes o secciones de detalles, se usa el sistema convencional de **proyecciones orto-**

gonales, según procedimiento **monge,** en el cuál, las cañerías son representadas enteras.

El otro sistema es el **tridimensional**, que utiliza una proyección isométrica, para representar el trazo de una o más cañerías, mediante el cual se eliminan las vistas planta y elevación, aunque en los planos generales se confeccionan detalles y cortes para precisar indicaciones importantes a tener en cuenta.

La isometría aplicada al dibujo de cañerías, brinda al operario, la posibilidad de fácil interpretación, permitiendo observar rápidamente el recorrido de la línea con todos sus accesorios, asimismo se muestran símbolos de soportes o instrumentos que correspondan a la instalación.

Debemos conocer la simbología normalizada, que nos permite apreciar, mediante la observación del dibujo, cuáles son los accesorios y elementos que integran un determinado isométrico.

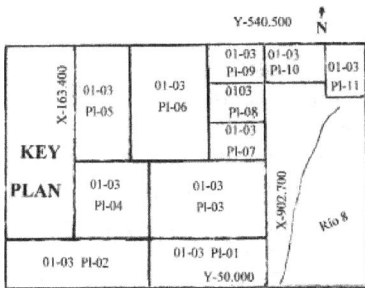

Plano de Zonas

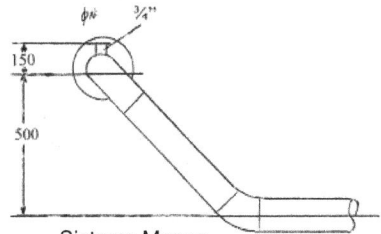

Sistema Monge

Un plano isométrico, usado para montaje, nos permite definir que:

1. Cuando se va a ejecutar el montaje, previamente se deberán observar las Cotas de Nivel, asegurándonos que las medidas correspondan al **B.O.P.,** o bien al **T.O.P.**

2. Antes de montar será necesario ver la posición de la cañería en los planos de planta, para determinar la correcta ubicación conforme a las **coordenadas** y puntos de referencias.

3. Ubicar la posición de la cañería, teniendo presente la indicación del **punto cardinal Norte.**

4. El **sentido de flujo** indicado en el isométrico, nos permitirá el correcto montaje de válvulas y accesorios.

5. Cuando se montan las cañerías de un isométrico, debe procurarse con antelación que se instalen o monten los soportes correspondientes.

Veremos cómo se resuelven los casos particulares donde las líneas no forman entre sí ángulos rectos en su cambio de dirección.

Un artificio muy recomendado es emplear como guía el diseño de un *paralelogramo* dibujado entre las líneas verticales y las dos horizontales a 30°, cuya diagonal se aprovechará para trazar el desvío indicando los grados que correspondan.

Para indicar en qué posición está comprendido el triángulo formado (vertical o horizontal), se raya el área encerrada con un trazado de rectas paralelas.

En los vértices opuestos del paralelogramo se dibuja un símbolo que nos indica que allí tenemos un ángulo recto.

Otro artificio muy comúnmente empleado es el dibujo de un *paralelepípedo*, en casos en que la cañería es girada sobre dos planos simultáneamente, el horizontal y el plano vertical.

Paralelogramo = cuadrilátero de lados opuestos paralelos.

Paralelepípedo = prisma cuyas bases son paralelogramos.

Cuando por razones constructivas debemos dejar algún lugar sin soldar, se coloca junto a una **X,** para indicar el lugar, la sigla **F.W.** (*Field Weld*), soldar en Obra, y si por las mismas razones tenemos que dejar tramos incrementados en su longitud, esto nos fue indicado con la sigla **F.F.** (*Fit in Field*), ajustar en obra. Las dimensiones que se deben incrementar para ajustar en Obra, se indican con un pequeño triángulo. ▲

Los soportes se indican con un pequeño rectángulo ▭, seguido de su identificación (SP1, SP2, etc.). Estos soportes son construidos según el plano correspondiente, en el taller de herrería, que no debe faltar en toda obra, y ubicados o montados por el grupo de montaje.

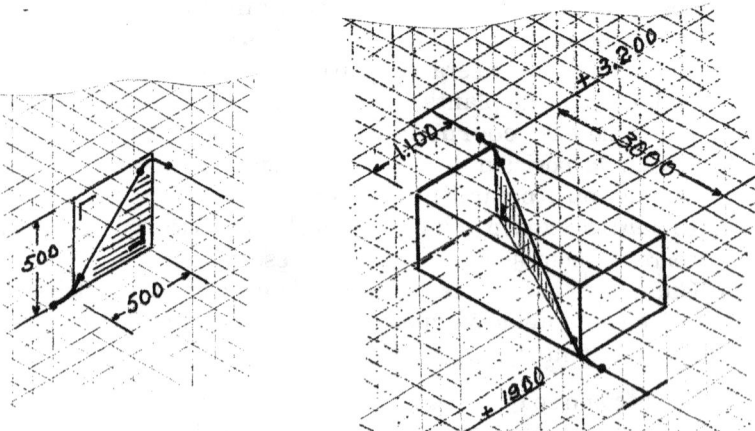

MÉTODO ISO "E" - DEFINICIÓN DE VISTAS

Transcribiré los conceptos de la Norma IRAM N° 4501:

En la presente norma se establece el método de representación a emplear en el dibujo técnico, cuya vigencia es permanente, tanto en el orden nacional, provincial, educacional y profesional.
Dicho método es de origen europeo y la norma del epígrafe data del año 1941.

La incorporación de la denominación **Método ISO "E"** y el símbolo correspondiente, obedece a la necesidad de diferenciarlo del método norteamericano-inglés Método ISO "A".

ISO = International Organization for Standardization.

Objetivos de la norma

Establecer las definiciones generales sobre vistas, en dibujo técnico, de acuerdo con el Método ISO "E".

Definiciones

Tiedro fundamental: El formado por tres planos ortogonales situados detrás, debajo y a la derecha del cuerpo o pieza.
Vistas: Proyección ortogonal, sobre un plano, de un cuerpo o pieza situado entre el plano y el observador.
Vista fundamental: Proyección del cuerpo o pieza sobre uno de los planos del triedro fundamental.
Vistas principales: Proyección del cuerpo o pieza sobre planos paralelos a los del triedro fundamental; es decir, las tres vistas **"D"**, **"E"** y **"F"** indicadas en la figura.
Proyección: Figura que resulta, en una superficie, de proyectar en ella todas las líneas o puntos de una figura o pieza.
Proyección ortogonal: Figura que resulta de trazar todas las líneas proyectantes perpendiculares a un plano.

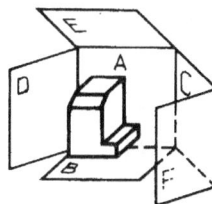

Determinación de vistas

De acuerdo con el triedro fundamental y con los planos paralelos al mismo, se obtienen **tres vistas fundamentales, "A", "B" y "C"** y **tres vistas principales "D", "E" y "F".**

Las flechas (en la figura), nos indican el sentido perpendicular del observador, con respecto a cada plano de proyección.

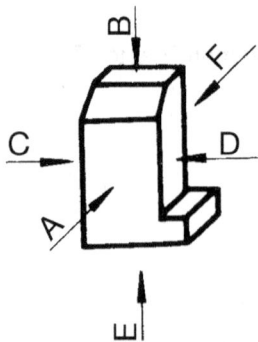

Vista anterior: (A) La que se obtiene al observar el cuerpo o pieza de frente, considerando *esta posición como inicial del observador.*

Vista superior: (B) La que se obtiene al observar el cuerpo o pieza desde arriba.

Vista lateral derecha: (C) La que se obtiene al observar el cuerpo o pieza desde la izquierda de la posición inicial del observador.

Vista lateral izquierda: (D) La que se obtiene al observar el cuerpo o pieza desde la derecha de la posición inicial del observador.

Vista inferior: (E) La que se obtiene al observar el cuerpo o pieza desde abajo.

Vista posterior: (F) La que se obtiene al observar el cuerpo o pieza desde atrás.

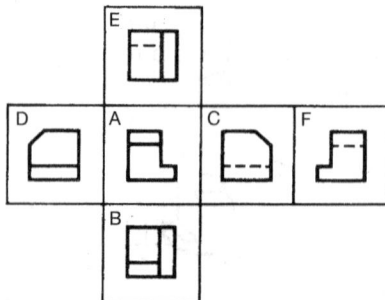

Indicación del método ISO "E "

Se establece el uso del símbolo siguiente, para indicar que los dibujos se representan por el **Método ISO "E"**. El símbolo se indicará juntamente con la especificación de la escala, dentro del rótulo.

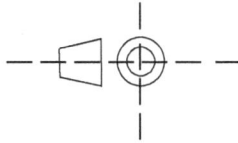

BASES PARA LA INTERPRETACIÓN DE PLANOS DE TALLER

Los dibujos mecánicos tienen por objeto proporcionar una descripción de la forma y el tamaño de una pieza, así como dar la información necesaria para su construcción, en tal forma que puedan ser fácilmente comprendidas por todo aquel que esté familiarizado con la interpretación de planos.

Una fotografía o el simple dibujo del objeto, lo mostraría tal y como lo ve un observador, pero no indicaría ni el tamaño ni la forma exacta de sus diversas partes, ni su colocación exacta.

Por esta razón, son necesarias varias vistas mostrando una parte del objeto cada una, tal como se vería si se mirara directamente a cada una de sus caras.

Casi todos los objetos pueden ser dibujados mediante la proyección sobre una hoja de papel, de las vistas de frente, lateral, superior y en sus diversas combinaciones.

Para proyectar las vistas, imagínese al objeto o la pieza colocada dentro de una caja de forma cuadrada o rectangular. Imagínese también que los costados de esta caja están con articulaciones o bisagras, que permitan girar 90° hacia atrás a los laterales y ubicarse todos en un mismo plano, con respecto al fondo (ver imagen superior en página siguiente).

En este ejemplo, la pieza escogida es de forma rectangular. La superficie del frente de la pieza elegida, se coloca paralela a la cara de atrás de la caja (cara A); manteniendo la pieza en esta posición, trácese el contorno de la superficie frontal en esa cara de la caja, tal y como la ve el observador colocado frente a ella.

Nótese que el frente del objeto, indicado por los puntos A-B-C y D, quedará dibujado en la superficie trasera de la caja en su forma correcta, pero mostrando sólo su longitud y su altura (ver imagen inferior en página siguiente).

Proyección

Vista frontal, observada
desde el frente

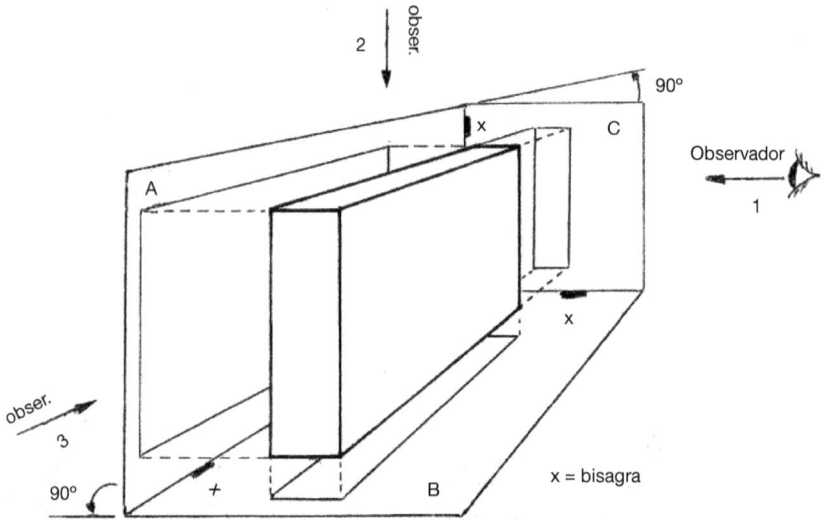

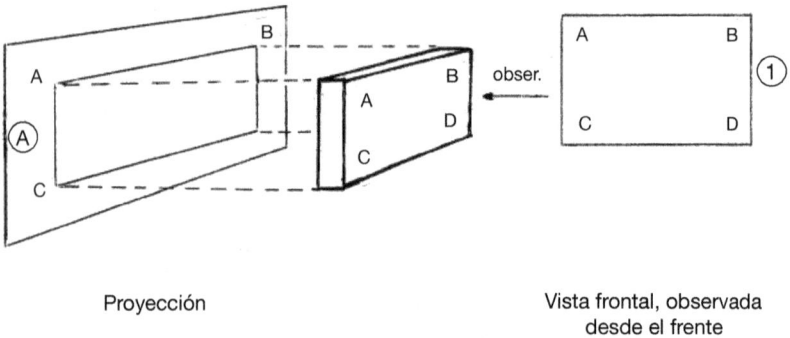

Sin mover el objeto se repite la operación, pero colocándose esta vez el observador directamente encima de la caja, mirando hacia abajo (cara B).

Nótese que la parte superior de la pieza, indicada con los puntos A-B-E y G, queda proyectada en el fondo de la caja correctamente, mostrando únicamente su longitud y su anchura.

Proyección

Vista superior, observada
desde el frente

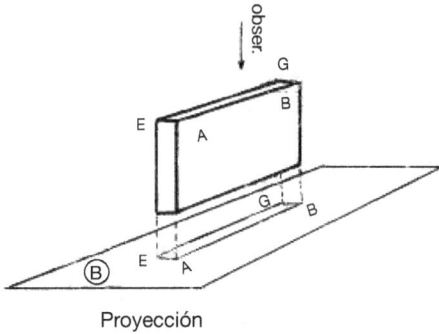

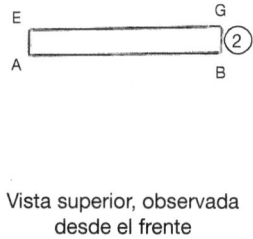

Repetimos nuevamente la operación para obtener la vista lateral, colocándose el observador al lado izquierdo mirando directamente al objeto (cara C). Nótese que el lado izquierdo de la pieza representado por los puntos A-E-F y C, está dibujada en la proyección lateral en su forma correcta, pero mostrando únicamente su altura y anchura.

Recordemos que según la Norma IRAM N° 4501, estamos aplicando el Método ISO "E".

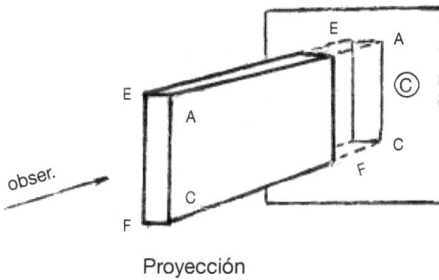

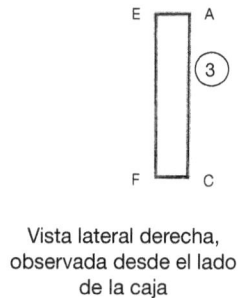

Proyección

Vista lateral derecha,
observada desde el lado
de la caja

Si ahora giramos ambos costados de la caja, 90° grados hacia atrás, es decir, hasta quedar en la misma línea que el fondo, tendremos:

1. *Vista anterior:* La que se obtiene al observar la pieza de frente, considerando esta posición como inicial del observador.
2. *Vista superior:* La que se obtiene al observar la pieza desde arriba.
3. *Vista lateral derecha:* La que se obtiene al observar la pieza desde la izquierda, de la posición inicial del observador.

Por lo tanto, la vista anterior está arriba de la vista superior y a su vez, alineada con la vista lateral derecha.

Se deja sentado que estas vistas son proyecciones de lo que ve el observador.

Proyección de la pieza elegida

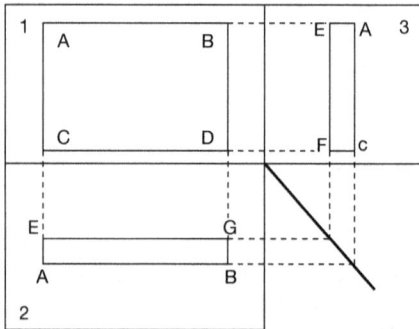

Retiremos ahora los lados de la caja y las letras de identificación y tendremos las tres vistas del objeto o pieza proyectado en su relación correcta.

Vistas proyectadas eliminando los medios auxiliares de proyección

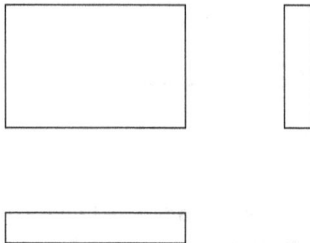

Para completar el dibujo, denominado plano de trabajo, es necesario añadir las dimensiones, que deben ser en milímetros, y toda información que se necesite, para la construcción o fabricación de la pieza u objeto.

Plano de trabajo

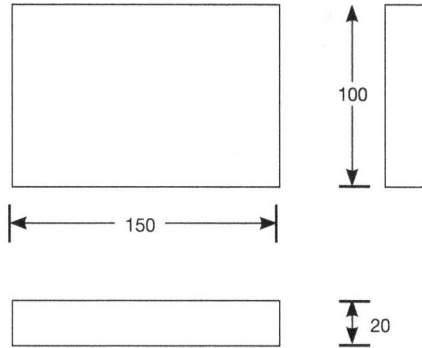

PRINCIPIOS DE UBICACIÓN

Daré una breve y sumaria exposición de lo más sustancial expuesto en las páginas anteriores.

Puntos cardinales

Todos sabemos que orientarse significa ante todo, establecer la posición de los llamados **"puntos cardinales"**, y luego, en nuestro caso, disponer las piezas o equipos de un proyecto, para su perfecta ubicación en la obra.

Podemos definirlo como: orientación es colocar una cosa en el lugar determinado respecto a los puntos cardinales.

El medio más práctico y preciso es, naturalmente, el uso de una brújula.

Su aguja magnética nos indicará inmediatamente y con buena exactitud, el punto cardinal **Norte**.Una vez ubicado éste, nos colocamos frente a él, y tendremos a nuestra espalda el punto **Sur,** a nuestra derecha el punto **Este** y a nuestra izquierda el punto **Oeste.**

En los Planos de trabajo o Isométricos, el punto cardinal **Norte** se indica mediante una flecha o "roseta ", generalmente ubicada en la zona arriba a la derecha del diseño.

Se denominan **Puntos Cardinales**, los que indican el Norte, Sur, Este y Oeste, en cambio son **Puntos Colaterales**, los intermedios que indican SurOeste, SurEste, NorEste y NorOeste.

Los marinos usan instrumentos que contemplan más puntos intermedios como ser Rosa Náutica, Rosa de los Vientos.

El punto Este recibe también el nombre de Oriente o Naciente, es decir donde se asoma o parece nacer el sol cada día.

El punto Oeste también se denomina Occidente o Poniente, por donde se oculta o parece ponerse el sol a la tarde.

Norte, lugar de la tierra que corresponde al Polo Ártico.

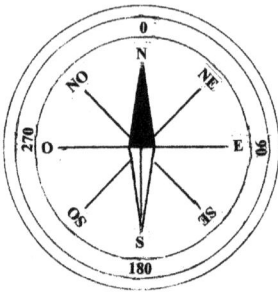

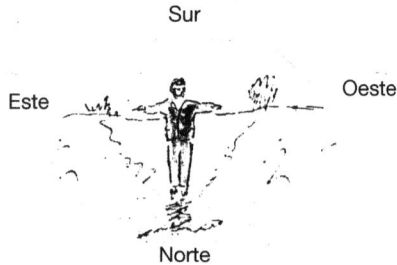

COORDENADAS CARTESIANAS

Coordenadas: Líneas o ejes que sirven para determinar la posición de un punto.

Cartesianas: Viene de sistema filosófico de Cartesio o Descartes y sus filósofos.

Coordenadas cartesianas en el espacio

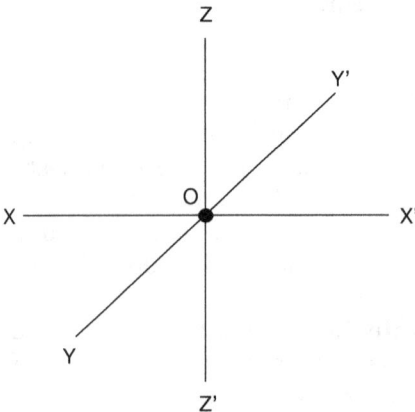

O = origen de los ejes
X-X´ = Abcisas
Y-Y' = Ordenadas
Z-Z' = Ordenadas en el espacio

Sobre un plano de dibujo

Línea vertical, se conoce como eje **Y**.
Línea horizontal, se conoce como eje **X**.

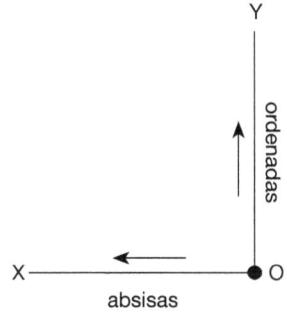

En isometría

Las ordenadas **Y-Y'**, señalan el punto Norte.
Las ordenadas **Z-Z'** , señalan alturas o niveles.

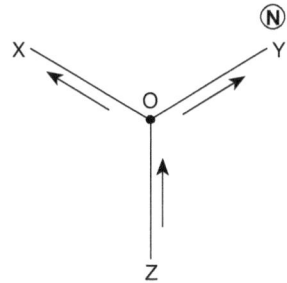

Nivelación

Aplicar el nivel para reconocer si existe o falta horizontabilidad.

Nivel: instrumento para averiguar la diferencia o la igualdad de altura entre dos puntos.

Otro de los temas de mucha importancia, es el referido a niveles o alturas; como decíamos anteriormente, se indican con las ordenadas Z – Z'. Éstos se establecen con instrumentos ópticos, como ser teodolito o nivel óptico.

Toda obra o establecimiento industrial tiene ya establecido el nivel "0", desde donde se trasladarán las referencias para las ubicaciones de los distintos elementos.

Normalmente estas referencias están indicadas en paredes, columnas o cualquier elemento fácil de ubicar, y, desde alli, mediante instrumentos ópticos, o simplemente una manguera transparente con agua en su interior, trasladaremos estas referencias (marcas), hasta donde nos sean necesarias.

Se indica con el signo más (+), o el signo menos (-), a lo que está por sobre o por debajo del nivel "0", que es la base de la indicación.

COTAS

Se entiende por cota, a las dimensiones que nos indicarán las distancias o referencias que tenemos que respetar, según está establecido en el plano de trabajo.

CL = *Center Line* (línea de centro)   Eje de cañerías, centro de recipientes. Perfiles o equipos a montar, etc.

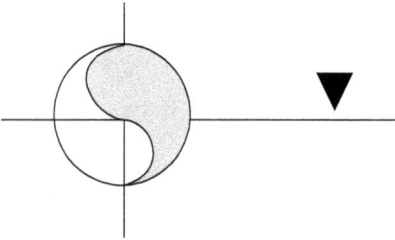

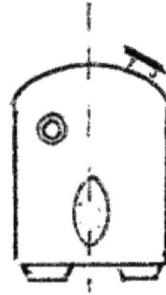

Fondo o base de cañerías.
Bottom of pipe

Parte alta o superior de cañerías
Top of pipe

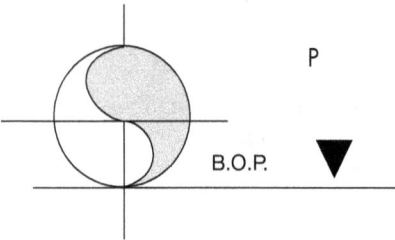

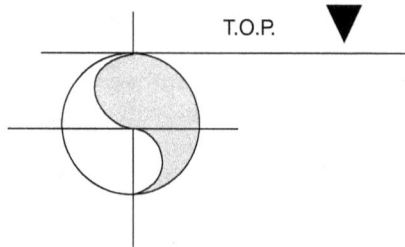

P

B.O.P.

T.O.P.

Para indicar base de apoyo
en soportes

Nivel de piso,
plataformas, etc.

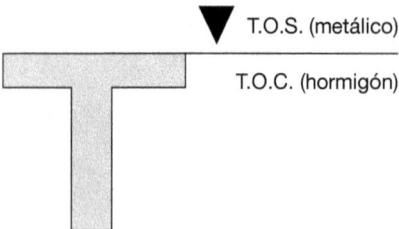

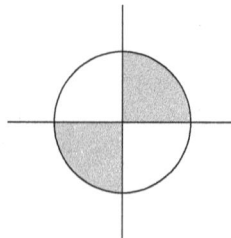

T.O.S. (metálico)

T.O.C. (hormigón)

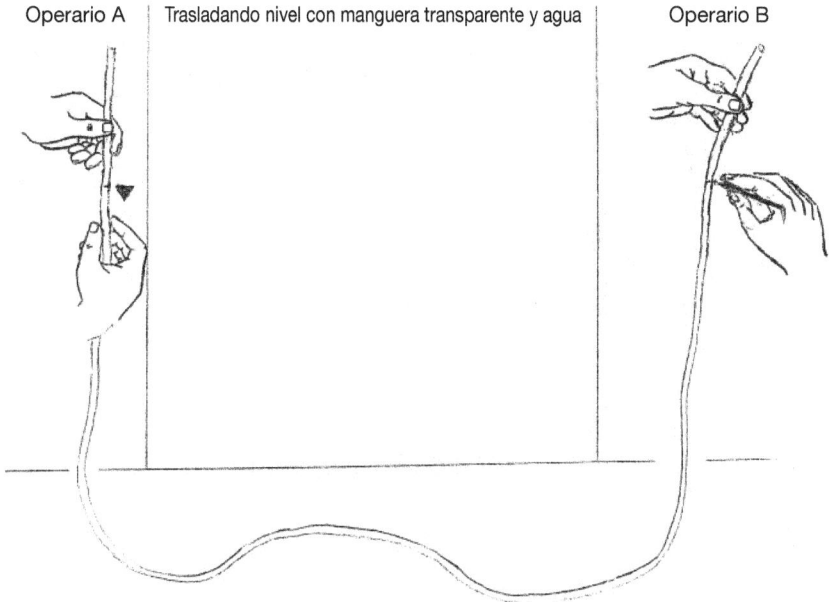

Operario A | Trasladando nivel con manguera transparente y agua | Operario B

Nivel de agua

Como su nombre lo indica, se trata de una manguera transparente con agua, que para un adecuado trabajo se debe llenar completamente con agua limpia a temperatura normal, cuidando que no queden burbujas, y controlando luego en toda su longitud que su llenado sea completo. En sus extremos deben dejarse aproximadamente veinte centímetros sin agua, para poder realizar las mediciones.

Considerando la importancia que tiene este elemento, diré en primer lugar que es una herramienta de medida empleada para transportar o sacar niveles con bastante precisión.

Los oficiales cañista montadores recurren a su auxilio cuando el grupo de topografía, por estar muy ocupado no puede atenderlos, o simplemente solucionan por sí solos estos problemas de niveles.

Si se necesita transportar algún nivel hacia otro lugar, el ayudante del oficial cañista, en la figura, *Operario A,* tomará uno de los extremos de la manguera, haciendo coincidir la burbuja del agua con la marca que se quiere trasladar, mientras el otro extremo es llevado

por el oficial, en la figura *Operario B,* sobre el lugar en el cual se transportará la cota deseada; cuando ambos extremos permanecen fijos, el *Operario B,* marcará el nivel que indica la manguera.

SIMBOLOGÍA NORMALIZADA

Para la confección de los planos o isométrico se dispone de una simbología normalizada que nos permite, observando el dibujo, interpretar cuáles son los accesorios y elementos que integran un determinado isométrico.

Cuando empleamos el término normalizado se quiere expresar que tal accesorio o elemento está fabricado bajo todos los aspectos técnicos que dictan las normas correspondientes, que son de uso internacional

Es importante para el futuro oficial, aprender y conocer los símbolos usados en cañerías, especialmente los referidos a accesorios y válvulas.

SÍMBOLOS ESQUEMÁTICOS DE ACCESORIOS *BUTT-WELD*

Biselados para soldar

Codo 90°	
Codo 45°	
Te normal	
Reducción concéntrica	

SÍMBOLOS ESQUEMÁTICOS DE ACCESORIOS BRIDADOS

Codo 90°	
Codo 45°	
Te normal	
Reducción concéntrica	
Reducción excéntrica	

SÍMBOLOS ESQUEMÁTICOS DE BRIDAS

Brida Slip-on o deslizante	
Brida Welding-neck o con cuello	
Brida Socket-weld o enchufe	
Brida Lap-joint o collarín	
Brida ciega	

SÍMBOLOS ESQUEMÁTICOS DE VÁLVULAS

Válvula esclusa	
Válvula globo	
Válvula de retención	
Válvula automática	
Válvula esférica	

REPRESENTACIÓN DE LAS LÍNEAS DE CAÑERÍAS

La representación de las cañerías en un plano depende de la función que deberán cumplir, o sobre todo, del fluido que conducen.

Las cañerías nuevas se representan en trazos normales o gruesos y las existentes con trazo más fino, para diferenciarlas.

Se representa en forma unifilar.

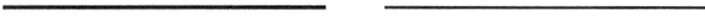

Las cañerías con pendiente, ya sea de aire comprimido o de vapor, se indican con una flecha dibujada sobre la misma, con el sentido de la pendiente seguido con texto indicativo de porcentaje de la caída.

El sentido de circulación del fluido también se indica con una flecha, pero sin texto alguno.

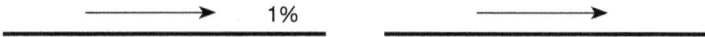

Las cañerías encamisadas (las que atraviesan columnas, muros o estructuras libremente), se representan con líneas de trazo a ambos lados de la línea, indicando la zona de encamisado.

Las líneas calefaccionadas (con *tracing*), van acompañadas en todo su recorrido por una línea más fina, que indica que conduce vapor para su calefacción, y se representa con una línea de trazo en la parte inferior.

Las líneas que conducen aire comprimido, se representan cruzando alternativamente dos trazos paralelos inclinados, interrumpiendo la línea.

Las líneas conductoras de vapor, se representan con trazos largos seguidos de un punto. Las cañerías que conducen agua, están representada con trazos largos seguido de dos puntos.

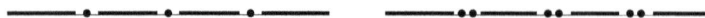

Tenemos líneas conductoras de aire seco/filtrado para instrumentos, que se representan con dos líneas inclinadas paralelas, sin interrumpir el diseño de la línea.

Le siguen las líneas que transmiten los datos de los instrumentos, y se representan con trazos cruzados en forma de x, colocados de forma alternada.

Colores característicos de las cañerías según el fluido que transportan

Según Norma DIN 2403

Fluido	Color
Agua	Verde
Vapor	Rojo
Aire	Azul
Gases	Amarillo
Ácidos	Anaranjado
Inflamables	Marrón
Detergentes	Violeta
Varios	Gris

NUMERACIÓN DE CAÑERÍAS

Para la identificación o numeración de las cañerías en un proyecto, existen varios criterios que dependen del adoptado por cada Empresa que realiza el mismo.

Un sistema muy usado es el que detallamos a continuación, utilizado en el proyecto que se presenta en el Capítulo 4.

N° de línea	Fluido	Símbolo	Material	Diámetro	Observaciones
10	Agua fría	A F	A C	10″	R A Revestimiento anticorrosivo

Número de línea: es el número asignado a cada línea según su posición en el plano o por importancia del proceso.El tramo cambia de número cuando empalma con otra línea o cambia la especificación del material de la línea.

Según el *Key-Plan*, el sector que usaremos como ejemplo, nuestra línea se ubica en el Plano 01-03-Pl-10, el N° *10*, será colocado en la primera columna.

Fluido: es el nombre del fluido que conduce, por ejemplo: agua fría, gas natural o vapor.

En nuestro caso, se trata de *agua fría*, lo que se coloca en la segunda columna.

Símbolo: las iniciales en mayúscula del *nombre del fluido* que conduce.

Material: tipo de material de construcción de la cañería, acero al carbono, inoxidable.

Se suele colocar el número de grados A.S.T.M., por ejemplo A-53 Gr. B.; usaremos *acero al carbono*, y colocamos en la cuarta columna sus iniciales en mayúscula.

Diámetro: el diámetro nominal de la cañería. La línea de salida de la bomba N° 4, es de 10", por lo tanto colocamos en la quinta columna: *10"*.

Observaciones: condiciones de la cañería: aislada, revestida, etc. Parte de nuestra cañería está revestida con un producto anticorrosivo, únicamente la zona que está bajo tierra, llevará la sigla *RA*.

Otras condiciones posibles de las cañerías

- Aislación térmica: A.T.
- Calefacción *tracing*: C.T.
- Pintura anticorrosiva: P.A.
- Revestimiento anticorrosivo: R.A.

Equipo para seguridad personal

Para protegerlos del peligro, las empresas tienen la obligación de suministrar a todos sus operarios, equipo protector compuesto de zapatos de seguridad, anteojos, guantes, casco y protectores auditivos, así como también ropa de trabajo y todo elemento que se necesite para realizar la tarea sin riesgo de accidentes, cuidando la integridad física de su personal.

El uso de estos elementos es de **carácter obligatorio** para el personal y no hay alternativa al respecto, teniendo en cuenta que en montajes industriales los trabajos de por sí son riesgosos, proclives a producir accidentes.

Considerando la magnitud de algunos trabajos y los peligros potenciales que pueden ocasionar accidentes, la mayoría de las empresas desarrollan cursos dentro de la jornada laboral, para prevenir y asesorar a los operarios en el uso de cinturones para trabajo en altura, y otros elementos de uso obligatorio.

Son innumerables las situaciones donde se puede producir un accidente, y el oficial debe tener una conciencia de prevención en las tareas que realiza a diario, y advertir de los posibles peligros a sus colaboradores.

EQUIPAMIENTO

En toda actividad productiva las herramientas son el aporte esencial que se le debe brindar al hombre para ejecutar sus tareas, y desde luego es obligación del mismo conocer el nombre de éstas, como asimismo dominar correctamente su empleo.

Como las herramientas son múltiples, se mencionará a las más conocidas y necesarias para efectuar los trabajos de cañerías, en la prefabricación y montaje, debiendo señalar que se emplean herramientas distintas, en razón de la gran diferencia que existe entre prefabricar y montar.

La importancia que le daremos al conocimiento de las herramientas, equipos y elementos de trabajo, es valioso para nuestro normal desarrollo de las tareas asignadas.

Las herramientas están diseñadas para hacer más fácil una tarea y permitir que se trabaje con más eficacia.

Sin las herramientas apropiadas y los conocimientos para saber usarlas, se desperdicia tiempo, se reduce su eficiencia y hasta el operario puede lesionarse.

Si las herramientas no se cuidan apropiadamente, se perderán sus ventajas. Consérvelas en buenas condiciones, use las herramientas correctas para hacer su trabajo pronto, con exactitud y sobre todo con **seguridad.**

El aprendizaje de su uso, como todas las cosas, requiere un determinado tiempo de experimentación, porque en la experiencia que con el tiempo se va acumulando, el oficial adquiere un dominio muy eficaz de todas las herramientas que se usan en el oficio.

El oficial cañista debe tener en su caja de herramientas, las mínimas indispensables para cumplir con sus tareas:

- Cinta métrica de 3 a 5 metros.
- Cinta métrica de 10 a 15 metros.
- Nivel con gota a 45°.

- Plomada.
- Escuadra rectificada de 90°, catetos de 250 mm.
- Falsa escuadra.
- Martillo bolita de 500 gr.
- Compás metálico de puntas, de 250 mm. de patas.
- Compás metálico de interiores, de 250 mm. de patas.
- Llave pico de loro.
- Punto de marcar.
- Punta de trazar.
- Limas plana, media caña y redonda.
- Llave francesa N° 12.
- Llave *stillson* N° 12.
- Cortafrío.
- Pinza universal.
- Tijera multiuso.
- Antiparras, con vidrios transparentes y azules.
- Protector facial.
- Turbineta, para piedra punta montada.
- Amoladora angular de 115 mm. y 180 mm (4" y 7").
- Arco de sierra.
- Barretín de punta cónica.

Como elementos complementarios se pueden considerar a:

- Banco de trabajo con cajones y morzas mecánica y de mordaza para caños.
- Carro porta tubos.
- Caballetes regulables.

En el pañol, junto con los elementos de reposición, se debe tener:

- Mazas de distintos gramos.
- Escuadra universal (goniómetro).
- Escuadra para bridas, varias medidas.
- Regla rígida de 1 metro.
- Escuadra de 90°, rectificada de 500 x 800 mm. de catetos
- Falsa escuadra de 500 mm.
- Nivel de manguera transparente y agua.
- Taladro eléctrico manual.
- Mechas o brocas de distintas medidas.
- Terrajas regulables y fijas.
- Equipo completo de oxicorte, con pico cortador y chispero.
- Presentador de caños de varios diámetros.

- Pantógrafo o biseladora de varios diámetros
- Juego de llaves fijas combinadas o estriadas.
- Llaves para caño Stillson o a cadena de varias medidas.
- Barretas de varias medidas.
- Aparejos de 500 a 2.000 kg.
- Tirfors de 1.000 a 3.000 kg.
- Yales de 500 a 2.000 kg.
- Grilletes, varias medidas.
- Slingas de acero o fajas de náilon, de varias medidas

Elementos del taller de armado

- Máquina de corte sensitiva.
- Agujereadora de banco.
- Amoladora de banco.
- Roscadora, cortadora y biseladora de caños.
- Bancos de trabajo y mesa para trazado.
- Máquinas soldadoras, completas.

VOCABULARIO INGLÉS-ESPAÑOL, RELACIONADO

Expongo a continuación, algunas terminologías del vocabulario inglés-español ordenadas alfabéticamente, usadas comúnmente en nuestro oficio:

Assemble	Ensamblar
Angle Valve	Válvula ángulo
Alloy	Aleación
Anchor	Anclaje
Asbestos gasket	Junta de asbesto
Automatic control	Control automático
Axle	Eje
Ball Valve	Válvula esférica
Base elbow	Codo apoyado
Beam	Viga
Bell mouth	Boca cónica
Bellow	Fuelle
Bend	Curva
Bevel	Inclinación
Boiler	Caldera
Boiler feed pump	Bomba alimentación de caldera
Bonnet	Casquete
Boss	Tetón

Bottom of pipe (BOP)	Parte baja de la cañería
Bottom of steel (BOS)	Parte inferior del acero
Break flanges	Bridas de desmontaje
Butt weld	Soldadura a tope
Butterfly valve	Válvula mariposa
By-pass	Desvío
Cap	Casquete
Carbon steel	Acero al carbono
Casing pipe	Tubería de revestimiento
Cast irón	Hierro fundido
Cast carbón steel	Acero al carbono fundido
Catalyst	Catalizador
Center line	Línea de centro
Close	Cerrar
Coil	Serpentín
Cooling water	Agua de enfriamiento
Connect	Conectar
Cooler	Enfriador
Coupling	Acoplamiento
Crane	Grúa
Cut	Cortar
Cilinder	Cilindro
Chanfer	Chaflán, bisel
Check valve	Válvula de retención
Chimney	Chimenea
Chute	Conducto
Determine in field	Determinar en obra
Diaphagm valve	Válvula a diafragma
Domestic water	Agua potable
Drain	Drenaje, desague
Drawing	Dibujo, plano
Drop	Desnivel, caída
Dummy support	Soporte falso
Elbow	Codo
Engine room	Sala de máquinas
Equipment	Equipo
Expansion joint	Junta de expansión
Feed pump	Bomba de alimentación
Feet	Pies

Field check	Verificar en obra
Field weld (FW)	Soldar en obra
Filter	Filtro
Fit in field	Ajustar en obra
Fitting	Accesorio
Flange	Brida
Flat face (FF)	Cara plana
Forced draft	Tiro forzado
Frame	Estructura
Fuel	Combustible
Gasket	Junta
Gate valve	Válvula esclusa
Gauge glass	Nivel de vidrio
Globe valve	Válvula globo
Heat exchanger	Intercambiador de calor
Heating coil	Serpentín calentador
High pressure	Alta presión
Hopper	Tolva, embudo
Hot tap	Conexión en caliente
Hydrocarbon	Hidrocarburo
Inch	Pulgada
Injector	Inyector
Inlet	Boca de entrada, toma
Insulation	Aislación
Intake maniflod	Colector de toma
Jet – pipe	Cañería de inyección
Joint	Junta, empalme
Kettle	Caldera
Kit	Juego de..
Ladder	Escalera
Layout	Trazado
Lead pipe	Caño de plomo
Length	Longitud
Level	Nivel
Lining	Revestimiento
Live steam	Vapor vivo
Low pressure	Baja presión
Lube oil	Aceite lubricante

Machine	Máquina
Main line	Línea principal
Manhole	Boca de hombre
Manifold	Distribuidor
Mean flow	Caudal medio
Middle	Centro, medio
Multiple way valve	Válvula de paso múltiple
Neck	Cuello
Needle valve	Válvula aguja
Nipple	Manguito
North	Norte
Oil drum	Recipiente de petroleo
Open	Abierto
Out of line	Fuera de línea
Outlet	Boca de salida
Overheat	Sobrecalentado
Panel	Tablero
Penstock	Tubería de carga
Pipe	Caño
Pipe fitter	Montador de caños
Pipe rack	Bastidor de caños
Platform	Plataforma
Plug	Tapón macho
Pneumatic	Neumático
Pound	Libra
Process	Proceso
Pump	Bomba
Pump discharge	Descarga de bomba
Pump suction	Aspiración bomba
Purge	Purga
Raised fase	Cara con resalte
Receiver	Recipiente, receptor
Reducing flange	Brida reducción
Relief valve	Válvula seguridad
Return	Retorno
Riser pipe	Tubería ascendente
Safety valve	Válvula de seguridad
Screw cap	Tapa roscada

Screw flange	Brida roscada
Screw plug	Tapón roscado
Seal cap	Casquete sellador
Seam less	Sin costura
Setup	Montaje, instalación
Short radius	Radio corto
Slip on flange	Brida deslizante
Socket weld	Encastre soldado
Steam boiler	Caldera de vapor
Steam trap	Trampa de vapor
Stud bolt	Espárrago
Support	Soporte
Tank	Tanque
Teflon gasket	Junta de teflón
Thermocouple	Termocupla
Top	Parte alta, superior
Tower	Torre
Treated water	Agua tratada
Turbine	Turbina
Under	Debajo de…
"U" bolt	Abrazadera en U
Upflow	Flujo ascendente
Upwards	Hacia arriba
Valve	Válvula
Weld	Soldadura
Water	Agua

CAPÍTULO 4

ANÁLISIS DE UN PROYECTO

En este capítulo presento los planos de un proyecto, ficticio, en el cual se cuidó que contuviera los problemas típicos con los que nos encontraremos en nuestra actividad como cañistas.

Este ejemplo práctico nos permitirá conocer y solucionar situaciones o problemas que se nos pueden presentar.

Se trata de la instalación de una pequeña planta química, productora de elementos de tocador y limpieza (jabones, detergentes, etc.).

Observando el plano general, vemos que en la parte inferior del rótulo figuran: el nombre de la empresa, YANIBEL, el área o superficie que ocupará la instalación denominada *01-03*, el Plano de Zonas, *Key-plan,* donde figura la distribución de la planta en 11 planos numerados y ubicados de acuerdo con la secuencia del proceso productivo; y la indicación del Punto Cardinal "Norte", común a todos los planos intervinientes en el proyecto.

Las coordenadas **X** y **Y** solamente están dimensionando el perímetro de la planta; *ex profeso* no se colocaron en el límite de cada plano en el plano de zonas, por razones de espacio.

Trabajaremos con el Plano **N° 01-03-Pl 10** en su vista en planta, que indica la entrada de agua a la bomba N° 4, por la cañería 11-AF-AC-12"-RA *(ver página 93 de Capítulo 3),* enviada desde la sala de bombas y filtros (Plano 01-03-Pl 11), tomándola del Rio 8°, para impulsarla al tanque elevado.

Como el plano N° 01-03-Pl 10 no está observado ni corregido, nos indica como revisión "0".

Como nos indica el plano Pl 10 (dejaremos de citar el área, porque es para todos los planos la misma), para poder conocer o sacar datos de las distintas elevaciones o niveles, contamos con dos planos de Cortes, el **Corte A-A'** y el **Corte B-B'**.

Se ha incorporado también el Diagrama de Flujo, correspondiente a esa zona.

Vemos en el Corte A-A', lo relacionado con el tanque elevado y estructura de la plataforma, para montar la línea de impulsión.

Además describe un detalle "C", que nos amplía la configuración de las cañerías de 4″, de salida de las bombas B-1, B-2 y B-3.

El tanque elevado de reserva de agua, tiene un diámetro de 3 metros y una altura de 10 metros, con su correspondiente baranda y escalera de acceso desde plataforma a techo de tanque.

La estructura de la plataforma donde se apoyará la cañería de 10″, está ubicada a una altura de 10 metros, con su baranda y escalera "marinera" con resguardo para caídas, desde el suelo al piso de la plataforma.

Diagrama de Flujo

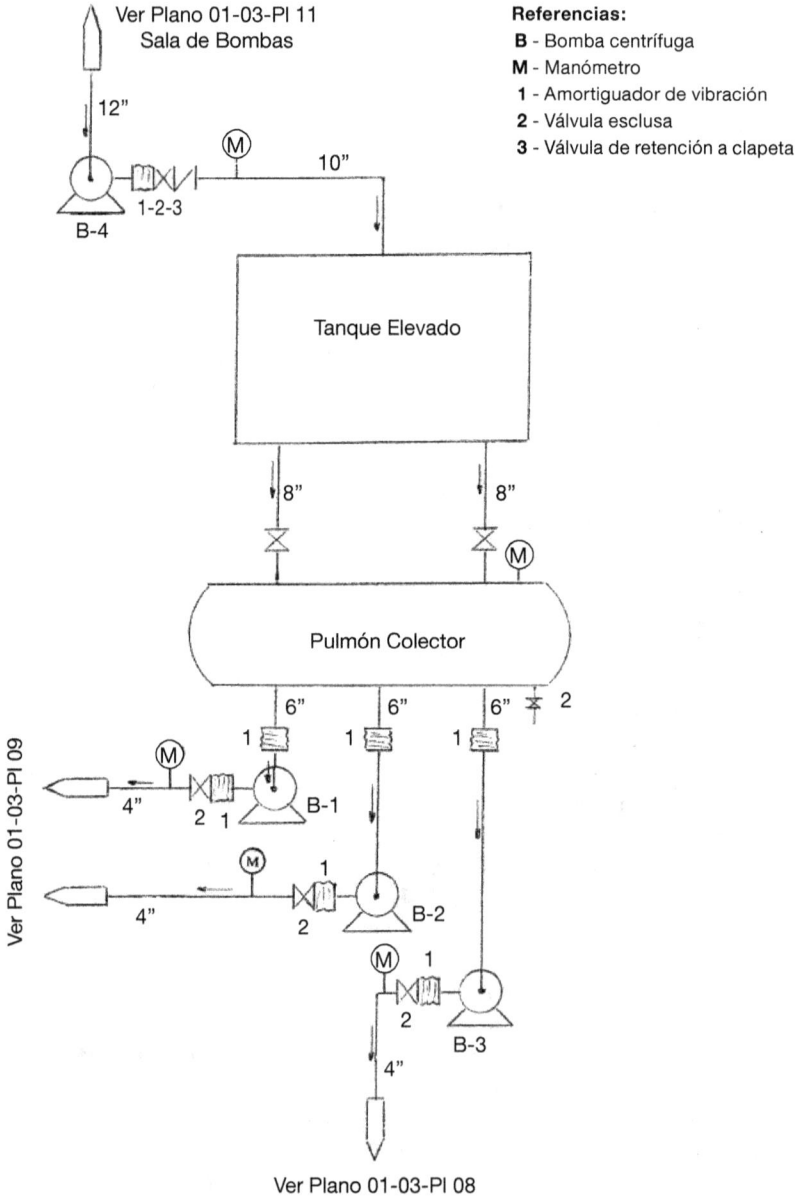

Ver Plano 01-03-PI 08

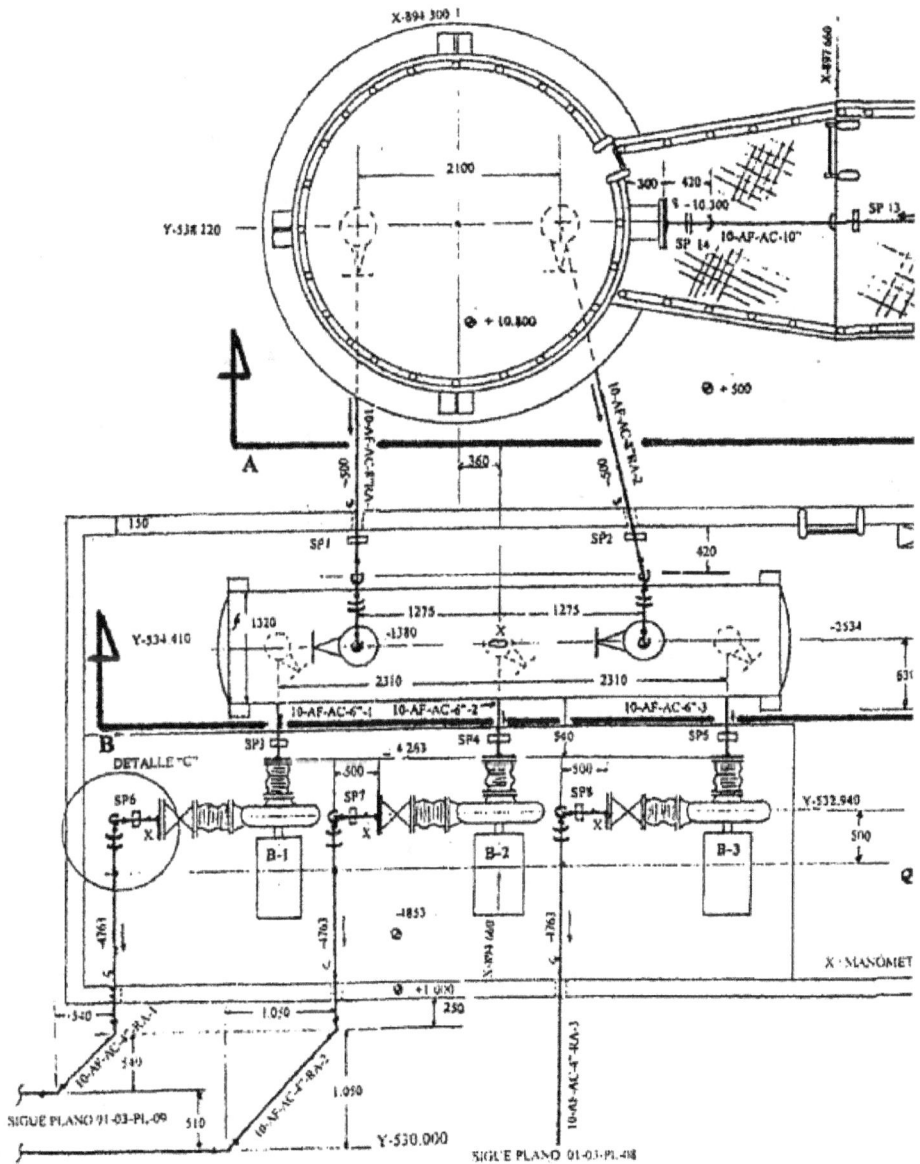

		DESCRIPCIÓN				
CAÑOS	SCH.	40	40	40	40	40
	MAT.	A53-GrA	A53-GrA	A53-GrA	A53-GrA	A53-GrA
	Ø N.	12"	10"	8"	6"	4"
	CANT	35 mts.	18 mts.	16 mts.	6 mts.	48 mts.
BRIDAS	Ø N.	12"	10"	8"	6"	4"
	TIPO	SOFF	SOFF	SOFF	SOFF	SOFF
	LBS.	150	150	150	150	150
	CANT	1	2	4	6	3
REDUCC.	EXC.					
	CONC.					
TE	REDUC					
	NORMAL					
CODOS	90 RL.	10"	8"	6"	4"	
	90 RC.					
	45°		8"		4"	
	CANT.	2	2-4	3	3-7	
VÁLVULAS	GLOBO					
	EXCLU	12"	10"	8"	6"	4"
	RETEN		10"			
	CANT.	1	1-1	4	3	3
	AMORT	12"=1	10"=1		6":3	4":3

KEY PLAN

			01-03 PI-09	01-03 PI-10
01-03 PI-05	01-03 PI-06		01-03 PI-08	01-03 PI-11
			01-03 PI-07	
01-03 PI-04		01-03 PI-03		
01-03 PI-02	01-03 PI-01			C

⅄: 2.050	PLANTA:	YANIBEL
DIBUJÓ: F. (...)	AREA:	01-03
REVISÓ: A'(...)	PLANO:	01-03 PI-10
APROBÓ: (...)		

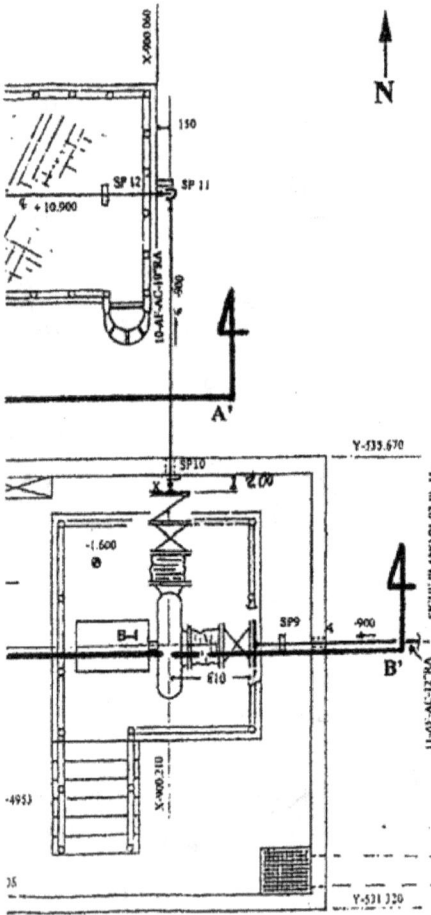

PLANTA   Escala 1:30

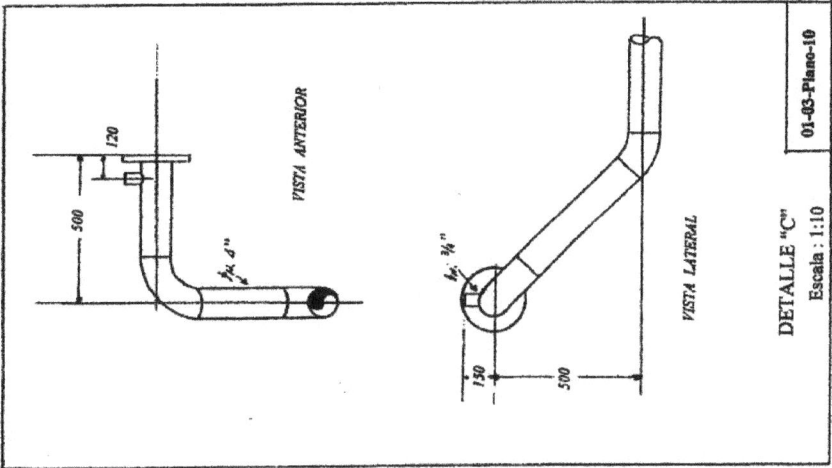

VISTA ANTERIOR

VISTA LATERAL

DETALLE "C"
Escala : 1:10

01-03-Plano-10

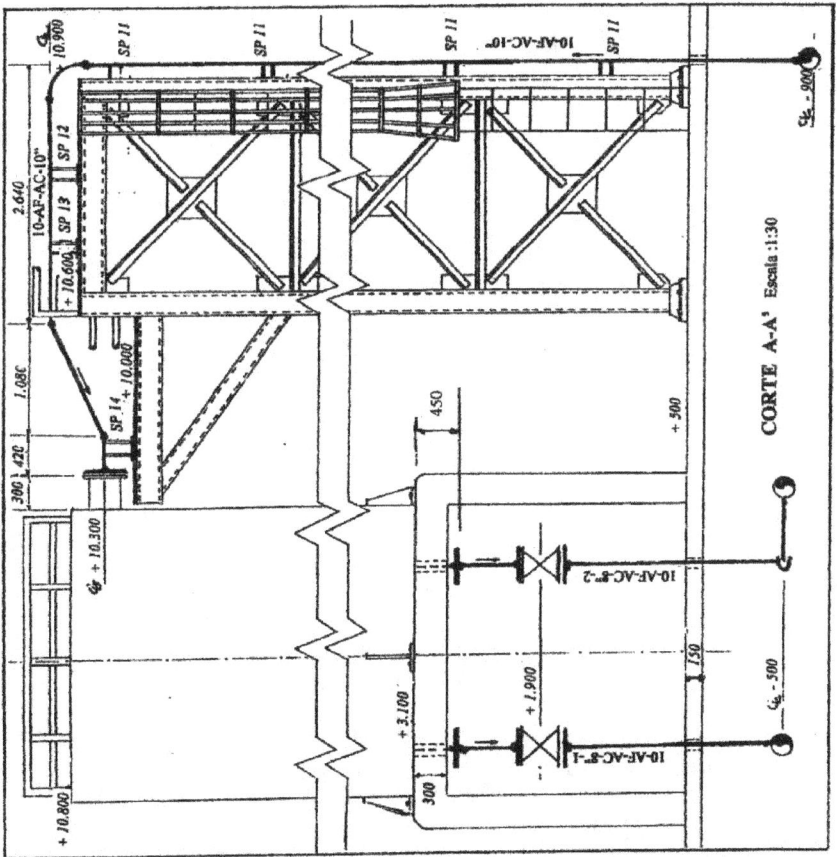

CORTE A-A' Escala : 1:30

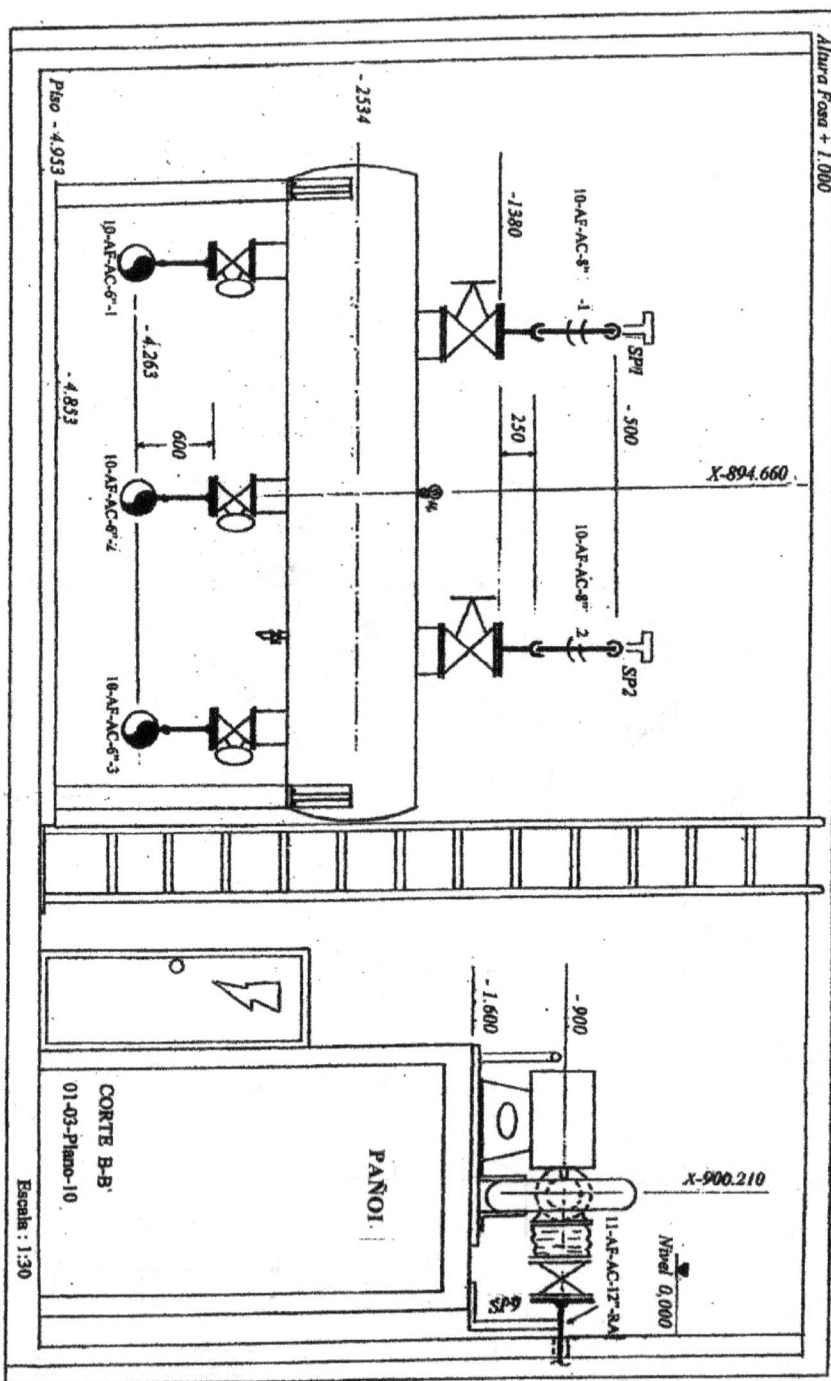

DISTRIBUCIÓN DE ISOMÉTRICOS

El Corte B-B' nos muestra un "pulmón" colector, de 1.320 milímetros de diámetro (52″), colocado dentro de una fosa, el cual recibe agua de dos salidas del tanque elevado por las cañerías denominadas 10-AF-AC-8"-RA-1 y 2, revestidas en parte, por situarse bajo tierra.

Este recipiente colector está compuesto por: 2 válvulas esclusas de 8″, que regulan la entrada del fluido; asimismo advertimos la presencia de un manómetro que nos indicará la presión existente dentro del colector y de una válvula esclusa de ¼″, en la zona inferior, para ser usada como purga.

La salida de este "pulmón" se compone de tres válvulas esclusas de 6″,cuyas cañerías se denominan 10-AF-AC-6" 1, 2 y 3, que alimentarán a las bombas B1, B2 y B3, respectivamente, como vemos en el plano planta.

El lugar donde están emplazados estos equipos se denomina **fosa de bombas**, se encuentra ubicada entre las coordenadas Y535.670 / Y531.320, con una profundidad de 6 metros.

Advertimos que dentro de la fosa, debajo de la losa que sirve de apoyo a la bomba N° 4, se sitúa una salita que será usada como pañol de mantenimiento, y apoyado en la pared Norte, se ubica un tablero eléctrico que corresponde a la zona, y obviamente tenemos la escalera para acceder a estas instalaciones.

Debo hacer notar que esta fosa será provista de un cerramiento que evitará la entrada de agua durante las lluvias; debajo de este cerramiento se instalará, también, un pequeño puente grúa, para ser utilizado en los movimientos de los equipos.

Todos estos elementos están indicados en planos correspondientes del sector Montaje.

En el vértice derecho, lado sur del piso de esta fosa, está colocada una rejilla con conducto de desagote al exterior.

Analizando y buscando datos, tanto en el Plano de Planta como en los de cortes con que se resolvió la elevación, se podrá conseguir la conformación y dimensiones de las cañerías involucradas en la construcción de esta parte del proyecto.

El futuro cañista se capacitará y se formará desarrollando y realizando los trabajos de construcción de las líneas, siguiendo las instrucciones que se darán y observando los isométricos correspondientes.

Debemos considerar dos posibilidades de realizar nuestro trabajo. La primera situación sería que en el lugar físico se esté realizando, por otros grupos involucrados (obra civil, montadores, etc.), los trabajos correspondientes y, por lo tanto no tengamos espacio para realizar nuestra tarea *in situ*, que implica acercar personal, bancos de trabajos, equipos de oxicorte, materiales y otros elementos.

La segunda posibilidad es la más aceptadas por las empresas y los operarios. Consiste en contar con un taller de prefabricados en la obra, que evitaría la acumulación de operarios trabajando en un sector determinado y, principalmente no se perderían días de trabajo por lluvias o climas desfavorables.

Lo comentado anteriormente sobre las dos posibilidades de realizar nuestro trabajo, ocurre en casi todas las obras.

Según nos indica el Plano General 01-03-Pl 10, son once los isométricos que estudiaremos, confeccionados en siete hojas, los cuales son analizados individualmente, para establecer las dimensiones, accesorios y denominación de líneas que le corresponde.

ISOMÉTRICO N° 01

Para que se pueda montar con facilidad, la línea de impulsión de agua desde la bomba B-4, hasta la entrada al tanque elevado se ha dividido en tres partes.

La primera parte, cañería horizontal bajo tierra, la veremos en ISO N° 01, hoja 1 de 7, juntamente con los ISO N° 02 y N° 03.

Según observamos en el Plano de Planta, la salida de la bomba B-4 está compuesta de un amortiguador de vibraciones, una válvula esclusa y finalmente una válvula de retención, todo en 10".

Entre las coordenadas Y-538.220 e Y-535.670 tenemos una distancia de 2.550 mm, a la que le sumamos el espesor de la pared de la fosa (150 mm), y la cota pedida hasta la válvula de retención (300 mm), dándonos finalmente un resultado de 3.000 mm.

Si queremos sacar la dimensión del trozo de caño (niple) de 10", a los 3.000 mm le descontaremos el "avance" o *lo que ocupa el codo* radio largo de 90° de 10", que según la *tabla de página 44, Capítulo 2* en su segunda parte, es de 381 mm; luego le sumamos 100 mm, como nos indica el símbolo de incremento para ajuste, quedándonos una longitud del niple de 10" de 2.719 mm (1).

La unión de caño-codo se realizará completamente; la brida *slip-on* y la cupla de ¾", prevista para la instalación de un manómetro, en el otro extremo, se colocarán una vez atravesada la línea por la pared de la fosa, para lo cual está el agujero "encamisado".

Como se ubica bajo tierra, en un nivel de –900, este ISO debe tratarse con un revestimiento anticorrosivo (RA).

En la excavación que se debe realizar para su ubicación, debe tenerse presente efectuar o realizar un espacio para poder trabajar en la unión y soldadura del codo con caño de subida del ISO N°. 2.

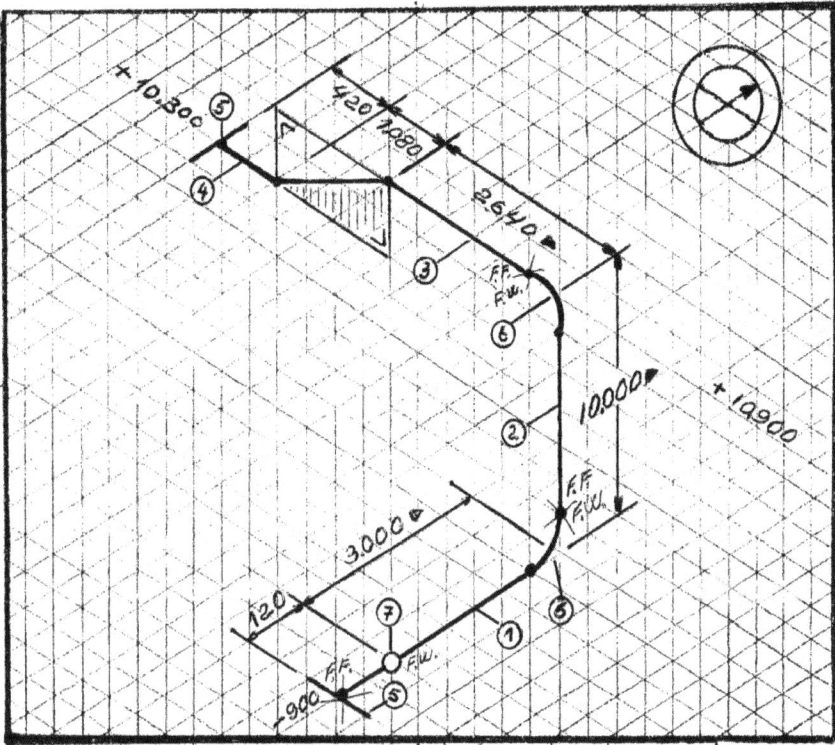

7	CUPLA S.W.	A-105 GR.1	3/4"	1
6	CODO 90º RL SCH 40	A-234 B.W.	10"	2
5	BRIDA S/O-C/R-150 #	A-181-GR 1	10"	2
4	CAÑO NEGRO S/C-SCH 40	A-53-GR A	10"	16.072 mm.
3	ISO Nº01	--------------	10"	1
2	ISO Nº02	--------------	10"	1
1	ISO Nº03	--------------	10"	1
POS.	DESCRIPCION	MATERIAL	N.	CANT.

Plano Conjunto	Dibujó:	Obra:	
01-03-PL 10	Revisó:	YANIBEL	
		Línea:	
O/T.	Aprobó:	10-AF-AC-10"	
2.050		Hoja 1 de 7	

Procedimiento de Soldadura				Precalentamiento: 70 C. mínimo			
Pasadas	Proceso	AWS	Diám. (mm.)	Inten. (A)	Tens. (V)	Polaridad	Dirección
1º	Manual	E6010	3	85/120	20/25	CC(+)	Ascendente
2º	Manual	E7018	3,25	90/130	20/23	CC(+)	Ascendente
Siguientes	Manual	E7018	4	125/160	22/24	CC(+)	Ascendente

ISOMÉTRICO N° 02

Para calcular las dimensiones del ISO N° 02, tenemos que dirigirnos al Plano de Corte A-A', donde vemos que el centro del codo de 90° inferior se encuentra en el nivel –900, y el centro del codo de 90° superior, está ubicado en +10.900, por lo tanto,10.900 – 900 =10.000 mm; le descontamos el valor de "avance" de los dos codos de 90° de 10", o sea: 10.000 – 762 = 9.238 mm. Luego le agregamos, como nos pide el isométrico, el incremento de ajuste correspondiente (100 mm), quedando finalmente un niple de caño de 10″de *9.338 mm* (2), que debe presentarse y soldarse con el codo superior.

Debemos tener presente que, para facilitar el montaje de este ISO, tendríamos que tener colocados con antelación los soportes SP 11,para poder mantenerlo ubicado mientras se trabaja con el tramo de ajuste, en el procedimiento de unión con el ISO N° 01.

Una vez concluida la tarea de unión y soldadura, esta zona debe ser tratada con revestimiento anticorrosivo (RA),pues el ISO N° 01 queda ubicado, como ya se dijo, bajo tierra, a un nivel de – 900.

ISOMÉTRICO N° 03

En los Planos de Planta y de Corte A-A', se puede observar la configuración de este isométrico. Vemos que comienza luego del codo de 90° R.L. superior del ISO N° 02 situado al ingreso de la plataforma de apoyo; advertimos que en esta línea se produce una variante, la cañería tiene un desplazamiento vertical, antes de ingresar al tanque elevado, que hace modificar en 600 mm la cota de centro de línea (CL), que tenemos al comienzo (+ 10.900).

Como se dijo al comienzo de este libro, todo problema que se nos presente en la construcción de las cañerías, lo trataremos y resolveremos en el momento de producirse, por lo tanto, comenzaré por explicar que este desplazamiento, cambio de dirección, o variación de altura o nivel, se conoce en el vocabulario de nuestro oficio, con el nombre de "descentro" o "falso". Para su solución, ver *Capítulo 5, páginas 158 / 167.*

Para conocer el largo de los "niples" de caño de 10", para construir este isométrico, en principio vemos que tenemos una cota de 2.640 mm,según Plano de Corte A-A', desde centro de codo de 90°, al comienzo del " falso", a la cual sumamos 1.235,47 mm, producido por la inclinación y también agregamos la cota de 420mm,para poder llegar con la brida a la entrada al tanque.

De esta operación surge un total de 4.295.47 mm,r esultado al que debemos descontar el "avance" del codo de 90° de 10″radio largo

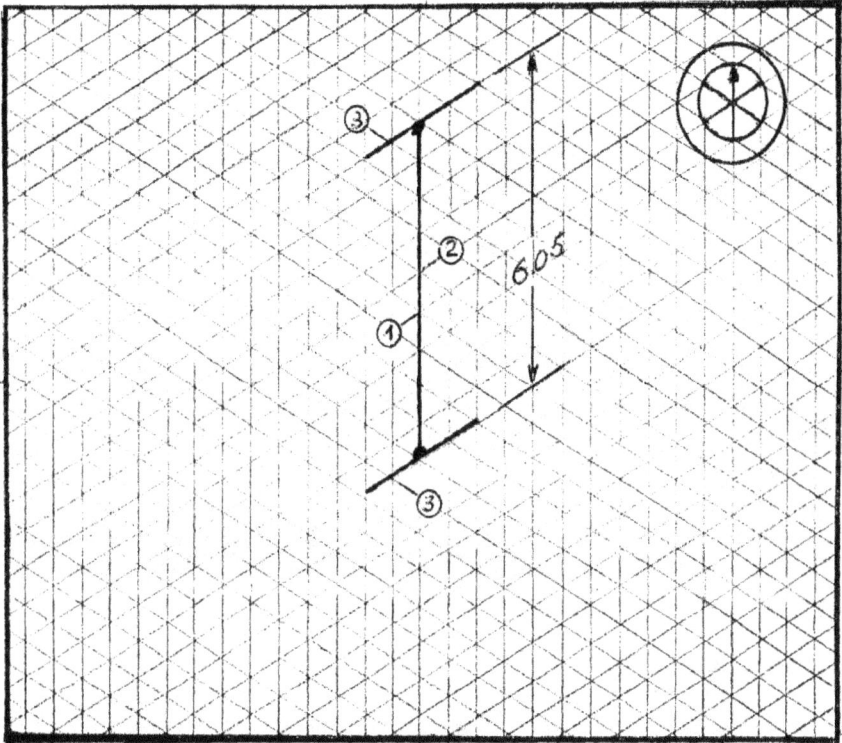

POS.	DESCRIPCION	MATERIAL	N.	CANT.
3	BRIDA S/O C/R 150 #	A-181 GR 1	8"	4
2	CAÑO NEGRO S/C SCH 40	A-53 GR A	8"	1200 mm.
1	ISO N°04 1 y 2	------------	8"	2

Plano Conjunto	Dibujó:	Obra:	
01-03-PL 10	Revisó:	YANIBEL	
O/T. 2.050	Aprobó:	Línea: 10-AF-AC-8"	
		Hoja 2 de 7	

Procedimiento de Soldadura — Precalentamiento: 70 C. mínimo

Pasadas	Proceso	AWS	Diám. (mm.)	Inten. (A)	Tens. (V)	Polaridad	Dirección
1°	Manual	E6010	3	85/120	20/25	CC(+)	Ascendente
2°	Manual	E7018	3,25	90/130	20/23	CC(+)	Ascendente
Siguientes	Manual	E7018	4	125/160	22/24	CC(+)	Ascendente

(381 mm),y sumarle 100 mm de incremento para ajuste. Resultado final: 4.014,47 mm(3).

Finalmente las sumas de ISO N° 01:2.719 mm, ISO N° 02:9.338 mmy ISO N° 03:4.014,47 mm, nos resulta un total de 16.071,47 mm, de caño de 10˝que ocuparemos.

ISOMÉTRICO N° 04

Los datos para su construcción los podemos ver en el Plano de Corte A-A'.

El nivel del piso es de + 500 mm; los centros de las dos válvulas esclusas de 8", se ubican en nivel + 1.900 mm. Tenemos una diferencia de 1.900 – 500 = 1.400 mm, altura muy cómoda para realizar manio-bras de accionamiento con las válvulas.

Una válvula esclusa bridada de 8"ocupa un espacio de 290 mm.

Es costumbre de los oficiales cañistas, llevar en una libreta de bolsillo de uso diario las medidas, entre otras cosas, de los elementos que a través del tiempo va utilizando para tener referencias o datos que siempre les serán útiles, principalmente cuando está trabajando, por circunstancias de la obra, en lugares lejanos de la oficina técnica, para requerir información.

Casi todas las empresas disponen para sus oficiales, de tablas con datos muy útiles para facilitarles sus tareas. Les recomiendo que las soliciten. El personal es más eficiente si está debidamente informado.

El "tetón" (salida de un recipiente, compuesta de trozo de caño con brida), que surge de la base del tanque, tiene una dimensión de 450 mm. El espacio que nos queda hasta el centro de las válvulas de 8"es de 750 mm, a lo que se debe descontar el valor de ½ válvula (145 mm),quedando un " carretel" de 605 mm de largo total.

Se llama "carretel" a la cañería compuesta por trozo de caño, con brida en sus dos extremos, usada para cubrir espacios.

Como las salidas del tanque elevado son dos, lógicamente, los ca-rreteles también deben ser dos.

Estos isométricos se designan con el número de línea a que perte-necen, 10-AF-AC-8˝ 1 y 2.

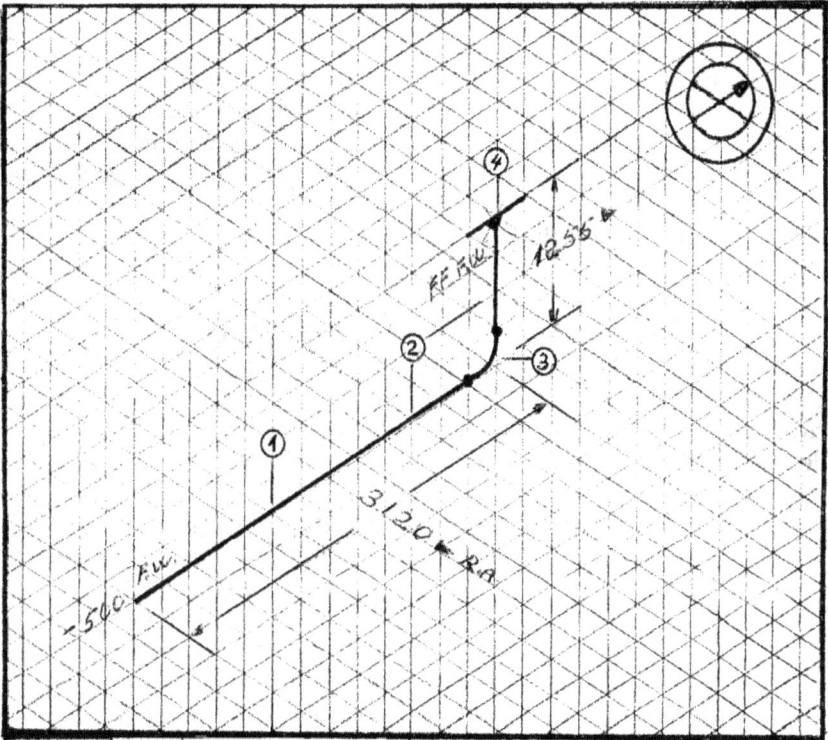

POS.	DESCRIPCION	MATERIAL	N.	CANT.
4	BRIDA S/O C/R 150 #	A-181 GR 1	8"	2
3	CODO 90° RL SCH 40	A-234 BW	8"	2
2	CAÑO NEGRO S/C SCH 40	A- 53 GR A	8"	7910 mm.
1	ISO N°05 1 y 2	------------	8"	2

Plano Conjunto	Dibujó:	Obra:		
01-03-PL 10	Revisó:	YANIBEL		
O/T. 2.050	Aprobó:	Línea: 10-AF-AC-8" 1 Y 2		
		Hoja 3 de 7		

Procedimiento de Soldadura   **Precalentamiento: 70 C. mínimo**

Pasadas	Proceso	AWS	Diám. (mm.)	Inten. (A)	Tens. (V)	Polaridad	Dirección
1°	Manual	E6010	3	85/120	20/25	CC(+)	Ascendente
2°	Manual	E7018	3,25	90/130	20/23	CC(+)	Ascendente
Siguientes	Manual	E7018	4	125/160	22/24	CC(+)	Ascendente

ISOMÉTRICO N° 05

Para dimensionar este isométrico advertimos en el Plano de Corte A-A'que en el centro de las válvulas esclusas de 8", salientes del fondo del Tanque elevado, se tiene un nivel de + 1.900 mm, y en un nivel de −500 mm se ubica el centro del codo de 90°,cerrando el tramo vertical de 1.400 mm.

Este valor se resolvió de la siguiente manera: 1.900 − 500 = 1.400 mm, a lo que le descontamos el valor de ½ válvula de 8", 1.400-145 = 1.255 mm.

Para conocer el largo del niple de caño de 8"de esta parte del isométrico, al valor de 1.255 mm, se le descuenta el "avance" del codo de 8″de 90° radio largo, que es de 305 mm, y 10 mm,que deben considerarse como ocupados por la soldadura interior de la cara del resalto de la brida. 1.255 − 315 = 940 mm,pero como indica incremento para ajuste en obra a los 940 mm,le sumamos 100 mm.

Largo final del primer niple: 940 + 100 = *1.040 mm* (1).

El tramo horizontal de llegada a la fosa de bombas, según nos indica el Plano de Planta, nace en la coordenada Y-538.220, pasando por la coordenada Y-535.670, comienzo de fosa. Hasta allí se tiene: 538.220 − 535.670 = 2.550 mm, distancia a la que se le suma el espesor de la pared de la fosa (150 mm), y la distancia de 420 mm,correspondiente para llegar al centro de los codos de bajada para alcanzar las bridas de las válvulas esclusas de 8", de entrada al pulmón-colector de 52".

Resumiendo tenemos que: 2.550 +150 + 420 = 3.120 mm, largo total del tramo horizontal.

Para saber el largo del niple de 8"a ocupar, se procederá como en los anteriores casos, recordando que a la dimensión de 3.120 mm, le descontamos el "avance" del codo de 90° RL de 8″ (305 mm),y se le suma el incremento para ajuste pedido (como siempre de100mm): 3.120 − 305 + 100 = *2.915 mm*(2).

Finalmente, este tramo y aproximadamente 500 mm del tramo vertical, deben poseer revestimiento anticorrosivo (RA).

Se debe manifestar que la Línea 2, debe situarse en el montaje, con un leve desplazamiento hacia el lado Este, como se indica en el Plano de Planta, logrando así llegar al centro de la válvula 2, de entrada al pulmón.

La suma de los niples de caño de 8",calculados anteriormente,se bebe multiplicar por dos, pues son dos las líneas a construir en este isométricos.

1.040 (1) + 2.915 (2) = 3.955 x 2 = 7.910 mm de caño negro s/c, SCH 40, de 8".

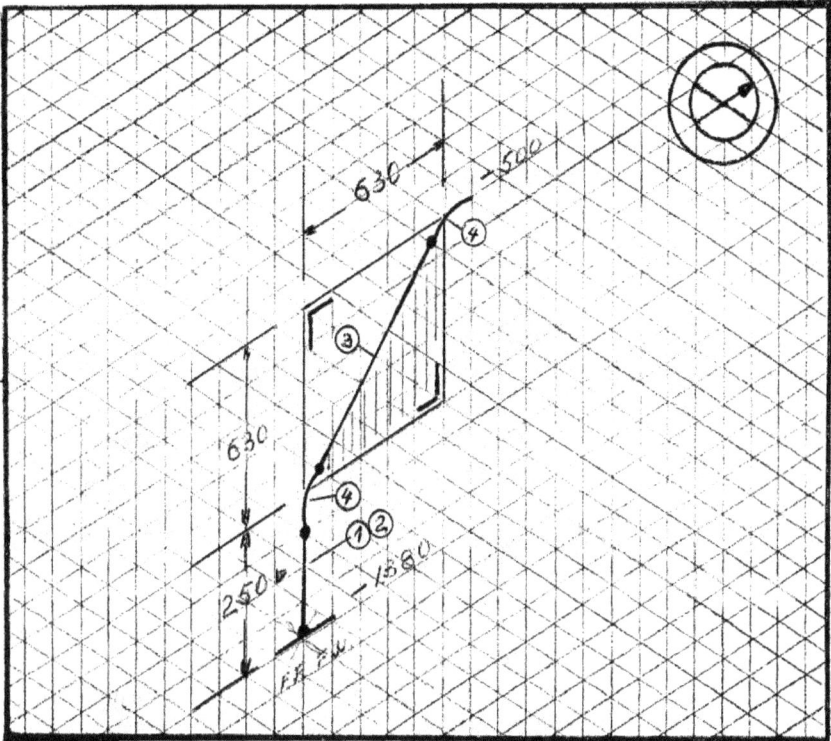

5	BRIDA S/O C/R 150 #	A-181 GR 1	8"	2
4	CODO 45°RL SCH 40	A-234 BW	8"	5
3	CAÑO NEGRO S/C SCH 40	A-53 GR 1	8"	2.248 mm.
2	ISO N°07	————	8"	1
1	ISO N°06	————	8"	1
POS.	DESCRIPCION	MATERIAL	N.	CANT.

Plano Conjunto	Dibujó:	Obra:
01-03-PL 10	Revisó:	YANIBEL
O/T. 2.050	Aprobó:	Línea: 10-AF-AC-8" 1 y 2
		Hoja 4 de 7

Procedimiento de Soldadura Precalentamiento: 70 C. mínimo

Pasadas	Proceso	AWS	Diám. (mm.)	Inten. (A)	Tens. (V)	Polaridad	Dirección
1°	Manual	E6010	3	85/120	20/25	CC(+)	Ascendente
2°	Manual	E7018	3,25	90/130	20/23	CC(+)	Ascendente
Siguientes	Manual	E7018	4	125/160	22/24	CC(+)	Ascendente

Son necesarios para la construcción del ISO N° 05, línea 1 y 2.

La continuación de estas líneas, se realizan luego de atravesar la fosa, para lo cual está previsto un "caño camisa" en la pared.

ISOMÉTRICO N° 06 - ISOMÉTRICO N° 07

Los datos para conformar estos dos isométricos los conseguiremos en el Plano de Planta y el de Corte B-B'.

Estos isométricos corresponden a la continuación de los ISO N° 05, 1 y 2, que entran en la fosa de bombas por el lado Norte.

Ambas entradas se producen en el nivel −500 y se apoyan en las válvulas, cuyas bridas están en el nivel −1.380, por lo que se tiene una altura de 1.380 − 500 = 880 mm, distribuida con 250 mm de tramo vertical y 630 mm como altura del "falso" a 45°, resultado de restar 880 − 250.

Se ha previsto dejar incremento para ajuste en el tramo vertical y la brida suelta, para su ubicación en obra.

El isométrico N° 07 se entrega con un codo de 45° de más, suelto, para adaptarlo en el montaje de este isométrico con la línea 10-AF-AC-8" 2, por el desplazamiento realizado.

Para conocer la cantidad de caño de 8˝ a usar, primeramente a la cota de 250 mm del tramo vertical, descontamos el "avance" del codo de 45° radio largo de 8˝ (127mm), y 10 mm como espacio previsto para soldadura interior de la brida; finalmente le sumamos el incremento para ajuste (100 mm), tenemos: 250 − 127 = 123 + 10 + 100 = 233 mm (1).

El niple del tramo inclinado del "falso" es de 891 mm(2),ver el modo de calcularlo en páginas 154 / 162 del Capítulo 5.

Se suman estas cantidades y el resultado se multiplica por dos, pues los isométricos son dos

233 (1) +891 (2) = 1.024 x 2 = 2.048 mm de caño negro de 8˝ SCH 40 sin costura.

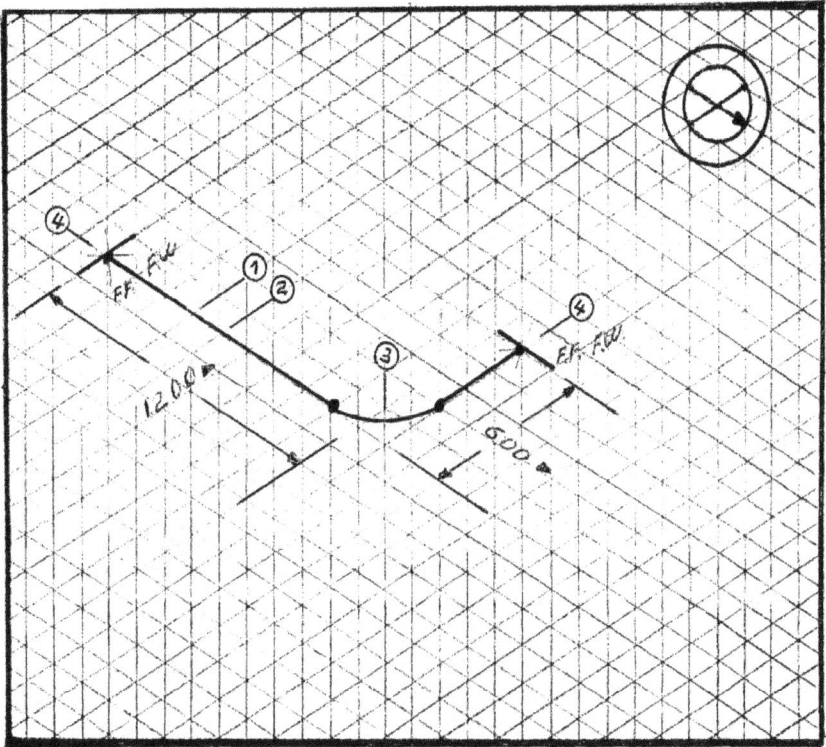

4	BRIDA S/O C/R 150 #	A-181 GR 1	6"	6
3	CODO 90•RL SCH 40	A-234 BW	6"	3
2	CAÑO NEGRO S/C SCH 40	A-53 GR 1	6"	4.632 mm.
1	ISO N° 08	-------------	6"	3
POS.	DESCRIPCION	MATERIAL	N.	CANT.

Plano Conjunto	Dibujó:	Obra:	
01-03-PL 10	Revisó:	YANIBEL	
O/T. 2.050	Aprobó:	Línea: 10-AF-AC-6" 1-2 y 3	
		Hoja 5 de 7	

Procedimiento de Soldadura				Precalentamiento: 70 C. mínimo			
Pasadas	Proceso	AWS	Diám. (mm.)	Inten. (A)	Tens. (V)	Polaridad	Dirección
1°	Manual	E6010	3	85/120	20/25	CC(+)	Ascendente
2°	Manual	E7018	3,25	90/130	20/23	CC(+)	Ascendente
Siguientes	Manual	E7018	4	125/160	22/24	CC(+)	Ascendente

ISOMÉTRICO N° 08

El pulmón-colector, como vemos en el Plano de Corte B-B' y Planta, está compuesto de tres salidas de 6", ubicadas en la parte inferior, con llegada al amortiguador de vibraciones de la entrada a las bombas B-1, B-2 y B-3.

En la instalación de las bombas centrífugas, tanto a la entrada como a la salida, se debe colocar un fuelle amortiguador ("carretel" compuesto por caño corrugado de acero inoxidable, con dos bridas), como un accesorio más, que cumplirá con la función de absorber las vibraciones producidas por la bomba, impidiendo su expansión por las cañerías.

También se debe tener en cuenta colocar en la boca de impulsión de la bomba, luego del fuelle amortiguador, una válvula de retención, que evitará que el fluido retorne a la bomba cuando no está en funcionamiento.

Los datos correspondientes para proyectar este isométrico son: tramo vertical, igual a 600 mm (ver Corte B-B'), y el tramo horizontal, lo vemos claramente en el Plano de Planta.

Para este último se tiene una cota de 540 mm, desde el borde del colector, lado Sur, hasta la brida de entrada a las bombas, a lo que se tiene que sumar el valor de ½ pulmón, pues esta línea nace en el centro inferior del mismo.

El colector tiene un diámetro de 1.320 mm(52"),que dividiremos en dos, dándonos un valor de 660 mm, entonces: 540 + 660 = 1.200 mm

Para calcular los niples de 6", se procede así:

Tramo vertical: 600 – 228 ("avance" del codo 90°, RL, de 6") = 372 mm, sumándole incremento para ajuste, quedaría 372 + 100 = *472 mm* (1).

Tramo horizontal: 1.200- 228 = 972 + 100 = *1.072 mm* (2).

Se suman resultado (1) y resultado (2): 472 +1.072 = 1.544 mm

Finalmente como los isométricos son tres, se multiplica 1.544 x 3 = 4632 mm

Por lo tanto, la cantidad total de caño negro, sin costura de 6" SCH 40, que se necesita es de 4.632 milímetros.

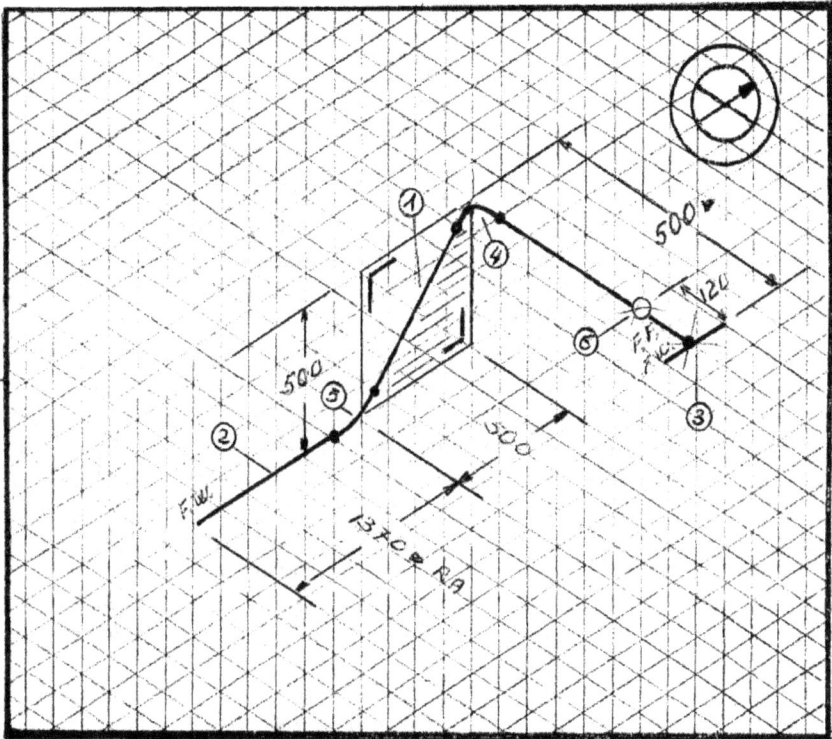

6	CUPLA SW	A-105 GR 1	3/4"	3
5	CODO 45°RL SCH 40	A-234 BW	4"	3
4	CODO 90°RL SCH 40	A-234 BW	4"	3
3	BRIDA S/O C/R 150 #	A-181 GR 1	4"	3
2	CAÑO NEGRO S/C SCH 40	A-53 GR A	4"	7227 mm.
1	ISO N° 09	----------------	4"	3
POS.	DESCRIPCION	MATERIAL	N.	CANT.

Plano Conjunto	Dibujó:	Obra:
01-03-PL 10	Revisó:	YANIBEL
		Línea:
O/T. 2.050	Aprobó,	10-AF-AC-4" 1-2 y3
		Hoja 6 de 7

Procedimiento de Soldadura   Precalentamiento: 70 C. mínimo

Pasadas	Proceso	AWS	Diám. (mm.)	Inten. (A)	Tens. (V)	Polaridad	Dirección
1°	Manual	E6010	3	85/120	20/25	CC(+)	Ascendente
2°	Manual	E7018	3,25	90/130	20/23	CC(+)	Ascendente
Siguientes	Manual	E7018	4	125/160	22/24	CC(+)	Ascendente

ISOMÉTRICO N° 09 1-2 Y 3

El Plano de Planta, nos detalla la disposición de este isométrico, se observa, además un círculo denominado "Detalle "C"", que nos remite al Plano de Corte A-A', donde tenemos resuelto con más claridad las salidas de las bombas B-1, B-2 y B-3, en sistema Monge.

El ISO N° 09 es diseñado hasta atravesar la pared Sur de la fosa de bombas, para lo que se ha previsto un caño de mayor diámetro sujetado en la pared, que cumplirá las funciones de "encamisado", dejando pasar por su interior el caño de 4", empalmando, según la bomba correspondiente, con el ISO N° 10 ó ISO N° 11.

La línea de la bomba B- 3, cuya continuación se verá en el Plano 01-03-Pl 08, se interrumpe a la salida de la fosa, para continuarla en otra etapa del montaje.

El tramo de salida de las bombas, hasta el codo de 90° que debe ser "cabeceado" (colocado), con un giro de 45°, es de 500 mm. Para conocer el largo del niple de caño a emplear, a estos 500 mm se le debe descontar como siempre, el "avance" del codo de 90° radio largo de 4" = 500 - 152 = 348 mm, se suma el incremento por ajuste de 100 mm, dando un resultado de 448 mm(1), se nota que tanto la cupla de ¾", para colocar un manómetro, como la brida, se ajustarán y soldarán en obra, al proceder al montaje.

El tramo de bajada a 45°, se calcula según vemos en el Capítulo 5, dando como resultado una diagonal de 707 mm, a la que se le debe descontar los "avances" del codo de 90° RL de 4″ y del codo de 45° RL de 4": 152,4 + 63,5 = 215,9 mm.

El valor de la longitud del niple, en este caso, es de 707-215,9 = 491,1 mm(2).

Para poder resolver el tramo horizontal, se cuenta con los siguientes datos: a la coordenada del centro de bombas Y-532.940, se resta la coordenada del borde exterior de pared Sur de fosa, Y-531.320 = 1620 mm, luego se descuentan 500 mm,ocupados por la inclinación de la línea, lo que equivale a: 1620 – 500 = 1120mm

Finalmente, a este valor se suma 250 mm, que es la distancia que corresponde desde la pared de la fosa al centro del codo de 45° RL de 4": 1120 + 250 = 1370 mm,más 100 mm de incremento para ajuste = 1470 mm (3).

Ahora bien, sumando los tres resultados, (1) 448 + (2) 491,1 + (3) 1470 = 2409,1 mm.

Para terminar, se debe multiplicar este resultado por la cantidad de isométricos a construir y se conocerá la longitud de caño de 4″ sin costura a emplear: 2409 x 3 = 7227 milímetros.

Estos tramos horizontales, deben ser tratados, como se pide, con revestimiento anticorrosivo (RA).

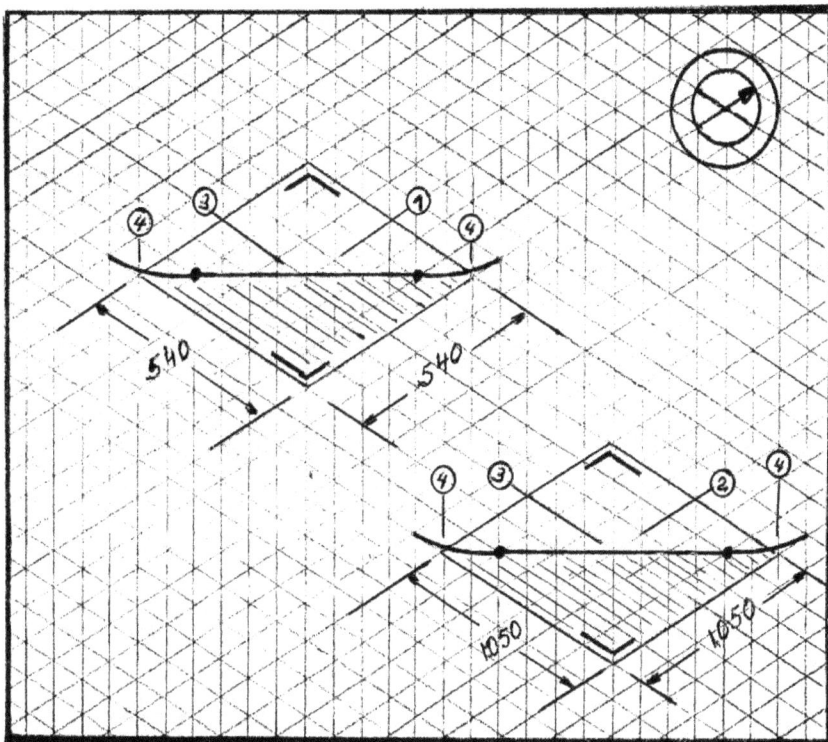

4	CODO 45° RL SCH 40	A-234 BW	4"	4
3	CAÑO NEGRO S/C SCH 40	A-53 GR A	4"	1998 mm.
2	ISO N°11 LINEA 2 RA	----------------	4"	1
1	ISO N°10 LINEA 1 RA	----------------	4"	1
POS.	DESCRIPCION	MATERIAL	N.	CANT.

Plano Conjunto 01-03-PL 10	Dibujó: Revisó:	Obra: YANIBEL
O/T. 2.050	Aprobó.	Línea: 10-AF-AC-4" Hoja 7 de 7

Procedimiento de Soldadura   **Precalentamiento: 70 C. mínimo**

Pasadas	Proceso	AWS	Diám. (mm.)	Inten. (A)	Tens. (V)	Polaridad	Dirección
1°	Manual	E6010	3	85/120	20/25	CC(+)	Ascendente
2°	Manual	E7018	3,25	90/130	20/23	CC(+)	Ascendente
Siguientes	Manual	E7018	4	125/160	22/24	CC(+)	Ascendente

ISOMÉTRICO N° 10 - LÍNEA 1

El isométrico N° 10 será resuelto luego de calcular la diagonal del cuadrado horizontal inscripto en el rayado especial, que como se observa tiene como dimensión de sus lados la cota de 540 mm.

Solucionado el valor de la diagonal, según lo explica el Capítulo 5, cuya estimación es de 763,56 mm, se le debe descontar el "avance" de dos codos de 45° radio largo de 4″ (63,5 mm c/u):763,56 − 127 = *636,56 mm* (1),valor del niple de caño a utilizar.

ISOMÉTRICO N° 11 - LÍNEA 2

La solución se logra como en el isométrico anterior, variando únicamente las dimensiones de la figura cuadrada colocada como referencia, que tiene como lado 1.050 mm, obteniéndose una diagonal cuyo valor es de 1484,7 mm.

Descontando 127 mm del "avance" de los dos codos de 45° radio largo de 4", quedaría un niple de: 1487,7 − 127 = *1360,7 mm*(2).

Finalmente para la construcción de estos dos isométricos, se necesita: 636,56 (1) + 1360,70 (2) = *1997,26 mm* de caño negro s/c. de 4", SCH 40.

Los datos se obtuvieron del Plano de Planta.

Modelo de papel, sin rayado especial

Finalizando con la descripción de los isométricos diseñados para la construcción de las cañerías correspondientes al Plano 01-03-Pl 10, se realiza un cuadro resumiendo lo enunciado y se presenta la hoja 1 de 7, nuevamente, confeccionada sobre papel sin el rayado especial de isométricos, mostrando así, otra forma de trabajar de algunas empresas.

Esto es válido, cuando los oficiales cañistas poseen mucha experiencia.

Se debe deducir que el proyectista, en su tablero o mesa de trabajo, tiene *ex profeso* adosado el rayado especial, y se guía copiando sobre él, en papel vegetal, la configuración a diseñar.

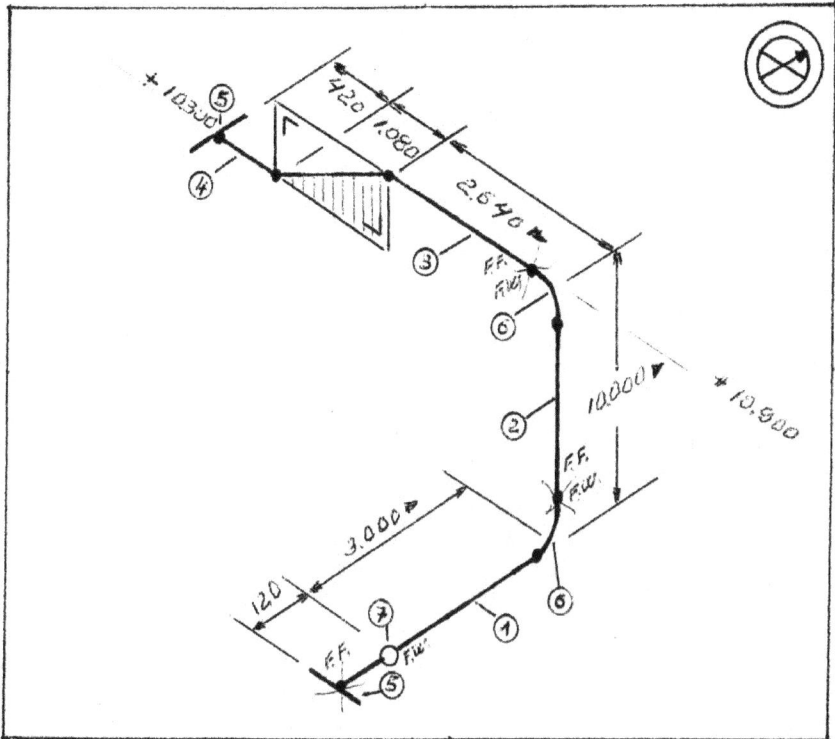

POS.	DESCRIPCION		MATERIAL	N.	CANT.
7	CUPLA S.W.		A-105 GR.1	3/4"	1
6	CODO 90° RL SCH 40		A-234 B.W.	10"	2
5	BRIDA S/O-C/R-150 #		A-181-GR 1	10"	2
4	CAÑO NEGRO S/C-SCH 40		A-53-GR A	10"	16.072 mm.
3	ISO N°01		------------	10"	1
2	ISO N°02		------------	10"	1
1	ISO N°03		------------	10"	1

Plano Conjunto	Dibujó:	Obra:	
01-03-PL 10	Revisó:	YANIBEL	
O/T. 2.050	Aprobó.	Línea: 10-AF-AC-10" Hoja 1 de 7	

Procedimiento de Soldadura   **Precalentamiento: 70 C. mínimo**

Pasadas	Proceso	AWS	Diám. (mm.)	Inten. (A)	Tens. (V)	Polaridad	Dirección
1°	Manual	E6010	3	85/120	20/25	CC(+)	Ascendente
2°	Manual	E7018	3,25	90/130	20/23	CC(+)	Ascendente
Siguientes	Manual	E7018	4	125/160	22/24	CC(+)	Ascendente

Programa de isométricos de plano N° 01-03-PL 10

Línea	Hoja	N° de ISO/ Cant.	Observaciones
10-AF-AC-10"	1 de 7	01-02-03/ 3	Dejar ajuste /RA
Carreteles 8"	2 de 7	04 -1 y 2 / 2	--------
10-AF-AC-8"	3 de 7	05-1 y 2 / 2	Dejar ajuste /RA
10-AF-AC- 8"	4 de 7	06-07 / 2	Dejar ajuste
10-AF-AC-6"	5 de 7	08 / 3	Dejar ajuste
10-AF-AC-4"	6 de 7	09 /3	Dejar ajuste /RA
10-AF-AC-4"	7 de 7	10 – 11 /2	RA

ARMADO DE CAÑERÍAS - ENSAMBLES - CONOCIMIENTOS PRÁCTICOS

Recomiendo, para cubrir las principales necesidades del aprendizaje, seguir con atención el contenido de este tema, por ser de sumo interés, dado que en el mismo se estudiarán los métodos prácticos relativos a la prefabricación de cañerías en obra.

Es muy complicado para describir o ilustrar el trabajo práctico que realiza el oficial cañista durante el armado de un prefabricado o tramo de cañería en el montaje, por lo variado de pasos o secuencias a seguir.

Sin duda, considerando la imposibilidad de realizar prácticas manuales, trataré de desarrollar esta etapa aplicando situaciones de uso general ya experimentadas en el oficio.

La finalidad de la enseñanza es poder ofrecer lo indispensable en materia de conocimientos, por lo que he tratado de evitar temas muy complicados, como también me abstuve de usar un vocabulario que contenga un lenguaje muy técnico, no común para el hombre que trabaja y quiere aprender.

Creo haber logrado solucionar la interpretación práctica con claras ilustraciones indicativas de los pasos a seguir en las operaciones de armado y ensamble de las cañerías y sus accesorios, junto con los elementos usuales para realizar eficientemente los trabajos, acompañados de explicaciones claras, fáciles de interpretar.

Como comentaba en *páginas 127 y 128,* existían dos posibilidades de realizar el trabajo, la segunda posibilidad es la que estamos ejercitando.

La primera posibilidad, como se dijo en esa oportunidad, es que la etapa de montaje de los equipos esté concluida y se pueda trabajar *in-situ* libremente; esto nos permite, a medida en que avancemos en el montaje de las cañerías, replantear y ser exacto en su construcción.

Por lo tanto, en esa situación, se debe trabajar únicamente con el Plano de Planta y los de Corte, permitiendo de esta forma que los niples de caño se corten a medida sin incremento.

Pero, tengamos en cuenta que el trabajo se retrasaría cuando existan razones climáticas desfavorables.

Los isométricos también suelen ser denominados en la obra, como *spool*, traducción en inglés de niple, trozo de caño o carretel.

Con anterioridad a la realización del trabajo de armado, debemos tener en cuenta estas recomendaciones:

- Estudiar con detenimiento el isométrico recibido.
- Controlar los accesorios retirados de Almacén.
- Limpiar a fondo cada uno de los accesorios.
- Controlar sus biseles y talones.
- Guardarlos hasta usarlos, para evitar pérdidas.
- Cuidar que los resaltes de las bridas no se dañen, protegiéndolas para evitar rayaduras o golpes en su superficie.

Al concluir el armado, se debe tener presente de:

- Controlar la posición y configuración de los *spools*, según lo indicado en el isométrico.
- Verificar todas las medidas de centro a centro cuando las piezas estén punteadas.
- Luego de ser soldado, y en estado de temperatura natural, se deben controlar las dimensiones y configuración del isométrico, juntamente con el inspector de calidad, que dará el "OK" de aprobación.

Luego de haber calculado el o los largos de los niples, teniendo el caño correspondiente montado sobre caballetes regulables, si es posible con rodillos que permita el giro del caño, se procederá a marcar la medida requerida, con cinta métrica y una punta de trazar.

Algunas empresas proveen a sus oficiales metros de madera, evitando, según su criterio,
el recambio permanente que ocasionan las cintas métricas de metal, deterioradas debido al chisporroteo sufrido por las soldaduras. Personalmente, me inclino por esta última, debido a su practicidad.

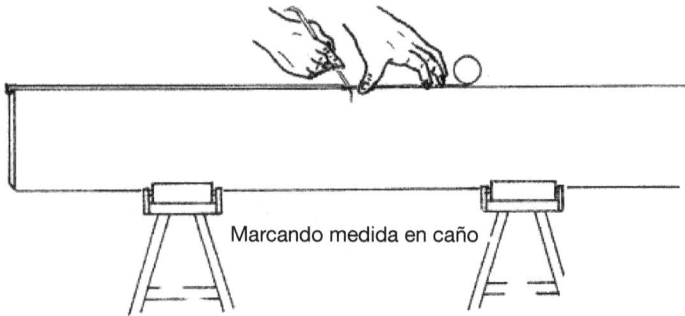

Marcando medida en caño

Con su borde sobre la marca realizada, se envuelve una *faja* alrededor del caño, trazando, con la punta de trazar, una línea circunferencial, utilizando como guía el borde de la *faja*.

Faja: es una cinta plana de material flexible, de 1 a 2 milímetros de espesor por 70 a 100 milímetros de ancho, con bordes perfectamente rectos, suficientemente larga, como para dar una y media vuelta alrededor del caño, de modo que pueda ser alineada para poder marcar una línea recta que se usará como guía para realizar un corte perpendicular respecto al borde del caño.

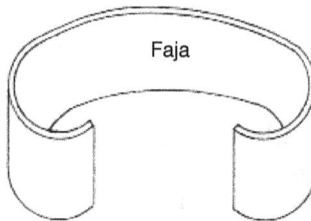

Faja

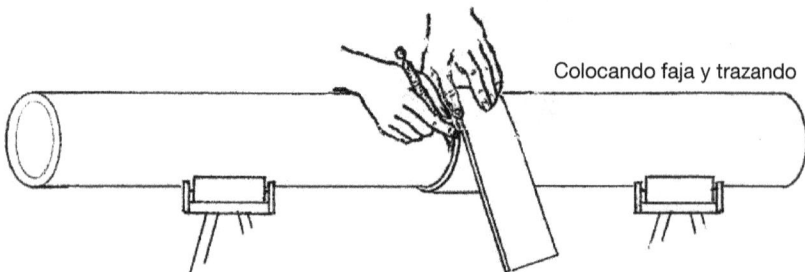

Colocando faja y trazando

Sobre esta línea trazada, marcar puntos, con punta de marcar, a intervalos regulares consecutivos a lo largo de la línea circular.

Estos puntos marcados servirán de guía para realizar el corte con equipo de oxicorte manualmente, con pantógrafo para corte de caños o amoladora manual con disco de corte de centro deprimido, que por razones económicas y limpieza, es últimamente muy recomendado.

Este corte debe ser recto, pues se aprovecha el *bisel* original del caño, para usar del lado correspondiente al codo.

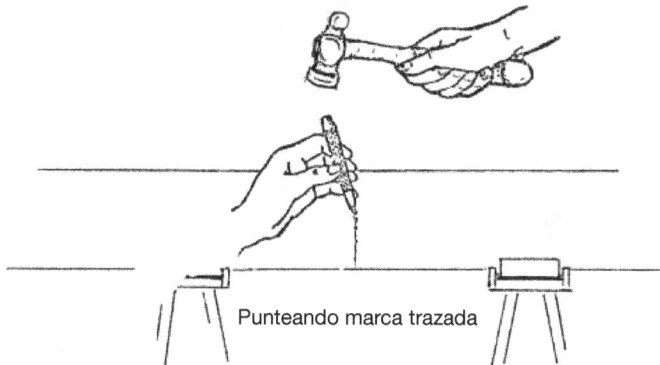

Punteando marca trazada

Se emprolijará el corte con amoladora y se limpiarán ambos extremos. Las zonas de limpieza deben ser aproximadamente de 5 centímetros en cada borde o lugar de futura soldadura de juntas o bridas, para quitarles óxido, grasas o restos de suciedad.

Bisel: corte oblicuo en el borde o en la extremidad de una chapa o tubo, así como también en el filo de una herramienta.

En unión de accesorios o caños, espacio colmado con soldadura de diversos electrodos, garantizando la unión.

Los accesorios calificados como Butt-Weld, y la mayoría de los caños traen *biseles* de fábrica, con ángulos de inclinación exigidos según las Normas ANSI y AWS 31.3.

Es muy común que las empresas dispongan de máquinas para realizar cortes de niples rectos o biselados.

En caso de tener que realizar biseles, éstos se efectúan inclinando el pico cortador al proceder a cortar o directamente amolando, hasta conseguir la inclinación y *talón* exigidos, los cuales son controlados con una plantilla de chapa, preparada para tal fin, que todo cañista debe tener en su caja de herramientas.

Talón: superficie recta de aproximadamente 2 a 3 milímetros, que comienza en el vértice del bisel y concluye en el borde interior del caño. Espacio que es ocupado por la primera pasada de soldadura, designada como "pasada de penetración".

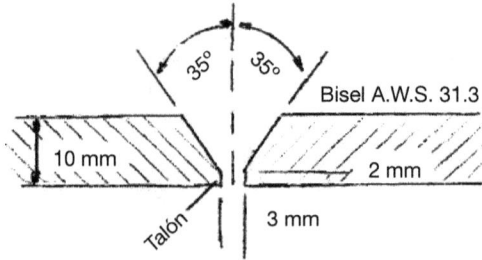

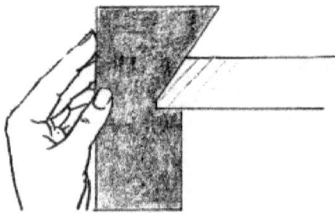

Plantilla para verificar ángulo de bisel

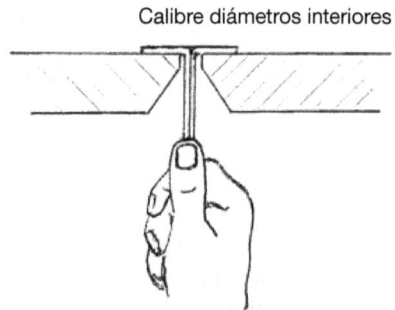

Calibre diámetros interiores

Ensamble de accesorios

No es de extrañar que los diámetros interiores de los accesorios del mismo SCH de los caños, no sean iguales, por problemas de fabricación o tolerancias existentes en su especificación.

Antes de proceder a su unión, deben controlarse ambos diámetros con un compás de interiores y corregir el diámetro menor, con piedra de punta montada en turbineta, hasta conseguir igualarlos.

En la figura "Calibre diámetros interiores", se observan dos trozos de alambre doblados a 90°, que juntos se introducen por el espacio del talón, girando y presionando hacia fuera, hasta tocar la cara interior de las dos piezas a unir, y sin soltarlos se gira media vuelta, para poder sacarlos unidos por la ranura de futura soldadura, observando en consecuencia si los alambres están iguales o desparejos.

De esta forma se detecta si existe alguna diferencia entre los diámetros interiores de las dos piezas a unir.

Verificando diámetro interior de accesorio

También los accesorios suelen venir en un amplio porcentaje fuera de escuadra, por lo que se recomienda corregir con amoladora, hasta dejarlos en condiciones de ensamble.

El amolado hará perder forma al bisel, detalle que también debe corregirse; el control final debe hacerse con una escuadra rectificada.

Por costumbre, a veces, se denomina a los accesorios como *fittins*, que es su traducción en inglés.

Los ensambles se preparan respetando la luz para la futura soldadura. El cañista debe presentar las piezas con un suplemento de alambre o cuña entre ellas, que permita dejar el espacio para realizar la primera pasada de soldadura, asegurando la calidad, para que el trabajo no sea rechazado por no cumplir responsablemente con su realización.

La mayoría de las empresa disponen en el pañol de la obra, de un elemento denominado "presentador de cañerías", dispositivo que permite una perfecta alineación y regulación del espacio o luz para la futura soldadura.

Cuando por alguna razón se carece de este elemento, los cañistas construyen dentro del grupo de elementos denominados "caseros", para realizar con eficiencia su tarea, una abrazadera para presentación, a medida del diámetro del caño con el que están trabajando.

Es costumbre entre oficiales, intercambiar estas abrazaderas con otras de distinto diámetro, facilitando así la producción.

Esta abrazadera para presentación permite realizar una alineación perfecta, permitiendo controlar los diámetros interiores y la posición de los accesorios. Usando un nivel y en los espacios entre bulones de regulación, se puede proceder al " punteado" con la soldadura correspondiente.

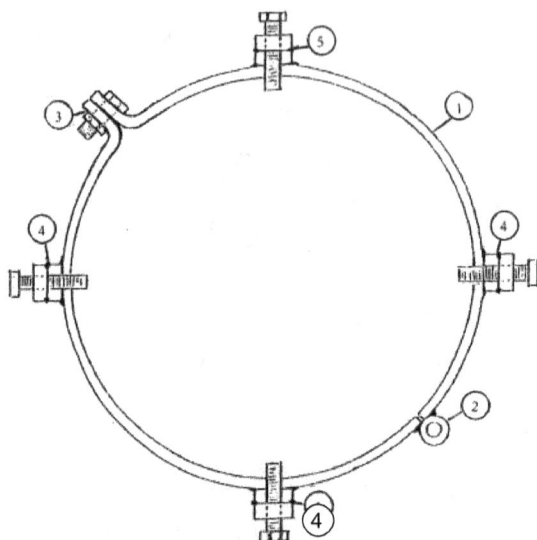

Presentador

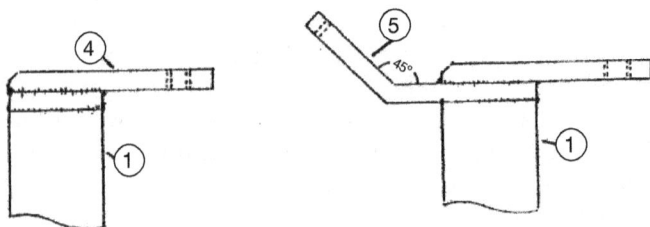

Piezas componentes de modelo de "abrazadera para presentación":

1. Aro, según diámetro de caño.
2. Bisagra.
3. Bulón de cierre.
4. Guías de regulación.
5. Guía de regulación con enganche para cadena con tensor.

No hay que olvidar que un oficial cañista de primera, que reúna las cualidades de
capacidad y experiencia logradas luego de muchos años de trabajo en el oficio, realiza estos ensambles sin presentador ni abrazadera especial, simplemente coloca un apoyo punteado en la parte inferior del caño, donde apoyará el accesorio sosteniéndolo con la mano, observando el nivel, mientras el soldador procede a unir los elementos.

De esta manera logra realizar un trabajo con rapidez y calidad.

Para proceder al ensamble o unión de accesorios-caño o también caño-caño, primero se coloca el trozo de caño sobre caballetes regulables, que permitan realizar una nivelación del mismo, base fundamental para ensamblar correctamente estos elementos.

En las figuras que se muestran a continuación, se da por descontado que los trozos de caños están nivelados horizontalmente.

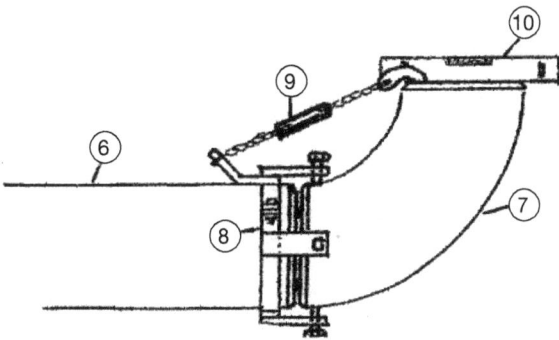

Acoplando caño-codo de 90°, con presentador y nivel

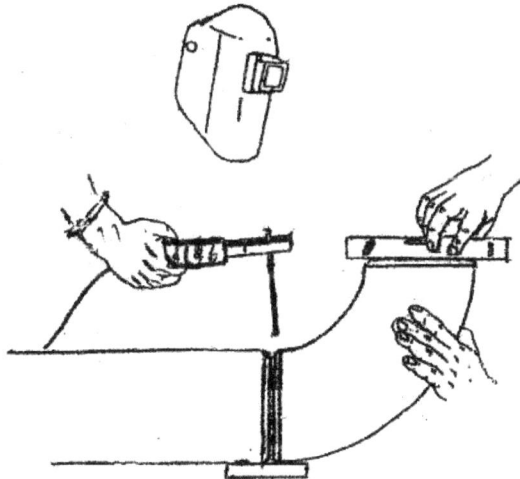

Uniendo caño-codo, con nivel, sin presentador

Las ilustraciones presentadas son fáciles de interpretar, y por lo tanto, no necesitan nada más que observarlas detenidamente.

Los elementos señalados en la primera figura son:

1. Caño nivelado.
2. Codo de 90º.
3. Presentador o abrazadera.
4. Cadena con tensor.
5. Nivel, gota horizontal.

Modelo de ensamble sin nivel, con regla apoyada en la boca del accesorio, las dimensiones A y B, deben ser iguales.

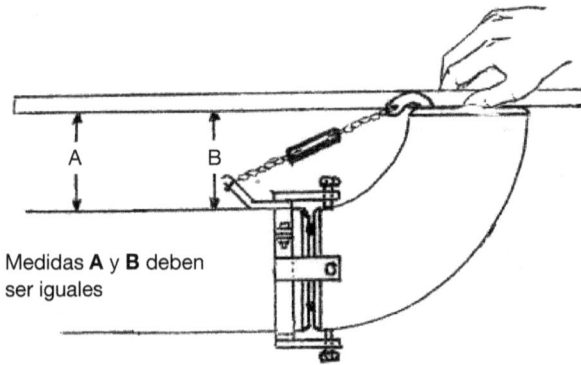

Controlando alineación con regla

Para efectuar al ensamble de otros accesorios, se procede como ilustran las figuras.

Los codos de 45º se controlan con un nivel que tenga gota de 45º.

Los accesorios Te, deben ser controlados horizontalmente y verticalmente en sus bocas respectivas.

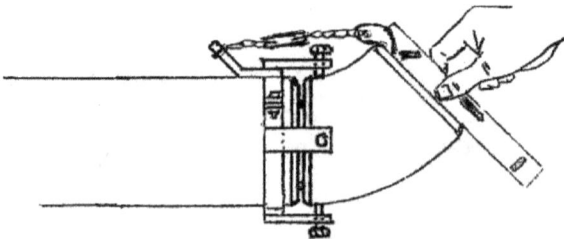

Acoplando caño-codo de 45º, con presentador y nivel de 45º

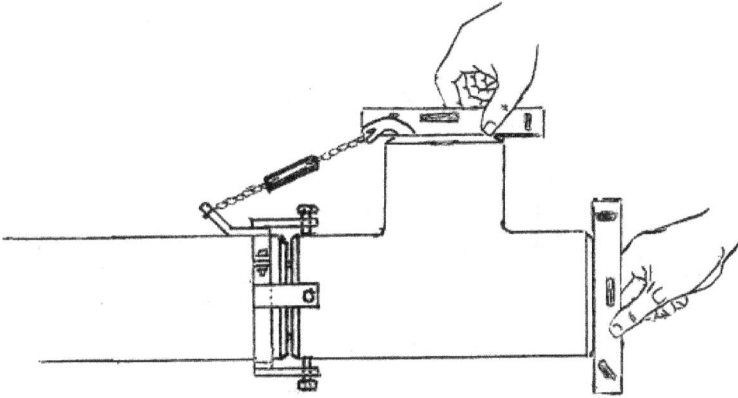

Uniendo accesorio "Te"-caño, con presentador y nivel

Armado de bridas

La perpendicularidad de las bridas en relación al eje del caño se controla antes y después de puntearla. Esta operación se efectúa auxiliado con una escuadra especial, que presenta un tramo rectilíneo, que se apoya sobre el caño, y un tramo en forma de U con un extremo alargado, el que se apoya sobre la cara de la brida, siendo éste perpendicular al tramo rectilíneo, permitiendo colocar la brida en escuadra con el eje del caño.

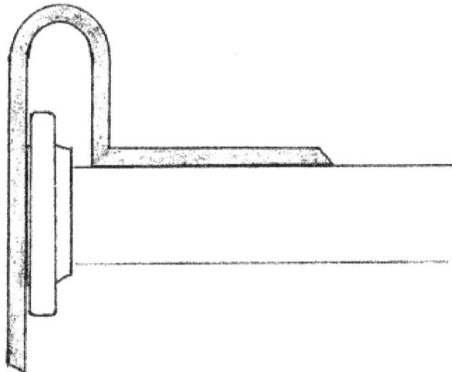

Armado brida-caño, con escuadra especial

Ubicación de los agujeros de las bridas

La ubicación de los agujeros de las bridas se efectúa según normas específicas, que nos indica que dos agujeros deben estar alineados verticalmente y paralelos al centro del caño, pero que no coincidan con el eje.

Esta normalización permite unir cualquier tipo de cañería, en su ubicación exacta, y a la vez montar válvulas a 45° en relación con la línea.

El cañista debe saber que es su responsabilidad presentar las piezas de manera tal que aseguren la calidad de la soldadura, debe tener en cuenta que el personal de Control de Calidad en circunstancias que el trabajo no esté bien realizado, rechazará sin duda alguna toda presentación que no se ajuste a las tolerancias admisibles.

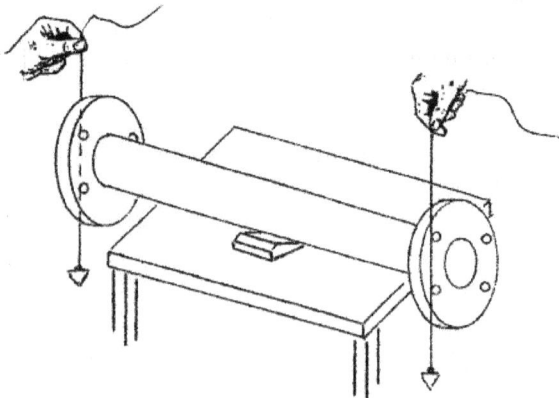

Relación entre los agujeros de bridas

Recomendaciones

Esto provocará que las tareas se atrasen, y consecuentemente pondrán en evidencia que el oficial cañista no pone responsabilidad en su trabajo, y la supervisión ordenará que nuevamente se ejecute el trabajo mal preparado.

Es muy importante efectuar un control de los prefabricados terminados ya soldados, para asegurarse que no queden bridas fuera de escuadras, desalineaciones de escuadras en cañerías, problema que se evita colocando tensores antes de soldar, que luego son elimi-nados.

Antes de concluir con este capítulo, recordemos que la preparación de juntas para soldar requiere una gran capacidad para realizarla. Es necesario dejar bien limpias las zonas a soldar, procurar que los diámetros interiores de cañería y accesorio no tengan desfasaje, preparar la luz de soldadura adecuada, usar presentador y no recurrir a "puentes" de unión soldados, teniendo siempre en cuenta que la calidad del trabajo es responsabilidad del oficial cañista.

En los materiales de aleación no se deberá puntear nada sobre la superficie de las cañerías o accesorios.

Es necesario advertir que el punteado de la junta debe ser efectuado por un soldador calificado aprobado, dado que la aplicación del material de aporte que debe ser depositado en la raíz de la soldadura debe ser lo suficientemente resistente, pero sin que se produzcan quiebres en la puntadas.

En las juntas de cañerías aleadas está prohibido puntear la raíz. Se deja el presentador hasta realizar la primera pasada, manual o semi-automática, precalentando la zona a soldar.

Cuando se indica "cañerías aleadas", se refiere que no se involucran a las compuestas de acero al carbono.

CAPÍTULO 5

MATEMÁTICA BÁSICA PARA EL OFICIO

CONOCIMIENTOS TEÓRICOS RELACIONADOS

El objetivo de este capítulo es el de hacer un breve pero indispensable repaso de las nociones elementales de Aritmética y Geometría, en las operaciones básicas que se aprenden en la escuela formal.

Porque si no se dominan estas operaciones básicas, como ser suma, resta, multiplicación o división, tampoco se puede aprender a medir bien, ni efectuar las operaciones necesarias durante el prefabricado o montaje.

Todo operario deseoso de especializarse o perfeccionarse en un oficio, debe lograr tener una doble capacidad para su mejor desempeño, estas son la teórica y la práctica.

Las revisiones que se verán en este capítulo, son de fácil comprensión, y mediante ellas se puede disponer de ayuda para resolver algunos aspectos relacionados con las Matemáticas, porque sólo se incluyen aquellos temas principales y de más directa relación con la índole de esta obra.

Debo dejar aclarado que no se están estudiando las asignaturas de Matemáticas o Geometría, solamente se están seleccionando algunos principios, que son de gran utilidad para el oficial, para ser aplicadas oportunamente.

Es de fundamental importancia, para poder desempeñarse eficazmente, poseer conocimientos de las unidades de medición, principalmente las relacionadas con el Sistema Métrico Decimal y el Sistema de Medición en Pulgadas.

El conocimiento del Sistema Métrico Decimal, usado en nuestro país y el Sistema de Medición en Pulgadas, usado por los países anglosajones, las conversiones en los dos sistemas y las operaciones aritméticas para resolverlas, se puede considerar como medición directa.

Por otra parte, los cálculos basados en figuras geométricas, como ser líneas, ángulos, circunferencias, triángulos o trigonometría rectangular, son considerados como Medición Indirecta.

Se define como *Matemáticas*, al estudio de las relaciones entre cantidades, magnitudes, sus propiedades, y de las operaciones utilizadas para deducirlas.

Aritmética es una parte de la ciencia matemática que estudia los números, las operaciones que mediante ellos se pueden efectuar y las diversas propiedades que a las mismas corresponden.

Geometría es la ciencia que estudia la medición de magnitudes; es el estudio del punto, de las líneas, de los planos y de las figuras u objetos sólidos.

Trigonometría rectangular es un método para resolver mediciones indirectamente, así como la medición de ángulos y triángulos. Es la rama de las matemáticas que trata las relaciones de los lados y ángulos de triángulos y los métodos para calcular, a partir de ciertas partes, los demás datos que sean necesarios. Especialmente brinda la resolución de triángulos que tienen un ángulo recto.

El problema de la medición probablemente nació con el hombre, aunque pasaron muchos años o milenios antes de llegar a concebir un sistema de medición o a tener solamente el concepto de distancia o longitud.

Es sabido que medir una cantidad es encontrar el número que indica las veces que una determinada unidad de medida está contenida en dicha cantidad.

Se dice que medimos por comparación, al acercar una regla graduada o una cinta métrica a la distancia, cuyo valor ignoramos.

Con la aplicación de las cuatro operaciones básicas: suma, resta, multiplicación y división, se solucionan muchos problemas surgidos durante las mediciones, así como también en la realización de pequeños cálculos.

Para ilustrar la aplicación de las operaciones básicas, nos basta recurrir a las *páginas N° 128, 130 y 132 del Capítulo 4,* correspondientes al análisis de isométricos, donde se hace un variado uso de estas operaciones.

Las unidades fundamentales adoptadas en el Sistema Métrico Internacional, son conocidas por C.G.S. (centímetro, gramo y segundo), pero prácticamente se utilizan el metro, el kilogramo, el minuto, y sus derivados.

En la República Argentina, el uso del Sistema Métrico Decimal para todos los contratos y transacciones comerciales se hizo obligatorio a partir del año 1863.

Antes se utilizaban medidas no pertenecientes a este sistema, incluso con influencia extranjera, algunas de las cuales todavía son de uso común, como por ejemplo: pulgada, vara, legua, libra, galón y otras.

Transcribo, como simple información, el Decreto Ley N° 19511:

SIMELA (SISTEMA MÉTRICO LEGAL ARGENTINO)

El Gobierno Nacional, mediante el decreto ley N° 19511, y su decreto reglamentario N° 1157 (disposiciones ambas publicadas en el Boletín Oficial del 11 de Mayo de 1972), actualizó la legislación sobre metrología que venía rigiendo, es decir las leyes N° 52 y N° 845, sancionadas en 1863 y 1877, respectivamente.

Art. 1° – "El Sistema Métrico Legal Argentino (Simela), estará constituido por las unidades, múltiplos y submúltiplos, prefijos y símbolos del Sistema Internacional de Unidades (SI), tal como ha sido recomendado por la Conferencia General de Pesas y Medidas hasta su decimocuarta reunión, y las unidades, múltiplos, submúltiplos y símbolos ajenos al SI que figuran en el cuadro de unidades del Simela, se incorpora a este Decreto Ley como anexo."

Art. 14° – "Simela es de uso obligatorio y exclusivo en todos los actos públicos o privados de cualquier orden o naturaleza. Las disposiciones del presente artículo rigen para todas las formas y los medios con que los actos se exterioricen".

Este Decreto Ley rige desde el 11-06-72, excepto algunos artículos, entre ellos el N° 14, que regirán a partir de los seis meses de la publicación en el Boletín Oficial.

Unidades de base

Magnitud	Unidad	Símbolo
Longitud	Metro	M
Masa	Kilogramo	kg
Tiempo	segundo	s
Intensidad de corriente	ampere	A
Temperatura termodinámica	kelvin	K
Intensidad luminosa	candela	cd

Unidades de medida

A continuación se detallan los nombres de las unidades por grupos y sus derivados, con los símbolos y abreviaturas que son más usuales:

Longitud			Superficie		
Metro =	1	m	Metro cuadrado =	1	m^2
Decímetro =	0,1	m o dm	Decímetro cuadrado =	0,01	m^2 o dm^2
Centímetro =	0,01	m o cm	Centímetro cuadrado =	0,0001	m^2 o cm^2
Milímetro =	0,001	m o mm	Milímetro cuadrado =	0,000001	m^2 o mm^2
Kilómetro =	1.000	m o km	Kilómetro cuadrado = 1.000.000		m^2 o km^2

Volumen			Tiempo	
Metro cúbico =	1	m^3	Segundo =	s.
Decímetro cúbico =	0,001	m^3 o dm^3	Minuto =	min.
Centímetro cúbico =	0,000001	m^3 o cm^3	Hora =	h.
Milímetro cúbico =	0,000000001	m^3 o mm^3	3.600 seg. =	60 min = 1 hora

NÚMEROS FRACCIONARIOS

Sabemos que si dividimos un determinado valor o unidad en partes iguales, y tomamos parte de éstas, se tiene una fracción.

Una *fracción* es un número que muestra el número de partes iguales que se han tomado de una unidad.

Para representar estas cifras o valores, se usan los términos llamados *quebrados*, que se escriben separados por una raya.

Por ejemplo :

$$\frac{3}{4} \qquad \frac{1}{10} \qquad \frac{9}{16}$$

El primer ejemplo expresa que se han tomado tres de las cuatro partes de una unidad.

El segundo muestra que se ha tomado una parte de las diez partes de la unidad, y por último, el tercer ejemplo, nos indica que se han tomado nueve partes de las diez y seis en que está dividida la unidad.

La parte o número superior se llama *numerador*, que es el número que muestra cuántas partes de la unidad se han tomado para formar la fracción.

El número que se escribe debajo de la raya, se llama *denominador*, y es el que nos muestra en cuántas partes se ha dividido la unidad.

$\dfrac{1}{8}$ se lee: un octavo $\dfrac{3}{7}$ se lee: tres séptimos $\dfrac{1}{12}$ se lee: un doceavos

Cuando el denominador es 10 o más de 10, se le agrega la palabra avo o avos.

Suelen expresarse fracciones que poseen mayor el numerador que el denominador. Se llaman quebrados *impropios*, en razón de comprender una o varias veces a la unidad de la especie que indica el denominador.

Ejemplo: $\dfrac{15}{3}$ en este caso, conviene efectuar la división que ellas indican a fin de simplificar la expresión, representando por su igual: quince dividido tres = cinco enteros.

Por el contrario, son fracciones *propias* aquellas que representan parte o partes siempre inferiores al total de la unidad, como ser:

$$\dfrac{1}{5} \qquad\qquad \dfrac{7}{12}$$

Por último, el quebrado *mixto*, es aquel constituido por un entero y una fracción :

$$3\,\dfrac{3}{4} \qquad\qquad 7\,\dfrac{1}{12}$$

Operaciones matemáticas con fracciones

Recordemos que:

1. Para sumar o restar fracciones, hallar el común denominador.
2. Para multiplicar fracciones, se multiplican los numeradores y los denominadores entre sí.
3. Para dividir fracciones, se multiplica en cruz, invirtiendo el quebrado divisor.

MEDICIÓN EN PULGADAS

La influencia de los materiales de origen inglés y norteamericano, principalmente en la parte mecánica, ha introducido casi definitivamente en nuestro país las dos alternativas de medición basadas en el milímetro y la pulgada.

Es por esta razón que estimo la conveniencia de conocer este sistema de medida, adoptado por los países de habla inglesa que no reconocen el uso del sistema métrico.

Para nuestra actividad, es imprescindible conocer a fondo todos los derivados de la medida inglesa-norteamericana llamada pulgada, para lo cual hemos recordado lo referente a fracciones o quebrados, que ayudará a dominar este sistema.

La pulgada inglesa es de distinto valor que la española, como podremos apreciar, pero como no es de gran importancia esta diferencia, y por la influencia en nuestro país, se ha adoptado por reconocer a la inglesa.

25,000 mide en milímetros la pulgada española.
25,39954 mide en milímetros la pulgada inglesa (25,400).

La pulgada ha sido dividida en *128* partes, y por uso corriente, los metros, calibres y reglas sólo tienen divisiones en *16* partes de pulgadas, exceptuando los instrumentos de mucha precisión.

Dividida en   2 partes = 0 a 1/2 -1, cada parte mide 12,700 mm
    "   en   4 partes = 0 a 1/4-1/2 -3/4-1, cada parte mide 6,350 mm
    "   en   8 partes = 0 a 1/8-1/4-3/8-1/2, etc., cada parte mide 3,175 mm
    "   en 16 partes = 0 a 1/16-1/8-3/16,etc., cada parte mide 1,588 mm

Para trabajos de más precisión, se sigue dividiendo en :

32 partes, cada una de estas partes es   1/32 y miden 0,794 mm
64   "   "   "   "   "   "   "   1/64 "   "   0,397 mm
128   "   "   "   "   "   "   "   1/128 "   "   0,198 mm

La pulgada se simboliza: "
Al conjunto de 12 pulgadas, se denomina *1 pie*, mide 304,8 mm, y se simboliza: '

TABLA DE CONVERSIÓN PULGADAS (") A MILÍMETROS (mm)

Pulgadas	1/16	1/18	3/16	1/14	5/16	3/18	7/16	1/2	9/16	5/8	11/16	3/4	13/16	7/8	15/16
mm															
0	1,6	3,2	4,8	6,4	7,9	9,5	11,1	12,7	14,0	15,9	17,5	19,1	20,6	22,2	23,8
1 25,4	27,0	28,6	30,2	31,7	33,3	34,9	36,5	38,9	39,7	41,3	42,9	44,4	46,0	47,6	49,2
2 50,8	52,4	54,0	55,6	57,1	58,7	60,3	61,9	63,5	65,1	66,7	68,3	69,8	71,4	73,0	74,6
3 76,2	77,8	79,4	81,0	82,5	84,1	85,7	87,3	88,9	90,5	92,1	93,7	95,2	96,8	98,4	100,0
4 101,6	103,2	104,8	106,4	108,0	109,5	111,1	112,7	114,3	115,4	117,5	119,1	120,7	122,2	123,8	125,4
5 127,0	128,6	130,2	131,8	133,4	134,9	136,5	138,1	139,7	141,3	142,9	144,5	146,1	147,6	149,2	150,8
6 152,4	154,0	155,6	157,2	158,8	160,3	161,9	163,5	165,1	166,7	168,2	169,9	171,5	173,0	174,6	176,2
7 177,8	179,3	181,0	182,6	184,2	185,7	187,3	188,9	190,5	192,1	193,7	195,3	196,9	198,4	200,0	201,6
8 203,2	204,7	206,4	208,0	209,6	211,1	212,7	214,3	215,9	217,5	219,1	220,7	222,3	223,8	225,4	227,0
9 228,6	230,1	231,8	233,4	235,0	236,5	238,1	239,7	241,3	242,9	244,5	246,1	247,7	249,6	250,8	252,4
10 254,0	255,5	257,2	258,8	260,4	261,9	263,5	265,1	266,7	268,3	269,9	271,5	273,1	274,6	276,2	277,8
11 279,4	280,9	282,6	284,2	285,7	287,3	288,9	290,5	292,1	293,7	295,3	296,9	298,4	300,0	301,6	303,2

RAÍZ CUADRADA

Se define como cantidad que se ha de multiplicar por sí misma, una vez, para obtener un número determinado.

Ejemplos:

El número 7 es el cuadrado del número 49, ya que 7x7 es = a 49.

El número 8 es el cuadrado del número 64, ya que 8x8 es = a 64.

La expresión $\sqrt[n]{\dfrac{a}{b}}$ se llama *radical*, donde *a* es el radicando, ubicación del número a descomponer, *n* es el índice de la raíz, que puede ser *2*, si se trata de raíz cuadrada, o número *3*, si en cambio es raíz cúbica.

En la posición *b*, se sitúa la respuesta o el resultado de la operación.

El símbolo de la raíz cuadrada, se puede expresar también sin aplicar el número 2.

Para conocer la raíz cuadrada de un número determinado, se realiza una operación matemática denominada *extracción de la raíz cuadrada*, operación que se realiza a través de varios pasos, donde intervienen casi todos los cálculos básicos, pero como su realización es un poco complicada, se dispone de tablas tabuladas del número uno al diez mil. También puede obtenerse mediante el accionamiento de la tecla que representa al símbolo de la raíz en una calculadora de bolsillo.

También existe en venta en librerías, un cuadernillo denominado "Tablas Numéricas", que contienen las tablas citadas anteriormente y otras de muy práctica aplicación, como ser equivalencias, cuadrado o cubo de un número, valores de circunferencias, áreas y razones trigonométricas.

Es conveniente detenerse en lo mencionado anteriormente y pasar a recordar cómo se clasifican los ángulos y triángulos, para poder comprender la utilidad práctica que se dará a este tema en el oficio de cañista.

Clasificación de los ángulos

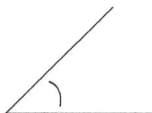

ángulo recto

ángulo agudo

ángulo obtuso

Clasificación de los triángulos, según sus ángulos

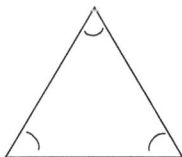

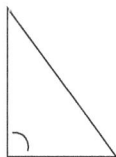

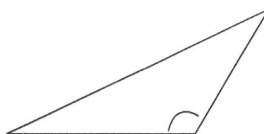

acutángulo
3 ángulos rectos

rectángulo
1 ángulo recto

obtusángulo
1 ángulo obtuso

TEOREMA DE PITÁGORAS

Pitágoras (569-470 a.C.) fue un célebre filósofo griego. Como todos los de su época, en su educación se preocupó por el cultivo de su cuerpo y de su espíritu, para adquirir una buena formación física e intelectual.

Toda su doctrina giraba sobre un principio fundamental: "los números son el principio de todas las cosas", creador del teorema que lleva su nombre y que enuncia: **"El cuadrado construido sobre la hipotenusa de un triángulo rectángulo, es equivalente a la suma de los cuadrados construidos sobre los catetos"**.

Este enunciado ha contribuido, a lo largo de los siglos y hasta nuestros días, a resolver incontables problemas geométricos y matemáticos.

El futuro oficial cañista podrá valerse de este teorema para poder solucionar algunos problemas que se presenten, referidos a descentros o cálculo de diagonales.

También, aplicando las fórmulas correspondientes, resolverá otras incógnitas, de acuerdo con los datos de triángulos rectángulos que obren en su poder.

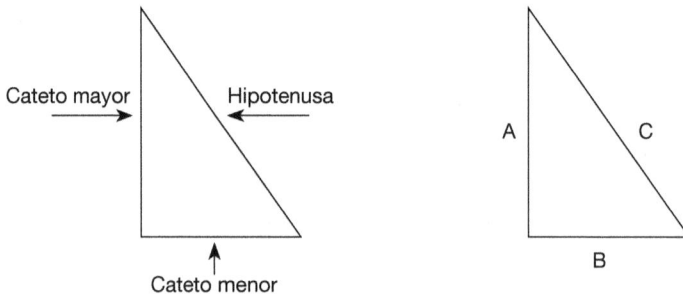

1. Conociendo los lados **C** y **B**, averiguar el lado **A**:

$$\sqrt[2]{C^2 - B^2} = A$$

2. Conociendo los lados **C** y **A**, averiguar el lado **B**:

$$\sqrt[2]{C^2 - B^2} = A$$

3. Conociendo los lados **A** y **B**, averiguar el lado **C**:

$$\sqrt[2]{A^2 + B^2} = C$$

Nota: el índice 2 significa número elevado al cuadrado. En la página siguiente se demuestra gráficamente el Teorema de Pitágoras.

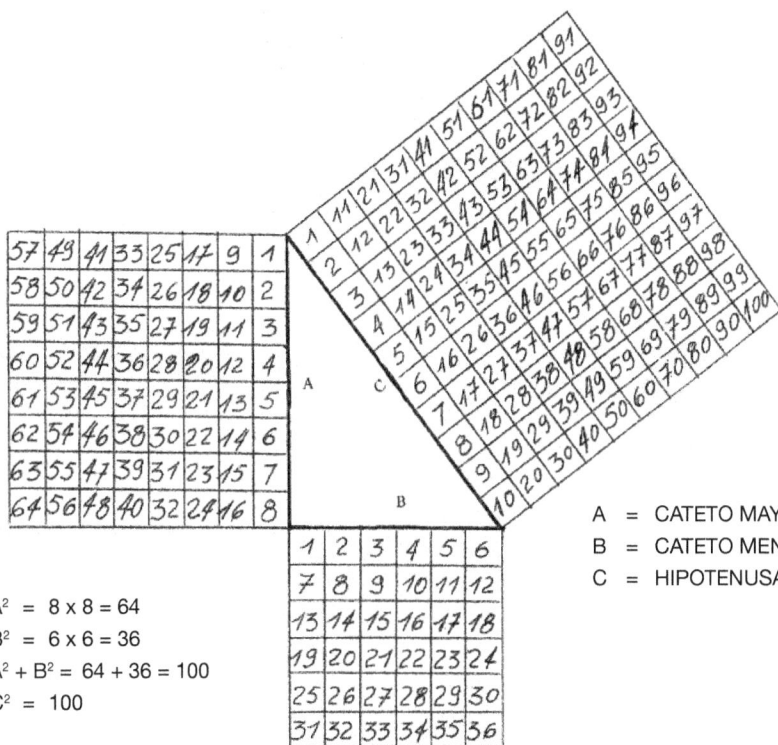

A = CATETO MAYOR
B = CATETO MENOR
C = HIPOTENUSA

$A^2 = 8 \times 8 = 64$

$B^2 = 6 \times 6 = 36$

$A^2 + B^2 = 64 + 36 = 100$

$C^2 = 100$

Aplicación práctica 1

Como se verá, todos los "falsos" o descentros de las cañerías, fundamentan su construcción en triángulos rectángulos.

Se puede resolver este problema de dos maneras, aplicando una de las fórmulas usadas en el Teorema de Pitágoras o recurriendo a la trigonometría, como se verá más adelante.

Se empleará, como ejemplo, la solución dada al Isométrico N° 03, practicado en página 130, del Capítulo 4.

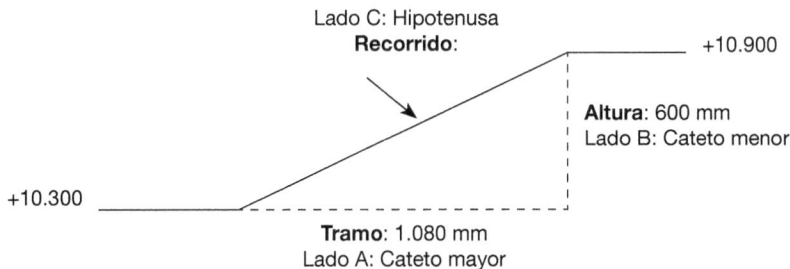

Lado C: Hipotenusa
Recorrido:
+10.900
Altura: 600 mm
Lado B: Cateto menor
+10.300
Tramo: 1.080 mm
Lado A: Cateto mayor

Se empleará la fórmula 3° que dice: Conociendo los lados A y B, averiguar el lado C.

$$\sqrt[2]{A^2 + B^2} = C$$

Donde se tiene los siguientes valores :

Lado A² - Tramo = 1.080 x 1.080 =   1.166.400 mm.
Lado B² - Altura = 600 x 600   = + 360.000 mm.
                                     1.526.400 mm.

Como indica la fórmula, se extrae la raíz cuadrada de este resultado, quedando finalmente un *recorrido* (en lado C), de 1.235,47 milímetros.

CIRCUNFERENCIA Y CÍRCULO

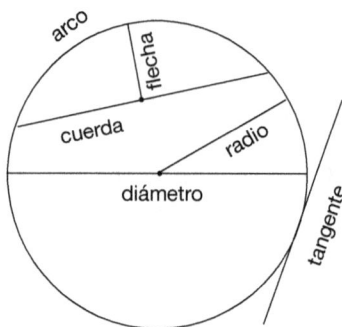

Se llama *circunferencia* a la curva cerrada formada por puntos que equidistan de uno interior llamado centro.
Se llama *círculo* a la figura plana, limitada por una circunferencia.

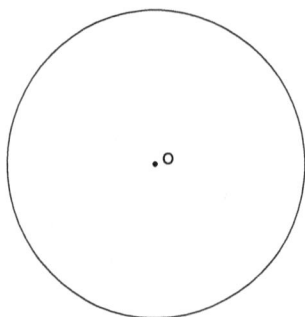

Circunferencia de centro   Elementos de circunferencia

Arco: es la parte de la circunferencia limitada por dos puntos cualesquiera de ella.

Radio: es el segmento que tiene por extremos el centro de la circunferencia y un punto de dicha circunferencia.

Cuerda: es el segmento de recta que tiene por extremos dos puntos cualesquiera de la circunferencia; si la cuerda pasa por el centro se llama *diámetro*.

Flecha: es el segmento perpendicular a la cuerda, en su punto medio, y comprendido entre ésta y el arco que corresponde a la cuerda.

Tangente: es la recta exterior que tiene un punto en común con la circunferencia.

Relación entre la circunferencia y su diámetro

Si se logra medir por cualquier medio la longitud de una circunferencia, se comprueba que el valor resultante contiene tres veces el diámetro y sobra un residuo que es aproximadamente 0,141592... parte del diámetro.

Si se suma este residuo a los tres diámetros, resulta un valor de 3,1416 y se representa por la letra griega π *pi*, inicial de periferia o circunferencia.

Este valor es la relación constante que hay entre la longitud de la circunferencia y su diámetro.

CONCEPTOS ELEMENTALES DE TRIGONOMETRÍA RECTANGULAR

La trigonometría es un método para operar con mediciones indirectas en ángulos y triángulos.

Es la rama de las matemáticas que trata las relaciones entre los lados y los ángulos de triángulos y los métodos para calcular, a partir del conocimiento de ciertas partes, los demás datos que se ignoran.

La trigonometría rectangular, tal como lo dice su nombre, incluye principalmente la resolución de triángulos que tienen un ángulo recto. Pero si se emplean las fórmulas correspondientes, también se pueden resolver los valores de triángulos acutángulos y obtusángulos.

Cuando se conoce el valor de dos lados o de un ángulo agudo y de un lado del triángulo se pueden medir indirectamente el ángulo, el lado o lados que se ignoran.

Se puede trazar cualquier amplitud de ángulo, sin recurrir al transportador o al goniómetro.

Para una mejor interpretación de esta parte de la matemática, se debe recurrir a las nociones repasadas en su oportunidad, sobre elementos de la circunferencia, ángulos y triángulos en su clasificación y componentes.

Como sabemos, todo triángulo consta de seis elementos: tres lados y tres ángulos; conociendo algunos de ellos, se obtiene gráficamente el resto.

Recordemos que en una circunferencia las unidades de medición de sus ángulos son los grados, minutos y segundos sexagesimales y que alrededor del centro hay 360 grados, 60 minutos en un grado y 60 segundos en un minuto.

La circunferencia que teóricamente se emplea para medir los ángulos por este sistema se considera dividida por dos diámetros, uno que pasa por el punto de origen A y otro perpendicular a él, dando lugar a formar cuatro partes iguales a las que se da el nombre de cuadrantes.

Según esto, se puede establecer un sistema de medida de los ángulos utilizando como referencia una circunferencia en la que se dispone el ángulo a medir con el vértice en su centro, donde uno de sus lados corresponde al radio de origen A – 0 (cero).

El otro lado del ángulo, según su amplitud, avanzará en sentido contrario a las agujas del reloj, donde tenemos que los ángulos de menos de 90° quedarán comprendidos en el primer cuadrante. Los ángulos de más de 90° y menos de 180°, quedarán ubicados en el segundo cuadrante, los ángulos de más de 180° y menos de 270°, quedarán en el tercer cuadrante.

Por último, los ángulos de más de 270° y hasta 360°, quedarán comprendidos en el cuarto cuadrante.

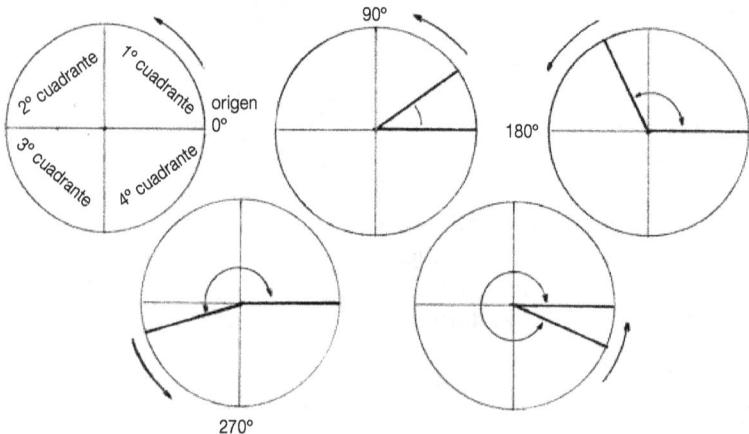

LÍNEAS GONIOMÉTRICAS

Supongamos ahora un ángulo medido en el sistema que se acaba de describir, por ejemplo el ángulo **x** de la *figura 6*.

Bajando una perpendicular desde el extremo correspondiente al lado del ángulo, hasta el diámetro en su radio de origen A-O, se obtiene el segmento B-C, al cual se le da el nombre de *seno* del ángulo.

En la misma figura 6 se observa el segmento A-C, comprendido entre el centro de la circunferencia A, y el pie C de la perpendicular bajada desde el extremo del lado del ángulo, al que se le da el nombre de *coseno* del ángulo.

Estos dos valores lineales, *seno* y *coseno*, variarán según la amplitud del ángulo; así para cada ángulo distinto, corresponde un valor seno y coseno también distinto.

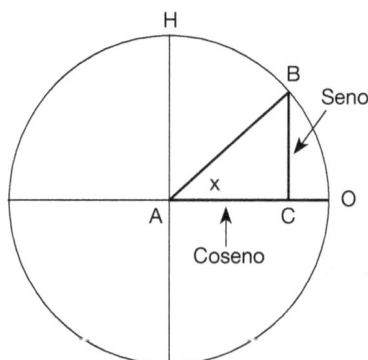

Figura 6

Al seno y al coseno, tal como se los acaba de ver, se les da el nombre de líneas goniométricas.

Hay otras líneas derivadas de este mismo sistema de medir ángulos, cuyas longitudes están relacionadas con la medida de ángulo, y son las siguientes.

Tangente es el segmento tangente a la circunferencia en el punto de origen comprendido entre este punto y el punto de intersección de la tangente con la prolongación del ángulo, marcada en la *figura 7*, como segmento D-E.

Otras tres líneas relacionadas con la medida de ángulo, pero de muy poca utilidad son: **secante**, **cotagente** y **cosecante**, representadas en la figura 7, como simple información.

Resumiendo, se tiene para una amplitud de ángulo determinado, las líneas goniométricas siguientes:

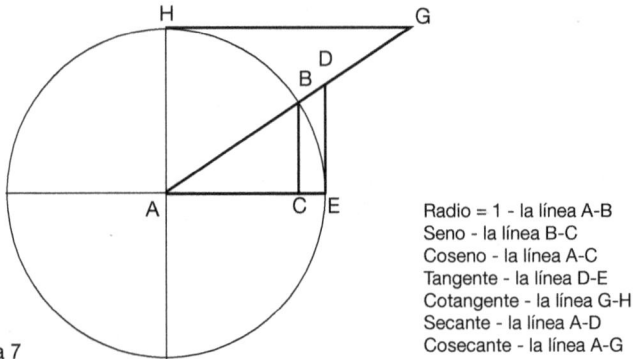

Figura 7

Radio = 1 - la línea A-B
Seno - la línea B-C
Coseno - la línea A-C
Tangente - la línea D-E
Cotangente - la línea G-H
Secante - la línea A-D
Cosecante - la línea A-G

Con las líneas goniométricas se tiene el medio de representar un ángulo por el valor de una longitud.

Pero esto es solamente válido cuando las longitudes de las líneas goniométricas se refieren a una sola circunferencia, ya que si se refieren a circunferencias de distinto radio, no son compatibles.

FUNCIONES TRIGONOMÉTRICAS

Al definir las líneas goniométricas y ver cómo la longitud de éstas es función del valor del ángulo, no se tuvo en cuenta la longitud del radio de la circunferencia.

Sin embargo, la longitud de las líneas goniométricas son variables para un mismo ángulo si varía el radio de la circunferencia en que se consideran.

Como se señaló anteriormente, sólo se explicarán las líneas correspondientes a seno coseno y tangente, por ser las más utilizadas prácticamente en nuestra actividad.

Para evitar el inconveniente que se presentaría en los cálculos, si se utilizaran las distintas longitudes de las líneas goniométricas en circunferencias de distinto radio como representativas del mismo ángulo, en lugar de tales longitudes se toman como valores de las líneas, los cocientes o resultado de dividir las longitudes de las líneas por la longitud del radio de la circunferencia correspondiente.

Los valores así logrados para cada una de las líneas goniométricas, nos servirán para resolver muchos problemas relativos a encontrar valores de lados o amplitud de ángulos de triángulos, para lo cual se emplean ciertas razones, que reciben el nombre de *funciones trigonométricas.*

Estas razones son únicas para cada ángulo, independientemente del valor del radio.

Visto este concepto, se consideran estas funciones en una circunferencia cuyo radio tenga una longitud de la unidad (1).

Para simplificar la escritura de las fórmulas matemáticas en las que intervienen valores de razones de funciones trigonométricas de un ángulo **x**, se emplean abreviaturas de las mismas, que son :

- Seno del ángulo x, se escribe: *sen x*
- Coseno del ángulo x, se escribe: *cos x*
- Tangente del ángulo x, se escribe: *tg x*
- Cotangente del ángulo x, se escribe: *cotg x*
- Secante del ángulo x, se escribe: *sec x*
- Cosecante del ángulo x, se escribe : *cosec x*

Tablas de funciones Trigonométricas

El cálculo de los valores de las razones trigonométricas de un ángulo determinado es sumamente complicado, por cuya motivo, en la práctica para los cálculos corrientes en que se necesita conocer tales valores, se utilizan tablas en que ya están calculados.

Algunas tablas están tabuladas de grado en grado, otras en grados y sus minutos correspondientes, se encontrarán en el cuadernillo recomendado en página 164 de este capítulo. También mediante una calculadora científica de bolsillo, luego de tipear el valor del ángulo, accionando las teclas de *sen* (seno), *cos* o *tan.*

TABLA DE FUNCIONES TRIGONOMETBICAS							
Ang.	Seno	Coseno	Tang.	Ang.	Seno	Coseno	Tang.
1°	.0175	.9998	.0175	46°	.7193	.6947	1.0355
2°	.0349	.9994	.0349	47°	.7314	.6820	1.0724
3°	.0523	.9986	.0524	48°	.7431	.6691	1.1106
4°	.0698	.9976	.0699	49°	.7547	.6561	1.1504
5°	.0872	.9962	.0875	50°	.7660	.6428	1.1918
6°	.1045	.9945	.1051	51°	.7771	.6293	1.2349
7°	.1219	.9925	.1228	52°	.7880	.6157	1.2799
8°	.1392	.9903	.1405	53°	.7986	.6018	1.3270
9°	.1564	.9877	.1584	54°	.8090	.5878	1.3764
10°	.1736	.9848	.1763	55°	.8192	.5736	1.4281
11°	.1908	.9816	.1944	56°	.8290	.5592	1.4826
12°	.2079	.9781	.2126	57°	.8387	.5446	1.5399
13°	.2250	.9744	.2309	58°	.8480	.5299	1.6003
14°	.2419	.9703	.2493	59°	.8572	.5150	1.6643
15°	.2588	.9659	.2679	60°	.8660	.5000	1.7321
16°	.2756	.9613	.2867	61°	.8746	.4848	1.8040
17°	.2924	.9563	.3057	62°	.8829	.4695	1. 8807
18°	.3090	.9511	.3249	63°	.8910	.4540	1.9626
19°	.3256	.9455	.3443	64°	.8988	.4384	2.0503
20°	.3420	.9397	.3640	65°	.9063	.4226	2.1445
21°	.3584	.9336	.3839	66°	.9135	.4067	2.2460
22°	.3746	.9272	.4040	67°	.9205	.3907	2.3559
23°	.3907	.9205	.4245	68°	.9272	.3746	2.4751
24°	.4067	.9135	.4452	69°	.9336	.3584	2.6051
25°	.4226	.9063	.4663	70°	.9397	.3420	2.7475
26°	.4384	.8988	.4877	71°	.9455	.3256	2.9042
27°	.4540	.8910	.5095	72°	.9511	.3090	3.0777
28°	.4695	.8829	.5317	73°	.9563	.2924	3.2709
29°	.4848	.8746	.5543	74°	.9613	.2756	3.4874
30°	.5000	.8660	.5774	75°	.9659	.2588	3.7321
31°	.5150	.8572	.6009	76°	.9703	.2419	4.0108
32°	.5299	.8480	.6249	77°	.9744	.2250	4.3315
33°	.5446	.8387	.6494	78°	.9781	.2079	4.7046
34°	.5592	.8290	.6745	79°	.9816	.1908	5.1446
35°	.5736	.8192	.7002	80°	.9848	.1736	5.6713
36°	.5878	.8090	.7265	81°	.9877	.1564	6.3138
37°	.6018	.7986	.7536	82°	.9903	.1392	7.1154
38°	.6157	.7880	.7813	83°	.9925	.1219	8.1443
39°	.6293	.7771	.8098	84°	.9945	.1045	9.5144
40°	.6428	.7660	.8391	85°	.9962	.0872	11.4301
41°	.6561	.7547	.8693	86°	.9976	.0698	14.3007
42°	.6691	.7431	.9004	87°	.9986	.0523	19.0811
43°	.6820	.7314	.9325	88°	.9994	.0349	28.6363
44°	.6947	.7193	.9657	89°	.9998	.0175	57.2900
45°	.7071	.7071	1.0000	90°	1.0000	.0000	

Luego de haberse recordado la teoría del método de trigonometría, se verán las aplicaciones prácticas que se dará a este conocimiento, para lo cual se debe conocer un grupo de fórmulas que ayudarán a resolver algunos enigmas propios del oficio.

Cuadro de fórmulas útiles

Triángulo rectángulo de referencia

Lados = A B C
Ángulos = a b c

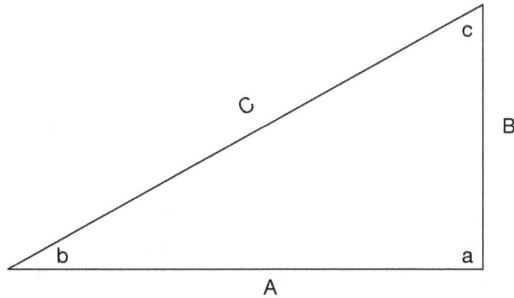

Hallar	Conociendo	Procedimiento	Fórmula
Lado A	Lado C y ángulo b	Multiplicar lado C por coseno de ángulo b	C x cos. b
Lado B	Lado C y ángulo b	Multiplicar lado C por seno de ángulo b	C x sen. b
Lado B	Lado A y ángulo b	Multiplicar lado A por tangente de ángulo b	A x tg. b
Lado C	Lado A y ángulo b	Dividir el lado A por el coseno del ángulo b	$\dfrac{A}{cos.\ b}$
Lado C	Lado A y ángulo c	Dividir el lado A por el seno del ángulo c	$\dfrac{A}{sen.\ c}$
Lado C	Lado B y ángulo b	Dividir el lado B por el seno del ángulo b	$\dfrac{B}{sen.\ b}$
Ángulo b	Lado A y lado C	Dividir lado A por lado C. Buscar resultado luego de tabla de coseno, en columna de grados	$\dfrac{A}{C} = coseno\ b$
Ángulo b	Lado B y lado A	Dividir lado B por lado A. Buscar resultado luego de tabla de tangente, en columna de grados	$\dfrac{B}{A} = tg.\ b$

Hallar	Conociendo	Procedimiento	Fórmula
Ángulo c	Lado B y lado C	Dividir lado B por lado C. Buscar resultado luego de tabla de seno, en columna de grados	$\dfrac{B}{C} = \text{sen. b}$
Ángulo c	Lado A y lado B	Dividir lado A por lado B. Buscar resultado luego de tabla de tangente, en columna de grados	$\dfrac{A}{B} = \text{tg. c}$

Aplicación Práctica 2

Supongamos que se debe calcular el valor de los lados A y B, del triángulo rectángulo A B C, conociendo el valor de la amplitud del ángulo agudo b (28°), y la longitud del lado C (200 mm.).

Se procederá aplicando la primera y segunda de las fórmulas inscriptas en el cuadro anterior, y con el auxilio de la Tabla de Funciones para conocer el seno y el coseno del ángulo b.

Lado A = C x cos. b = 200 x 0,8829 = **176,58 mm**
Lado B = C x sen. b = 200 x 0,4695 = **93,90 mm**

Solución por trigonometría del problema presentado en Aplicación Práctica 1

Siempre es necesario rotular los lados y ángulos del triángulo correctamente.

Cuando en un dibujo un triángulo representa a un objeto, para poder calcular alguna dimensión hay que tener cuidado al asignar los lados y los ángulos correspondientes de manera que corres-

pondan a las fórmulas establecidas para estas razones trigonométricas.

Recordar que la suma de los tres ángulos de un triángulo, es de
180°.

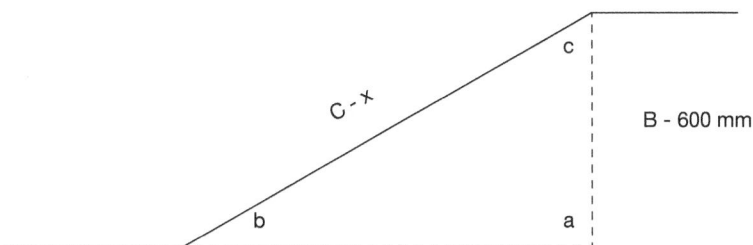

Ver página 167 – Aplicación Práctica 1.

Para poder resolver por trigonometría la aplicación práctica 1, se
debe averiguar cuál es la amplitud de los ángulos b ó c, y luego conseguir la dimensión del lado C, recurriendo a las fórmulas correspondientes del Cuadro de Fórmulas.

Primer paso

Averiguar amplitud de ángulos b o c: lado B, dividido por lado A,
resultado se busca en columna de tangente, para pasar a la columna
de grados que nos indicarás el que corresponda.

Ángulo b:

$$\frac{B}{A} = \frac{600}{1080} = 0,555 \text{ tangente de b} = \mathbf{29°}$$

Ángulo c:

$$\frac{A}{B} = \frac{1080}{600} = 1,800 \text{ tangente de c} = \mathbf{61°}$$

Es conveniente aclarar que, al buscar resultados de razones trigonométricas, según las tablas que se posean, se buscará el valor más
aproximado, como ocurrió en los casos anteriores.

Si en algún caso particular se requiriera de mayor exactitud o
aproximación, se debería recurrir a otras tablas más completas, que
no es frecuentes emplear.

Segundo paso

Empleando indistintamente el valor de la amplitud de los ángulos b ó c, se procede a calcular la dimensión del lado C:

Lado C:

Según ángulo b:

$$\frac{A}{Cos.\ b} = \frac{1800}{0,8746} = \mathbf{1.234,85\ mm}$$

Según ángulo c:

$$\frac{A}{Sen.\ c} = \frac{1800}{0,8746} = \mathbf{1.234,85\ mm}$$

COMENTARIOS

Como se citó al comienzo de este capítulo, se ha realizado un breve pero indispensable repaso de las nociones de Aritmética y Geometría que se aprenden en la escuela formal obligatoria.

Se han cubierto las necesidades que en el campo de las matemáticas, necesita un futuro oficial cañista para su formación.

Se presentó el material de instrucción necesario para aplicar los principios matemáticos a la resolución de los problemas propios del oficio.

Las aplicaciones que se presentan contienen problemas suficientes para asegurar el dominio de cada tema tratado.

Aunque en la primera página me refería al ejercicio de recordar y repasar los temas matemáticos que se ejercitan en la escuela formal, también se expuso especial interés en lo referente a fracciones comunes, para utilizar las unidades del sistema de medición en pulgadas.

También consideré muy necesario que el futuro oficial tenga un concepto completo, especialmente en lo relativo a la realización de ciertos cálculos basados en la trigonometría.

Con la aplicación de las operaciones matemáticas, se solucionarán variados problemas surgidos durante la medición, y también de pequeños cálculos que se hagan eventualmente.

De este modo, se han revisado algunas de las materias que son de gran utilidad, y sin duda estos conocimientos serán aplicados oportunamente.

En el capítulo siguiente, correspondiente a trazados típicos, aplicaremos lo recordado de geometría, especialmente lo referente a circunferencias.

Capítulo 6

IMPORTANCIA DEL TRAZADO

El trazado, aplicado a la construcción de ciertos accesorios en las instalaciones de plantas industriales, ha originado que en toda obra se cuente con oficiales cañistas que dominen estos conocimientos.

Se lo requiere en la construcción para variadas aplicaciones: en codos en gajos soldados, intersecciones, encastres, injertos, reducciones o simplemente descentros, considerados como básicos o típicos.

El presente capítulo tratará específicamente lo que se considera lo más elemental y mínimo, como complemento en la formación del futuro oficial, referente al conocimiento de estos trazados.

Se entiende por trazado la acción de delinear sobre una mesa de trabajo, una figura o pieza que luego se desarrollará para su fabricación o construcción.

Los operarios que realizan estos trabajos se denominan trazadores, especialidad que se logra adquiriendo amplios conocimientos de dibujo técnico, desarrollos, matemáticas, y geometría descriptiva, aplicados con su actividad.

El oficial trazador tiene su origen en los astilleros navales o talleres de calderería de empresas metalúrgicas, donde frecuentemente se requiere contarlo entre su personal. Claro que este trazador debe poseer conocimientos completos sobre los sistemas de trazado, cálculos y sobre todo gran seguridad en su trabajo, para el buen aprovechamiento del material a usar.

En cañerías industriales, el trazado se aplica en la fabricación de ciertos accesorios por falta de stock, por ser de gran diámetro, o porque no existen o es dificultosa su adquisición, o también para resolver problemas de alguna configuración de cañerías.

Los conocimientos teóricos y prácticos que logrará en la ejecución de trazados típicos de tuberías, lo habilitarán para resolver todo tipo de desarrollo de plantillas.

En la actualidad hay empresas de montajes con personal en sus oficinas técnicas, que confeccionan mediante sistema de cálculo, fichas con datos o dimensiones de las generatrices de los trazados, evitando así que el oficial dedique su tiempo a desarrollar esta tarea. No obstante los oficiales cañistas que conozcan la construcción de plantillas, trabajo que tiene mucha vigencia, serán bien reconocidos por su eficacia.

Para efectuar trabajos de trazado se deberán emplear los elementos y herramientas apropiados. El lugar físico de trabajo será utilizado solamente para estas tareas, debe estar limpio y contar con buena iluminación.

ELEMENTOS Y HERRAMIENTAS

El oficial, para poder realizar sus trabajos con eficacia, debe contar con elementos en buenas condiciones, con los cuales pueda desarrollar sus tareas. Detallo a continuación las herramientas y elementos más usuales:

– Mesa de trabajo, metálica nivelada.
– Compases de punta de varios largos.
– Regla metálica flexible de 50 centímetros y de 1 metro.
– Puntos de marcar.
– Puntas de trazar.
– Escuadras rectificada de catetos chicos y grandes, sin talón.
– Regla metálica rectificada rígida de 1 metro.
– Goniómetro o escuadra universal.
– Transportador de 360°.
– Regla milimetrada de 12" (1 pie).
– Cinta métrica de 3 metros.
– Tijera cortachapa recta.
– Falsa escuadra.

Es esencial tener las herramientas afiladas y puntiagudas para poder lograr exactitud, ya que un trazo nítido guía al trazador con mayor precisión, por lo tanto, es importante que se mantengan las herramientas en excelentes condiciones y se las use solamente con el objeto para el que fueron diseñadas.

Cuando se construyan plantillas, para cualquier figura, éstas se pueden hacer en cartulina, material de juntas, aluminio o chapas muy finas y flexibles.

Para resolver problemas de trazado, primero se debe realizar la acción de desarrollar el trabajo a ejecutar.

Se entiende por desarrollo al desdoblamiento de una superficie sobre un plano; una superficie desarrollada muestra todas las líneas en su verdadera longitud y todos los ángulos en su verdadera amplitud.

Son tres los sistemas de desarrollo que se usan normalmente, a saber:

Sistema paralelo: aplicable sólo a piezas de conformación recta o circular, basado en el desenvolvimiento de su periferia por el valor del perímetro de la circunferencia, que se resuelve desarrollando sus generatrices o paralelas, que da origen al nombre.

Sistema radial: es usado para desarrollar los conos y pirámides rectas; como en el caso anterior se aplica el desarrollo perimétrico de la circunferencia para obtener la figura exacta extendida.

Sistema por triangulación: existen casos de desarrollo donde se combinan superficies rectas con cilíndricas y no es posible obtener medidas exactas por ninguno de los métodos anteriormente enunciados. Este sistema consiste en dividir la superficie en triángulos iguales o aproximados cuyas correctas proyecciones llevadas sobre un ángulo recto nos representa diagonales con medidas reales que nos permiten reconstruir un desarrollo perfecto.

PROCEDIMIENTO DE TRAZADO

Para resolver los trazados referentes con cañerías, se emplea el sistema paralelo; los otros dos sistemas, el radial y por triangulación son de utilidad en trabajos de calderería.

Principios fundamentales

Como el caño es una figura de conformación circular, la base a emplear es una circunferencia, la cual es dividida en varias partes. Normalmente esta división es de 12 partes si se trata de desarrollos de cañerías de hasta 8", y de más divisiones (siempre pares) si son cañerías de mayor diámetro, para que sus generatrices no estén tan separadas.

División de la circunferencia

Con una abertura de compás, igual al centro del diámetro del caño, se traza una circunferencia, que luego es dividida con los dos diámetros, horizontal y vertical, marcando con un punto de marcar, los puntos 1, 4, 7 y 10, como se observa en la *figura 1 de página siguiente*.
Con la misma abertura del compás, usado anteriormente, haciendo centro en el punto 1, se marca hacia un lado el punto 3, y hacia el otro lado el punto 11, como se indica en la *figura 2 de página siguiente*.

Haciendo centro en el punto 4, se marca hacia un lado el punto 2, y hacia el otro lado, el punto 6, según *figura 3*.

Colocando el compás con centro en el punto 7, se marca hacia un lado el punto 5, y hacia el otro lado, el punto 9, según muestra la *figura 4*.

Y por último, haciendo centro en el punto 10, se obtiene hacia un lado el punto 8, y hacia el otro lado, el punto 12, como muestra la *figura 5*.

Este procedimiento es la base de la realización de un trazado paralelo, por lo que recomiendo practicarlo, hasta asimilarlo.

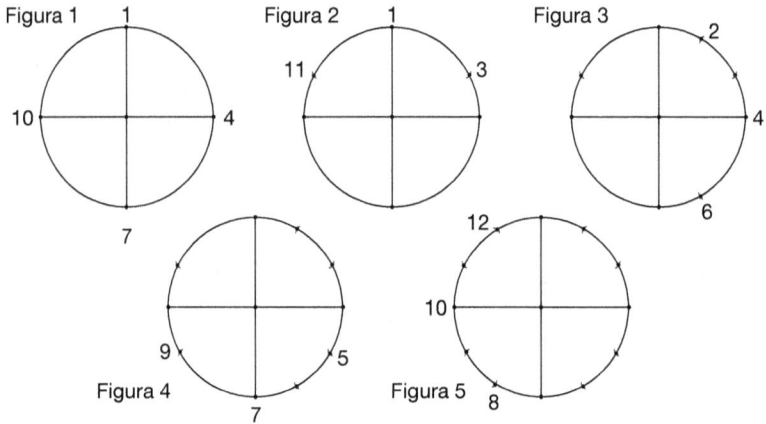

TRAZADO DE PERPENDICULARES

Recordemos que una recta es perpendicular a otra cuando al cortarla determina con ella, al prolongarla, cuatro ángulos iguales de 90°.

Trazar una perpendicular en cualquier lugar de una línea:

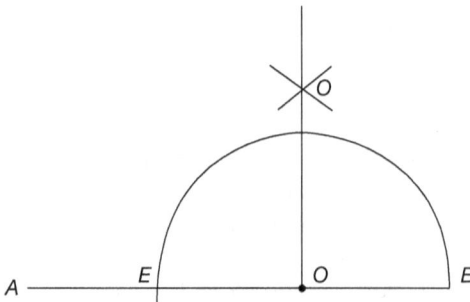

Siendo la línea A-B, se marca un punto O en cualquier lugar de la recta, haciendo centro en el mismo y con radio O-B, se traza una semicircunferencia que corte a la línea A-B, en el punto E.

Haciendo centro en E y con un radio mayor que la mitad de E-B, se traza un arco y haciendo centro en B, con el mismo radio se corta al arco anterior determinando O', se une O y O`, y se tiene así la perpendicular buscada.

Trazar una perpendicular en el extremo de una línea:

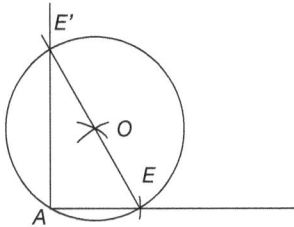

Dado la línea A-B, con un radio cualquiera, haciendo centro en A, y cortando con un arco a la línea A-B, se determina el punto E. Con un radio mayor que la mitad del segmento A-E, con centro en A y E, respectivamente, se trazan los arcos que se cortan en O, haciendo centro en O, con radio O-E, se traza una circunferencia que pasará por A, uniendo el punto E con O y prolongando se determina sobre la circunferencia el punto E', luego uniendo A con E', se tiene la perpendicular buscada.

Desvío de caños a 45°

Para comenzar con cualquier trabajo de trazado, se debe contar con una mesa de trabajo de chapa completamente limpia, libre de puntadas de soldadura y otras marcas que hagan dificultosa la tarea de trazar, es decir, es necesario que esté adaptada para usar especialmente en esta labor.

Luego de limpiar la chapa superior de la mesa o banco para trazar, se pinta esta superficie con pintura blanca o polvo de tiza mojado, y se seca con la llama de un soplete, quedando de esta forma en condiciones de comenzar a trazar.

La mayoría de los trabajos de trazado se realizan a tamaño natural (1 en 1), pero si la superficie de trazado no alcanza, éstos se efectúan reduciendo la escala. Se reduce en una escala de 1 en 10, 1 en 5, u otra conveniente, para luego ampliar las dimensiones logradas según la escala usada.

El primero de los trazados típicos que se mostrará será un desvío de cañería en 45°, trabajo aplicable para resolver los "falsos", obviamente variando el ángulo de desvío.

Por razones de espacio en la compaginación de este libro, en todos los trazados que se confeccionaránse usará como ejemplo un caño de 60 milímetros de diámetro exterior, aclarando que los dibujos incluidos como ejemplos, pueden contar o no con las dimensiones marcadas, por efecto de la impresión o el escaneo.

Se comenzará trazando en la superficie de la mesa el eje 1, o centro del caño con una longitud de 90 milímetros.

Se traza con la ayuda del goniómetro o escuadra universal, el eje 2, con un desvío a 45°, también con una longitud de 90 milímetros.

Se continúa trazando los bordes del caño a 30 milímetros a cada lado de ambos ejes, prolongando estas líneas para producir un cruce de bordes a ambos lados del caño, señalados con letras A y G, en la **figura 6.**

Se unen los puntos A y G, dando origen a la línea de unión de ambos tramos, que debe pasar por el punto D, centro de la unión.

Completar la vista en Planta, trazando una línea perpendicular al final del eje 2, en el punto 4, cortando en los puntos 1 y 7.

Se procede de la misma manera en el eje 2, en el punto H, cortando en los puntos I y J, quedando así dibujado el desvío, al limitar sus largos.

Haciendo centro en el punto 4 del eje 2, trazar una circunferencia con radio de 30 milímetros, cuyo diámetro horizontal será la línea 1 - 7; se prolonga el eje 2 hasta tocar a la circunferencia para completar el otro diámetro, procediendo luego a dividir esta circunferencia en doce partes iguales, como se explicó en anteriormente.

Al unir los puntos de la división de la circunferencia da lugar en la línea 1 - 7 a originar los puntos 2, 3, 5, 6, que se deben prolongar hasta encontrar la línea A- G, dando origen a los puntos B, C, E y F, que pertenecen a las líneas generatrices con que se realizará la plantilla para poder marcar el corte en el trozo de caño correspondiente.

Se debe aclarar que la longitud de 90 milímetros, aplicado a cada uno de los caños del ejemplo, se debe al tamaño de la plantilla a construir, considerando que con esta medida se puede "abrazar" el caño a marcar, sin ningún tipo de problemas. Este largo dependerá del diámetro del caño que se usará.

Es fundamental que se produzcan los cruces de ambos bordes, para poder establecer perfectamente la línea de unión, donde ambos cortes sean iguales y, por lo tanto, coincidan para poder soldarse sin ningún inconveniente.

Se recomienda señalar, con un punto de marcar, todos los puntos que se han mencionado, para no confundirse.

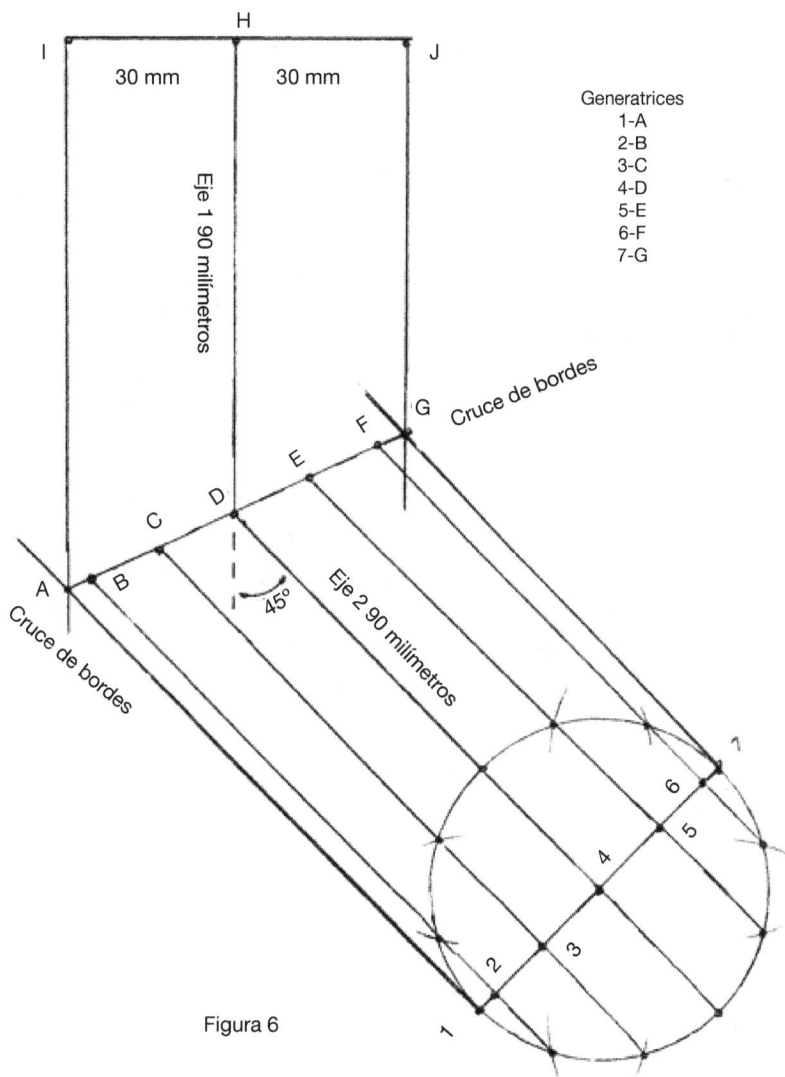

Figura 6

CONSTRUCCIÓN DE PLANTILLAS

Luego de haber logrado trazar las dimensiones reales de las generatrices o paralelas del desvío, se debe proceder a construir una faja que efectuará la función de molde o plantilla, para abrazar el caño correspondiente y marcar la línea donde se efectuará el corte, para lo cual se debe cumplir con los siguientes pasos:

1. Sobre una plancha de material para juntas, o otro material flexible de 250 milímetros de largo por 120 milímetros de ancho, trazar a 10 milímetros del borde, una línea recta H-I (según figura 7); en el centro de esta línea trazar una perpendicular de 100 milímetros de largo (línea 1-A).

2. Determinar el perímetro del caño de 60 milímetros de diámetro: Diámetro x pi = 60 x 3,1416 = 188,49 milímetros.

3. Dividir este resultado por la cantidad de divisiones que se realizó en la circunferencia del ejemplo (12 espacios): 188,49 ÷ 12 = 15,7 milímetros, valor que corresponderá a la separación entre generatrices.

4. Con el compás de puntas, con una abertura de 15,7 mm, se marcan seguidamente sobre la línea H-I, 6 espacios hacia ambos lados de esta línea, trazando perpendiculares de 100 mm de largo, en cada una de estas marcas.

5. Se controla que el total de los 12 espacios, sea de 188,49 mm (las décimas se pueden obviar, no así los milímetros). Numerar estas perpendiculares sobre la línea H-I, como indica la figura 8.

6. Con una abertura en el compás de punta, igual a la generatriz 1-A, sacada del trazado realizado en la mesa de trabajo, se marca el largo de esta línea, en la futura plantilla.

7. Seguidamente, con el compás de punta, ajustado al largo de la generatriz 2-B, se marcan estas líneas en la plantilla, hacia uno y otro lado de la línea 1-A. Esto es así porque la vista en Planta del trazado realizado, indica solamente la mitad superior del caño.

8. Se debe continuar trasladando los largos de todas las generatrices, hacia ambos lados del centro, no olvidando de identificarlas, según la figura 6.

9. Se unen con el auxilio de una regla flexible todos los puntos marcados con letras, para lograr obtener una curva sinusoide.

10. Se marca con dos puntos, al principio y fin de las generatrices 1-A, 4-D y 7-G para identificar centro y cuartos del caño a cortar.

11. En ambos extremos de la plantilla se marca una pestaña, señalada en la **figura 8**, de aproximadamente 20 mm de ancho, que doblada a 90° hacia fuera, permite ajustar perfectamente la plantilla al caño.

12. Por último, se corta prolijamente la figura, se doblan las pestañas finales, y se tiene la plantilla lista para usar, controlando que al abrazar al caño las pestañas se junten.

No olvidar al marcar el caño con la plantilla, de señalar con dos puntos los centros y los cuartos de ambos trozos de caño, pues son las marcas que indicarán el lugar exacto de unión.

Antes de unir los caños, se debe emparejar y realizar el bisel correspondiente en el corte de unión.

A este tipo de corte se lo conoce como "corte salame"en el vocabulario del oficio.

Controlar con falsa escuadra la inclinación del trazado con la presentación de los trozos de caños punteados.

Los pasos a seguir en la construcción de una plantilla de la misma configuración, pero con otro diámetro de caño, son los mismos, cambiando únicamente los valores de las medidas. También se deja sentado que, como ya se adelantó, al tratarse de caños mayores de 8", las divisiones para lograr las generatrices debe ser mayor (12 divisiones), para que la separación de las líneas paralelas permita realizar una curva prolijamente.

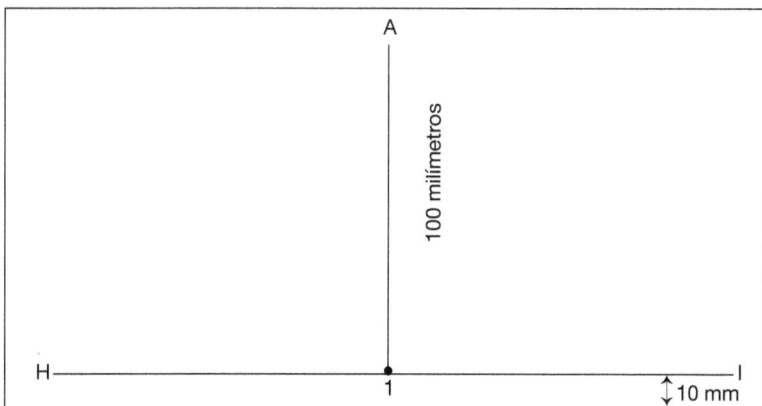

Figura 7   250 milímetros

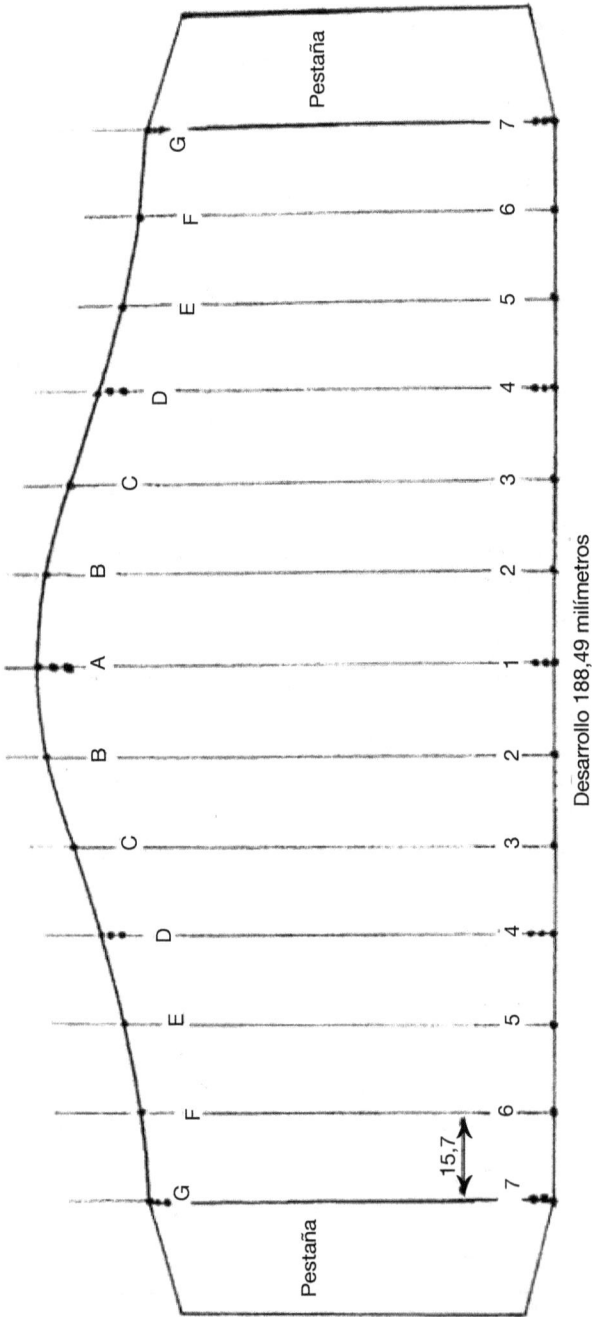

Figura 8

DESARROLLO DE CODO DE 90°, EN GAJOS

Con los conocimientos expuestos en las páginas anteriores, se está en condiciones de avanzar en las prácticas de trazados típicos referidos a cañerías industriales.

Los codos de 90° se construyen en partes denominadas gajos y cabezales; normalmente suelen ser dos de cada una en diámetros de caños hasta 6" y en tres gajos y dos cabezales en caños de mayor diámetro.

Se denomina **gajo** a cada una de las partes mayores en que se ha dividido el trazado, y **cabezal** a los medios gajos de los extremos, para completar una distribución simétrica de estos elementos.

Cuando se quiere conseguir que no se produzca ninguna limitación en la circulación del fluido, o por casos especiales, se construyen codos con más cantidad de gajos o divisiones, o distinto radio, para brindar más suavidad al paso de las sustancias.

El sistema de trazado es idéntico en todos los casos, solamente existe variación en la distribución de los elementos, dentro del límite de los 90°.

Se toma como referencia al codo de 90° radio largo; según Norma ANSI B16.9 su radio es de 1½ diámetro del caño correspondiente, pero como se enunció anteriormente, para casos especiales este radio puede cambiar.

En el ejemplo propuesto, el diámetro del caño es de 60 milímetros (por disposición del tamaño de la hoja de papel), el radio es de 90 milímetros y es desarrollado en dos gajos y dos cabezales.

Como siempre, luego de acondicionar la mesa de trabajo, trazar la línea 0-1 de 120 mm de largo, en el punto 0, trazar una perpendicular de 120 mm, 0-H.

Con una abertura del compás de 90 mm, con centro en 0, se traza un arco desde la línea 0-1, hasta cortar a la línea 0-H, dando origen a los puntos 4 y I, este arco será el centro del codo a desarrollar.

Abriendo el compás a 120 mm, trazar el arco 1-H. Finalmente con una abertura de 60 mm, trazar el tercer arco 7-J.

Proceder a dividir el ángulo de 90° O-7-J, en cuatro partes, de las cuales dos son de 15°, correspondientes a cabezales 7-G y L-J, y dos centrales de 30° que corresponden a gajos G-K y K-L, prolongando estos radios a 130 mm.

Auxiliado con la escuadra rectificada sin talón, se trazan las perpendiculares 1-A y 7-, quedando conformado así el cabezal 1.

Trazar una recta desde el punto A, pasando tangente al arco 1-H en M, cortando en el punto N a la prolongación del radio 0-K.

Se traza una segunda recta desde el punto N, que pasando por el punto Ñ, cortará en el punto P al radio prolongado 0-L.

Para concluir con el trazado de la parte exterior del codo, trazar una tercera línea desde el punto P hasta el punto H.

Para completar de trazar el lado interior del codo, marcar una línea desde el punto G que pase tangente en el punto Q, cortando en el punto N' al radio 0-N.

Continuar trazando una línea desde el punto anterior N', que pasando por el punto R corta al radio 0-P en el punto P'.

Concluyendo con el trazado del cabezal 4, trazar una recta desde el punto P hasta el punto J, quedando de esta manera trazada la distribución de las piezas componentes: 1 y 2 son cabezales, 3 y 4 son gajos.

Para disponer de las generatrices o paralelas y conocer sus dimensiones reales, se procede del siguiente modo:

Trazar una línea perpendicular de 70 mm desde el punto 4 del cabezal 1, a los 40 mm, trazar la línea 1-7 de 70 mm paralela a la línea 0-1. Con centro en 0', trazar una circunferencia de 30 mm de radio, procediendo según lo indicado en *División de Circunferencia de página 182,* uniendo verticalmente los puntos marcados, que al prolongarse hasta el radio 0-A, darán origen a las paralelas 1-A, 2-B, 3-C, 4-D, 5-E, 6-F y 7-G, con que se formará la correspondiente plantilla para marcar el caño a usar.

Por lo que se observa en el trazado de la *figura 9,* los datos reales de las paralelas son resueltos en el cabezal 1; las otras piezas fueron trazadas para completar su distribución y posición en el trazado.

Construcción de la plantilla

Sobre una plancha de material para juntas u otro material flexible, de 230 mm x 100 mm, trazar la línea X- X', en el centro trazar la perpendicular Y-Y'.

Por tratarse de un caño de diámetro igual al ejemplo anterior, cumplir con los pasos 2, 3 y la primera parte del paso 4 de la página 186.

Con una abertura del compás correspondiente a la generatriz 1-A del cabezal 1, trazada en la **figura 9**, y con centro en el punto 1 de la línea X- X' de la futura plantilla, se marcan hacia uno y otro lado, los puntos A en la perpendicular Y- Y'.

Se procede de idéntica forma con las otras generatrices, siguiendo el número y letra que le corresponden, siempre a ambos lados de la línea X- X'. Se continúa luego con las indicaciones de los pasos 9 a 12, consignados en las *páginas 186-187.*

Al trazarse las generatrices hacia ambos lados del centro de la plantilla, se construye la correspondiente a los gajos, ya que los cabezales se logran marcando la mitad de ésta.

Se recomienda presentar y soldar las piezas 1, 2 y 3, por último presentar la pieza 4, controlando con una escuadra que se cumpla con los 90° entre las bocas. Se procede de este modo, por la contracción que ha provocado la soldadura al unir las primeras piezas.

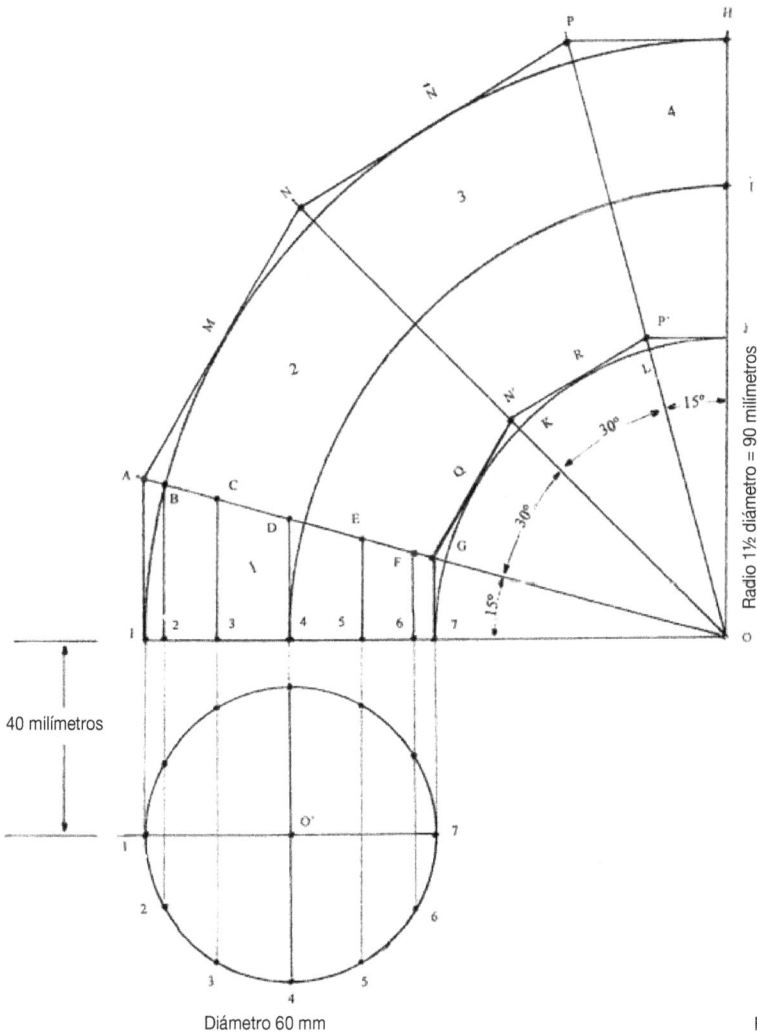

40 milímetros

Radio 1½ diámetro = 90 milímetros

Diámetro 60 mm

Figura 9

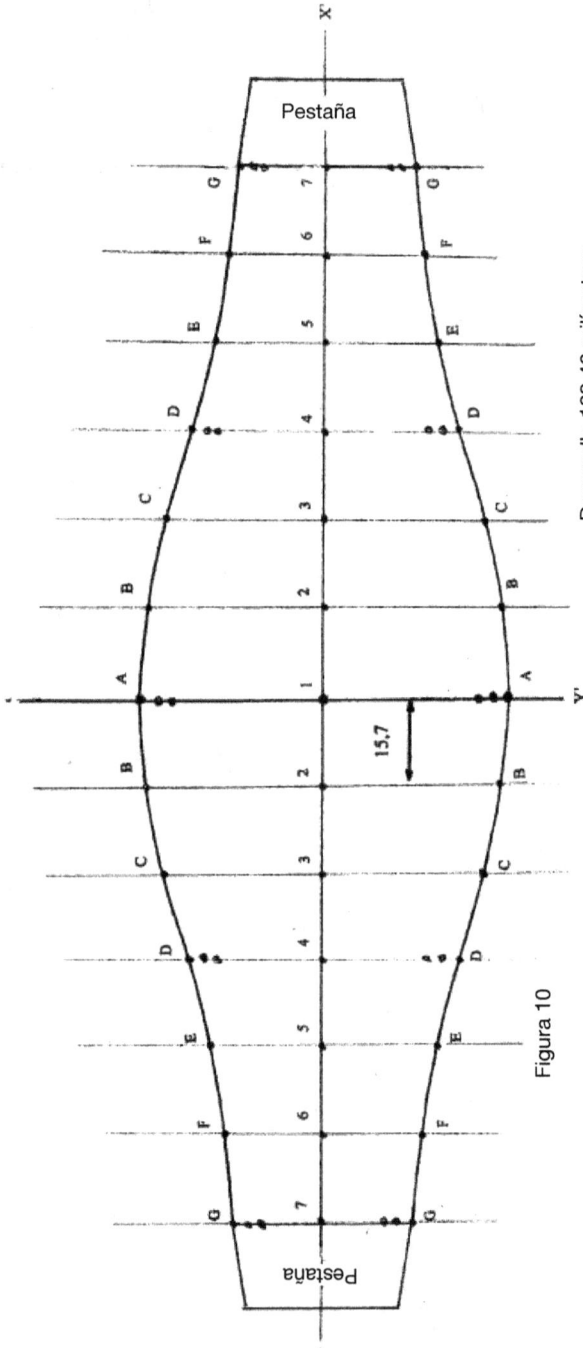

Figura 10

INTERSECCIÓN "TE" A 90°, DIÁMETROS IGUALES

Se denomina intersección, encastre o derivación, al encuentro de dos líneas, superficies o sólidos que se cortan recíprocamente al encontrarse.

Este tipo de trazado se conoce en obra como "boca de pescado", por la similitud del corte del caño con la boca de un pez.

Tiene un uso muy difundido; se emplea en derivaciones de un caño principal de mayor diámetro a otro de diámetro menor, eliminando el empleo, en este caso, al "te" de reducción.

A su vez, este tipo de encastres, ya sea a 90° o inclinados, iguales o distintos diámetros, al ser ubicados en una conducción principal, elimina las soldaduras de unión de un accesorio, realizándose solamente la soldadura que une la "boca de pescado" con el caño principal.

Se comenzará con el desarrollo del primer caso, es decir, una unión de caños a 90° de diámetros iguales, llamada también, "te" normal.

Para practicar todas las situaciones, este trazado, por razones de espacio, está realizado en una escala 1: 2, de manera que los largos de las generatrices trazadas al ser transferidas a la plantilla, deben ser duplicados.

Como se sabe, las dimensiones escritas no se alteran.

Los caños usados como modelo son de 4", cuyo diámetro exterior según la norma correspondiente es de 114,3 milímetros.

Se inicia el trabajo trazando una línea horizontal de 150 milímetros de largo, en el centro, trazar la perpendicular D-4, de 60 mm, consideradas ambas líneas como centros del trazado.

Con centro en D, trazar una circunferencia de 28,5 mm de radio, que luego se dividirá en 12 partes, según el método ya conocido.

Se completa la figura de los caños, trazando sus bornes, el caño A de 150 mm de largo, mientras que el caño B, de 60 mm, como indica la *figura 11.*

Unir el punto G y el punto A con el centro D, marcando así la línea de unión entre ambos caños.

Al unir verticalmente los puntos de la circunferencia y prolongando estas líneas hasta cortar en la boca del caño B, se obtienen las generatrices o paralelas A-1, B-2, C-3, D-4, E-5, F-6 y G-7.

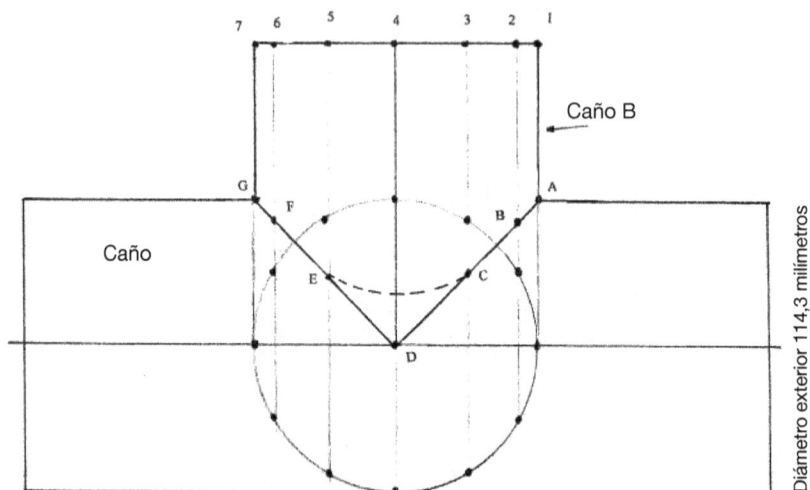

Figura 11   Escala 1:2

Como la línea de unión entre el caño A y el caño B es muy aguda y llega hasta el centro del caño A, originando si se presenta y se une, deformación por contracción producida por la soldadura, se prefiere redondear las puntas trazadas del caño B, como se indica en la figura anterior, con líneas de trazos, para tener en cuenta al trazar la faja plantilla.

Construcción de la plantilla

En material flexible de 400 mm x 150 mm, trazar la línea 4- 4, a 10 mm del borde; en el centro trazar la perpendicular 4-D, de 120 mm (guiarse por la **figura 12**).

No olvidar que se deben duplicar los largos de las paralelas, ya que el trazado de la figura 11, como se dijo, está realizado en escala 1: 2.

La línea 4 - 4, debe tener la dimensión del perímetro del diámetro del caño B que es de 4":

Caño de 4" = 114,3 milímetros de diámetro exterior

Perímetro = 114,3 x 3,1416 = 359,08 milímetros de desarrollo

Dividir el desarrollo en 12 partes:

359,08 ÷ 12 = 29,9 milímetros, cada espacio.

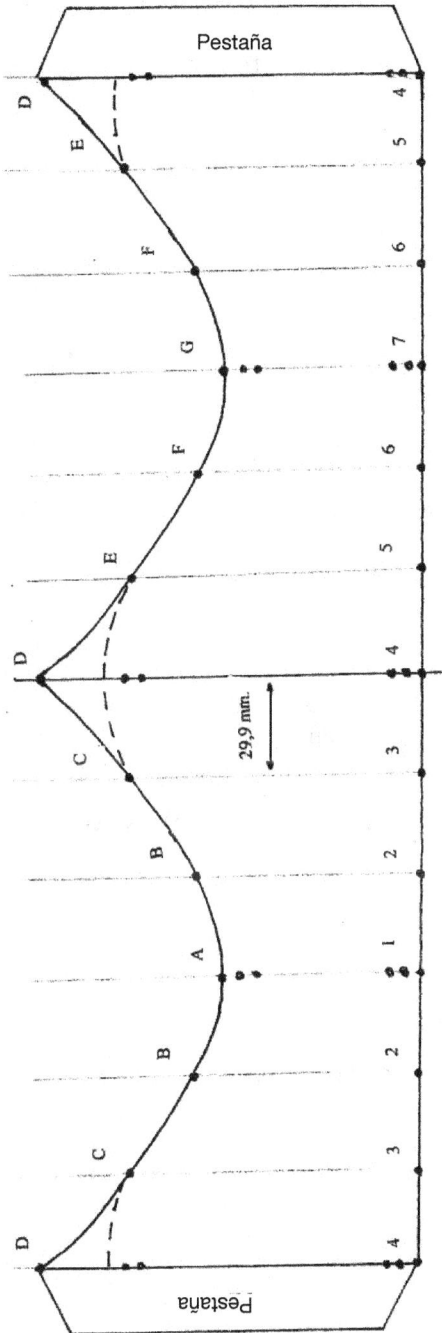

Pestaña

Pestaña

29,9 mm.

Planilla caño B

Desarrollo 359,08 milímetros

Figura 12   Escala 1:2

Marcar las paralelas de las 12 divisiones, en espacios de 29,9 mm cada una, con un largo de aproximadamente 120 mm.

Trasladar las longitudes duplicadas de todas las generatrices, ubicándolas en su posición correspondiente, según su identificación en número y letra.

Con centro en el punto 4, con abertura del compás hasta el punto C, trazar un arco hasta cortar en el punto E, repitiendo medio arco en los extremos, con centro siempre en los puntos 4.

Por último trazar las pestañas en ambos extremos y no olvidar de marcar los centros y cuartos, cortar la plantilla con la cual se abraza el caño correspondiente, el cual se marca y se corta.

Se procede a acondicionar este corte realizado en el caño B, se presenta en la posición ya determinada del caño A, abriendo un poca las curvas en la zona de la generatriz 4- D, para que permita introducir hasta el fondo el caño B, trasladando la figura de la plantilla sobre el caño A, marcando también los centros y cuartos señalados, para hacer coincidir los tramos en la presentación final. Realizar el corte y acondicionar.

Luego de la presentación final, se recomienda controlar la escuadra entre sus bocas luego de puntear.

Antes de soldar, apoyar el caño A, con la boca del caño B, hacia arriba, sobre un trozo de U P N de 4", fijándolo con algunas puntadas de soldadura, para que al realizarse la soldadura final de los caños, especialmente el caño A, no experimente ninguna deformación.

INTERSECCIÓN "TE" A 90°. DISTINTOS DIÁMETROS

Para resolver este trazado solamente se requiere trabajar con las dos bocas de los caños a encastrar, como muestra la *figura 13*.

El modelo comprende un caño de 4", incrustado perpendicularmente por otro caño de 3". El trazado se realiza en escala 1: 2, como en el caso anterior.

Inicialmente se traza la recta D-4 de 190 milímetros de largo, cruzada por una perpendicular de 150 mm a los 70 mm del borde izquierdo, originando en la unión, el punto que será usado como centro para trazar las circunferencias representativas del caño de 4", la mayor y del caño de 3", la circunferencia menor, con sus respectivos radios.

La circunferencia menor se divide en 12 partes, como se hace habitualmente, uniendo estas divisiones y prolongándolas hasta la boca del caño a insertar, ubicada a 120 mm del centro, quedan trazadas las paralelas A-1, B-2, C-3, D-4, E-5, F-6 y G-7, con las cuales se construirá la plantilla correspondiente.

En el material flexible disponible, se traza una línea de 280 milímetros, a la cual se le trazará en el centro, la perpendicular G-7 de 90 mm de largo *(ver figura 14)*.

Se obtiene el perímetro o desarrollo del caño de 3", cuyo diámetro exterior es de 88,9 mm:

Perímetro = 88,9 x 3,1416 = 279,28 milímetros

Resultado que se dividirá en 12 partes: 279,28 ÷ 12 = 23,2 milímetros

Valor correspondiente a la separación entre paralelas a trazar a ambos lados de la perpendicular G-7, que será el centro de la futura plantilla.

Se toman con el compás las dimensiones de las generatrices trazadas, según *figura 13,* trasladándose estos largos duplicados a la posición correspondiente según letra y número, como muestra la *figura 14*. Unir con una regla flexible los puntos terminales de las paralelas, quedando trazada una línea curva ondulante.

Se trazan las pestañas a ambos lados de la plantilla. No olvidar de marcar los puntos indicativos de centros y cuartos, para luego trasladarlos al caño y así establecer coincidencia con los puntos que deben marcarse en el caño mayor.

De esta forma, la plantilla queda lista para usar. Es costumbre de los oficiales cañistas, conservar estas plantillas en el pañol mediante indicación grabada, para ser usadas nuevamente en otra oportunidad por ellos o sus compañeros de tareas.

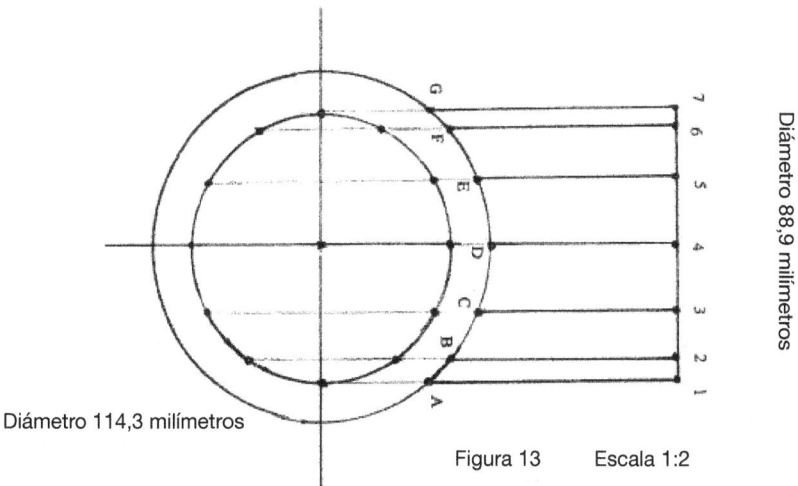

Diámetro 114,3 milímetros

Figura 13   Escala 1:2

Diámetro 88,9 milímetros

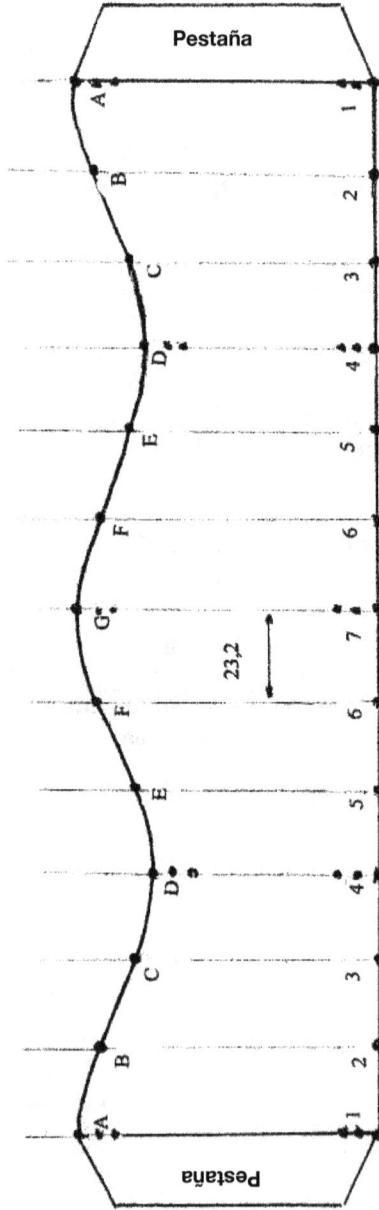

Figura 14   Escala 1:2

INTERSECCIÓN "TE", INCLINADA. DIÁMETROS IGUALES

Se trazarán en primer lugar las líneas designadas como centros del trazado propuesto.

Trazar una línea de 230 milímetros, señalada con los puntos O - 4, como en la *figura 15*.

En el punto D, a los 90 mm, trazar una línea inclinada a 45° de 110 mm de largo.

Es de destacar que la inclinación debe ser la que propone el problema a resolver; en este caso, es de 45°.

Se completa la figura, trazando los bordes y límites de los caños, marcando a 28,5 mm de ambos lados, líneas paralelas a las líneas centrales.

Los límites del caño A, se logran trazando una línea perpendicular en el punto O y otra a 120 mm, en el punto O`, mientras que el largo del caño B, se obtiene trazando una perpendicular con centro en el punto 4, del inserto.

A 60 milímetros del punto O', trazar una nueva perpendicular de 70 mm centrada con la línea O' - 4, fijando de esta manera el centro de la circunferencia de 28,5 mm de radio que se empleará, luego de dividirla en 12 partes, para obtener las paralelas que se necesitan para resolver el desarrollo del caño B.

Con centro en el punto 4, de la línea central del caño A, trazar otra perpendicular de 60 mm de largo, que ejercerá de referencia de las separaciones entre paralelas, que será usada oportunamente.

Se unen los puntos de la división de la circunferencia, prolongándose sobre medio caño A, del lado de la intersección, hasta tocar con la línea límite O; deben también prolongarse estas paralelas hasta tocar en la última perpendicular trazada numerando ésta con los puntos 1, 2, 3, 4,5, 6 y 7.

Utilizando estos puntos como referencia, marcarlos sobre una regla para ser transferidos a la boca del caño B, marcando y numerando estos puntos.

Desde los puntos marcados del 1 al 7, trazar las paralelas hasta cortar en el centro del caño A, que al cruzarse con las paralelas trazadas en la mitad de este caño, establecerán los puntos A, B, C, D, E, F y G, que al unirlos formarán la línea de unión de ambos caños.

De esta manera se obtienen las generatrices o paralelas 1 - A, 2 - B, 3 - C, 4 -D, 5 - E, 6 - F y 7 - G, que serán los datos que se necesitan para realizar el desarrollo de la plantilla que marcará el corte a realizar en el caño B.

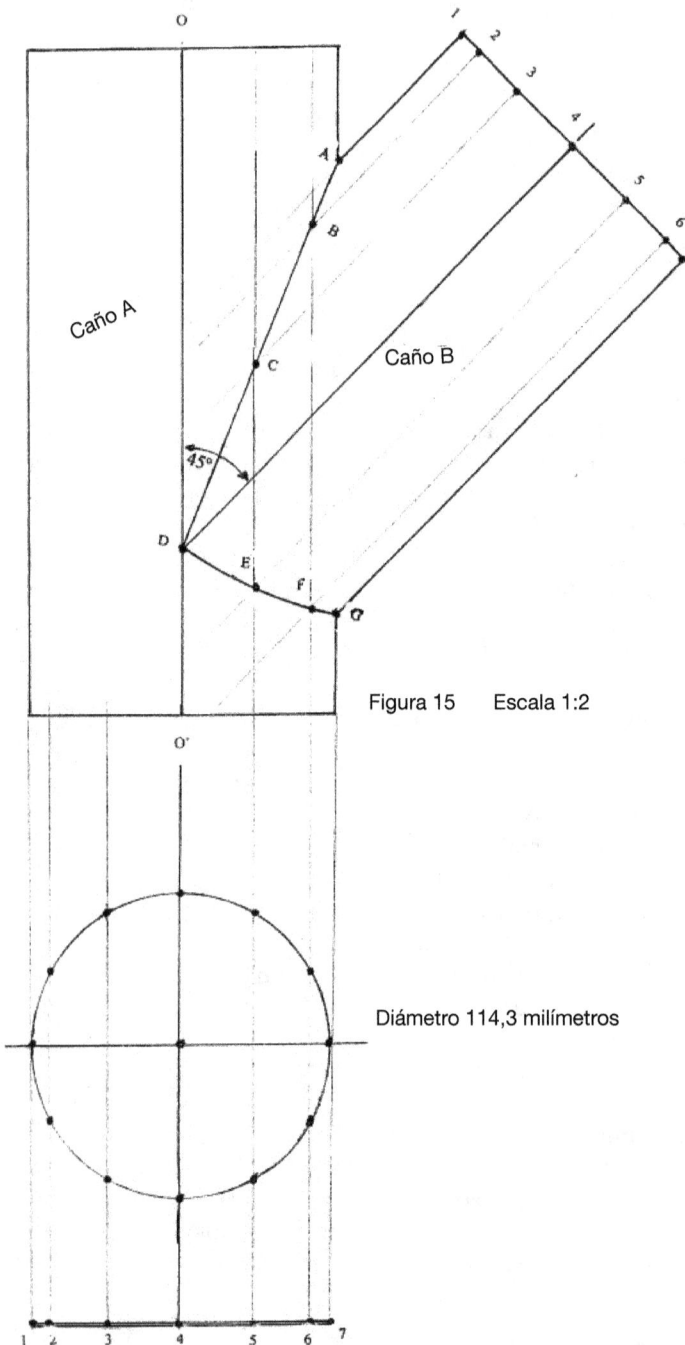

Figura 15   Escala 1:2

Diámetro 114,3 milímetros

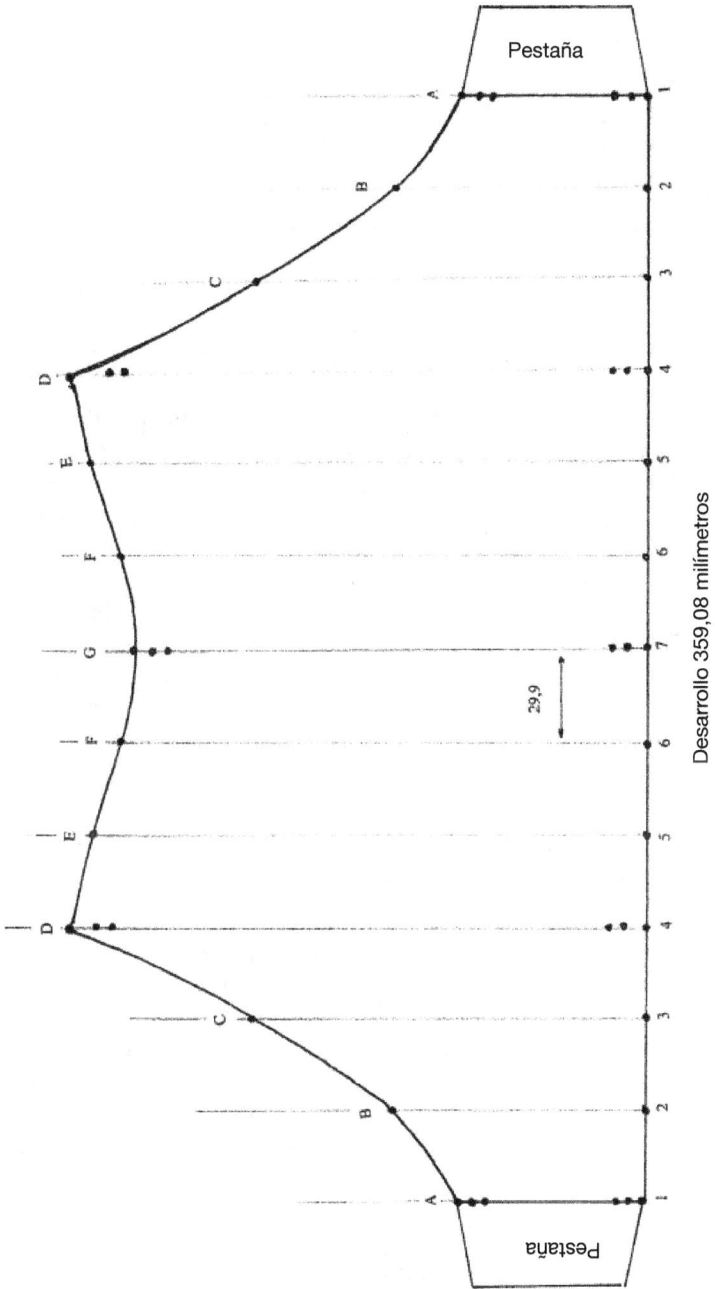

Pestaña

Desarrollo 359,08 milímetros

29,9

Plantilla   Caño B   Figura 16   Escala 1:2

Realización de la plantilla

Como el trazado de la *figura 15 y la plantilla del caño B, mostrada en la página anterior,* se realizaron en escala 1: 2, para que sea usada en el caño correspondiente de 4", se deben duplicar las medidas de las paralelas que serán trazadas en un desarrollo de 359,08 mm, correspondiente a un diámetro de 114,3 milímetros.

Se trazará la plantilla de la *figura 16,* utilizando una línea de base como la línea 1 - 1 de 180 mm.

En el centro, trazar la perpendicular G-7, de 100 mm, posteriormente en espacios de 29,9 mm (correspondiente al resultado de dividir el desarrollo en 12 partes), trazar las perpendiculares representativas de las paralelas faltantes.

Proceder a trasladar con un compás, los largos de las paralelas trazadas sobre el caño B, de la *figura 15,* ubicándolas en el lugar correspondiente, identificándolas con número y letra, según muestra la *figura 16.*

Logrados los puntos superiores, marcados con letras, unirlos con una regla flexible, marcando la línea perfil de la plantilla.

El procedimiento a seguir para completar la construcción de la plantilla que se usará para cortar el inserto B, es idéntico a lo explicado en los casos anteriores.

Es siempre conveniente en todos los trabajos de unión de insertos, colocar punteado para retirarlo luego, un trozo de perfil que cumpla la función de impedir que se produzcan deformaciones al unir por soldadura, este tipo de intersecciones, como se recomendó en *página 196 de este Capítulo.*

INTERSECCIÓN DE CAÑOS DIFERENTES A 45°

Como se señaló en los ejemplos prácticos realizados de insertos inclinados a distintos grados, el sistema usado para efectuar el trazado primario, es idéntico para todos los casos.

Solamente se produce alguna variación, fácil de solucionar, cuando se procura obtener los datos reales, por tratarse de caños de diámetros distintos.

El ejercicio de la página 203 señala la variación mencionada, usada para establecer realmente la línea de unión producida entre los dos caños.

Con sólo observar el trazado propuesto se está en condiciones, por todo lo ejercitado a lo largo de este capítulo, de realizar este trabajo, con mucha seguridad, sin indicación escrita, recomendando principiar con el trazado de los ejes correspondientes.

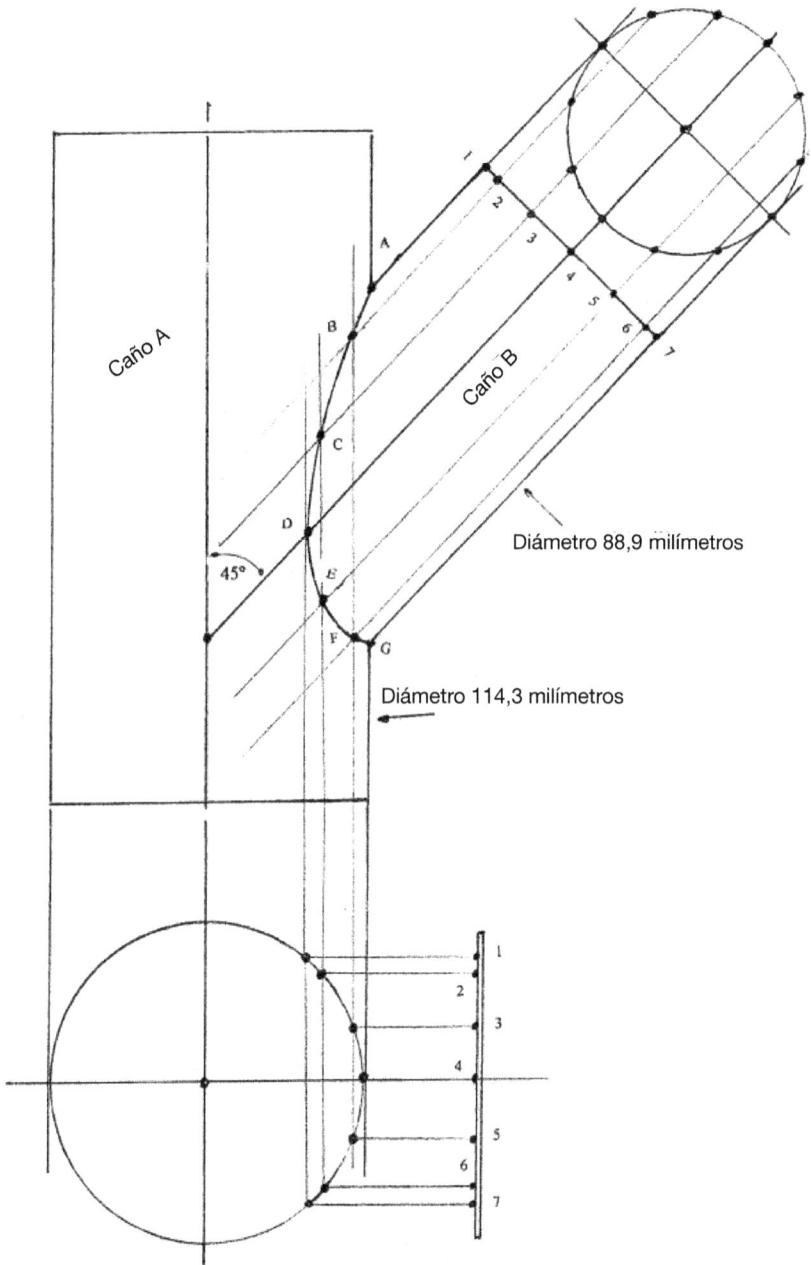

Caño A

Caño B

45°

A
B
C
D
E
F
G

1
2
3
4
5
6
7

Diámetro 88,9 milímetros

Diámetro 114,3 milímetros

1
2
3
4
5
6
7

Escala 1:2

Figura 16 bis

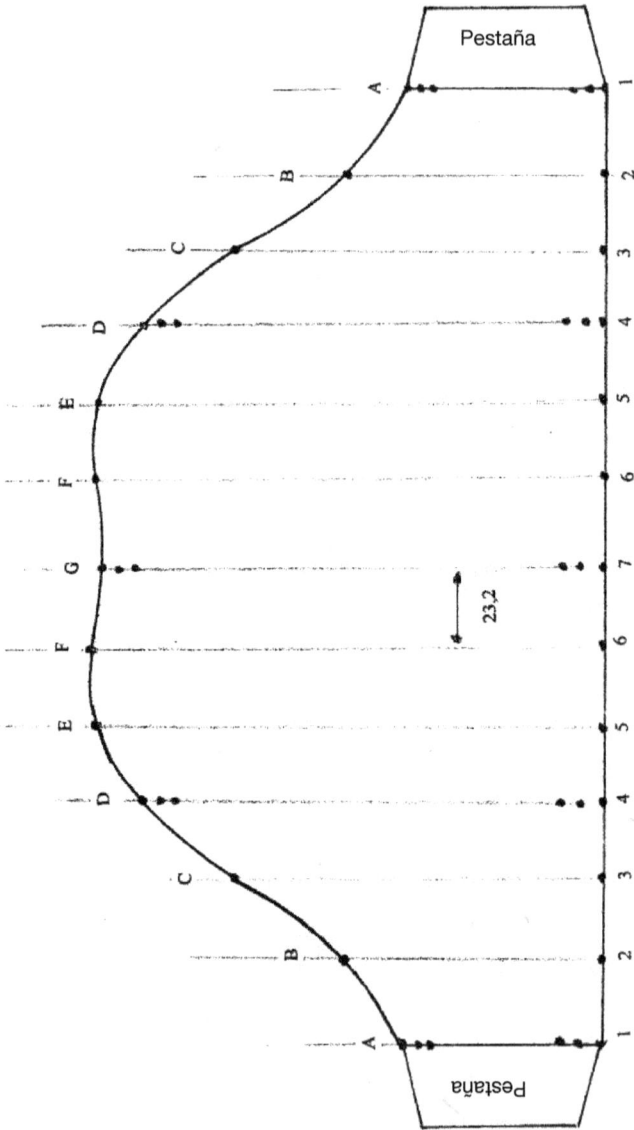

Plantilla Caño B

Desarrollo 279,28 milímetros

Figura 17   Escala 1:2

Luego de dividir la circunferencia menor en 12 partes iguales, proceder a unir los puntos y prolongar las paralelas resultantes hasta el centro del caño A, marcar sobre la línea que representa el largo final del caño B, los números de 1 a 7, que representan el origen a tener presente de las paralelas.

Estos puntos también deben marcarse en una regla, para poder ser trasladados en la posición que se observa en la circunferencia mayor, representativa del diámetro del caño A, donde se marcarán los puntos citados.

Uniendo los puntos marcados 1 y 7, 2 y 6, 3 y 5, prolongándolos hasta superar el trazado del caño B, se ocasionan los encuentros con las paralelas trazadas en el caño menor, dando origen a los puntos A, B,C, D, E, F y G, limitando así la línea de unión y las dimensiones de las generatrices buscadas.

Unir con una regla flexible estos puntos, quedando así el trazado terminado, para ser usado en la construcción de la correspondiente plantilla.

La *figura 17,* muestra la plantilla terminada. Debe tenerse presente que esta faja será usada en el caño propuesto, por lo tanto debe ser realizada en escala natural 1:1.

Como en la vista trazada del modelo, se indica solamente la cara superior, descontando que la otra cara no se observa, por lo que en la plantilla de este ejemplo y de los otros que anteriormente se realizaron, los largos o dimensiones de las paralelas se repiten a ambos de la línea central G-7.

Debe tenerse como norma, usar la paralela más larga como centro de la plantilla, lo que permitirá realizar un ajuste sin problemas, al abrazar el caño para marcar el corte.

Controlar siempre, con una falsa escuadra, antes de soldar los caños, que la inclinación sea la correspondiente comparada con la de la figura trazada.

Seguir con las recomendaciones dadas para todos los casos de encastres, que se realizaron anteriormente.

TRIPLE CONDUCTO

El trazado de un triple conducto, también llamado "pantalón", se realiza trazando primeramente las líneas que se desempeñarán como centros de los caños que integran el conjunto.

En el punto D, del eje del caño A prolongado, trazar a 45° de ambos lados, el centro de los dos caños B.

Continuar trazando las líneas de bordes de los tres caños, a 28,5 mm de cada lado de sus respectivas líneas de centro, hasta tocar en los puntos A, G y J, quedando así formada la línea de unión de los tres conductos.

Con tres perpendiculares se limita el largo de los caños.

Trazar una circunferencia de 28,5 milímetros de radio a 40 mm de la boca del caño A.

Dividir, como de costumbre, esta circunferencia en 12 partes iguales, unir con líneas paralelas estas divisiones, para obtener los puntos 1 a 7, que prolongados logran formar los puntos A, B, C, D, E, F y G, en la línea de unión del caño A.

En una regla se marcan y trasladan a la boca de uno de los caños B, las separaciones y numeración de las paralelas de la boca del caño A.

Trazando desde estos puntos paralelas que lleguen hasta la línea de intersección entre los dos caños B, se da origen, entre otros, a los puntos H, I y J, como se observa en la *figura 18*.

Las plantillas a realizar en este caso son dos, una que corresponderá al caño A, según la *figura 19,* y otra perteneciente a los dos caños B, indicada en la *figura 20,* donde se observa la metodología ya explicada para los casos anteriores.

Cuando se tenga que resolver algún trazado cuyas figuras sean circulares, como en los casos referidos a cañerías, se emplea siempre el sistema paralelo, dado a conocer y practicado en todos los ejercicios de este capítulo, que recomiendo ejercitar habitualmente.

Se sugiere que una vez marcada la línea de corte en el caño principal, apoyando la intersección, realizar el corte a 3 ó 4 milímetros adentro de la marca, luego acondicionar con piedra montada en turbineta.

Se evita así que la intersección se introduzca dentro del caño principal, siendo esto válido para la presentación de todas las intersecciones o derivaciones.

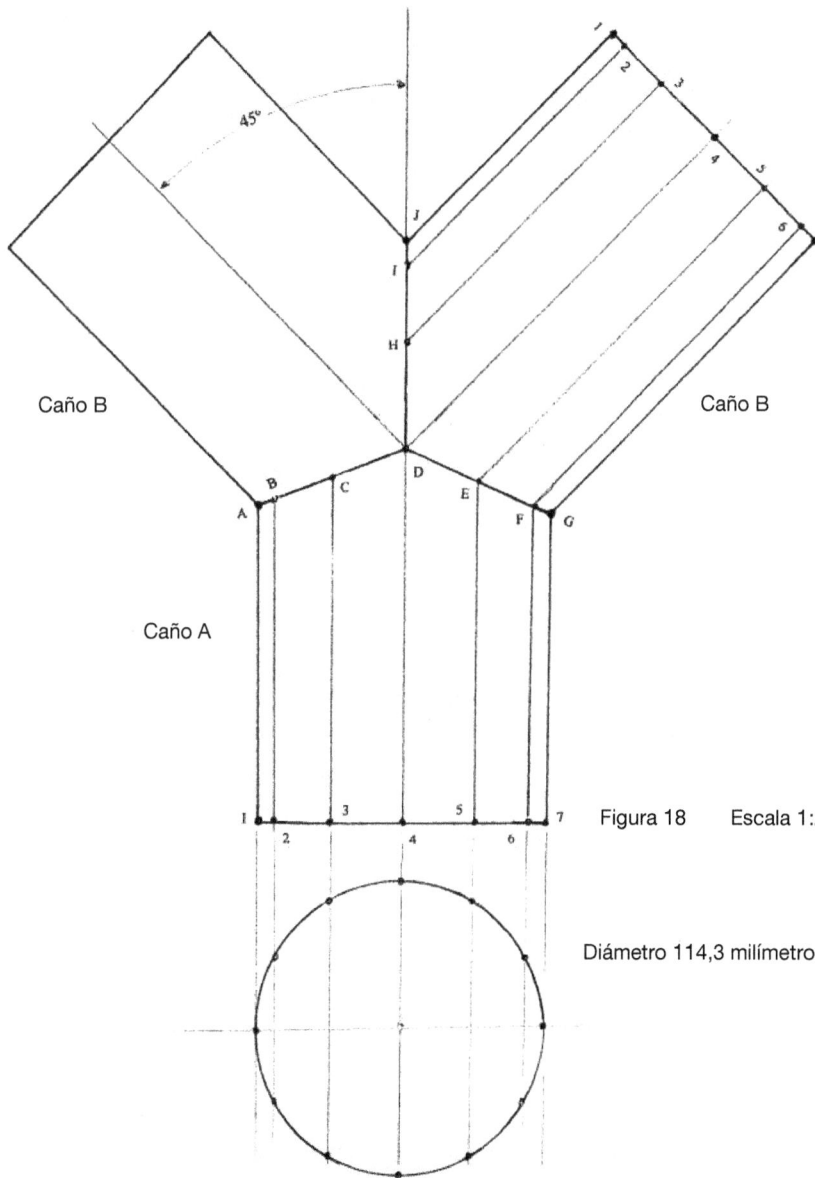

45°

Caño B   Caño B

Caño A

Figura 18   Escala 1:2

Diámetro 114,3 milímetros

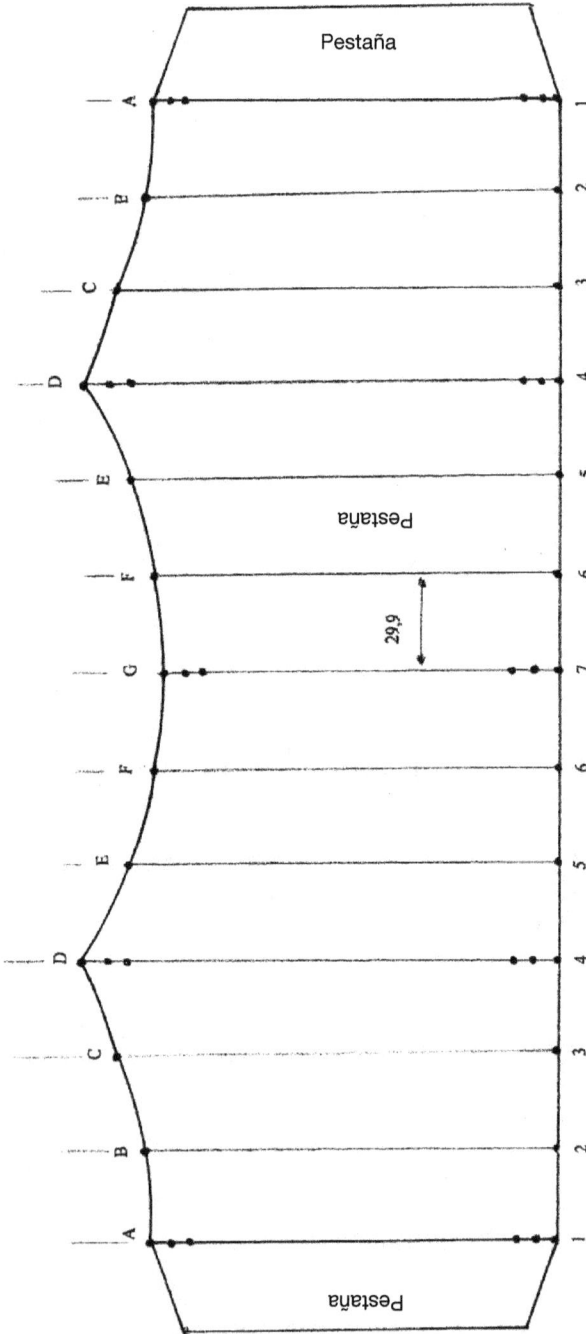

Plantilla caño A   1 pieza   Desarrollo 359,08 milímetros

Figura 19   Escala 1:2

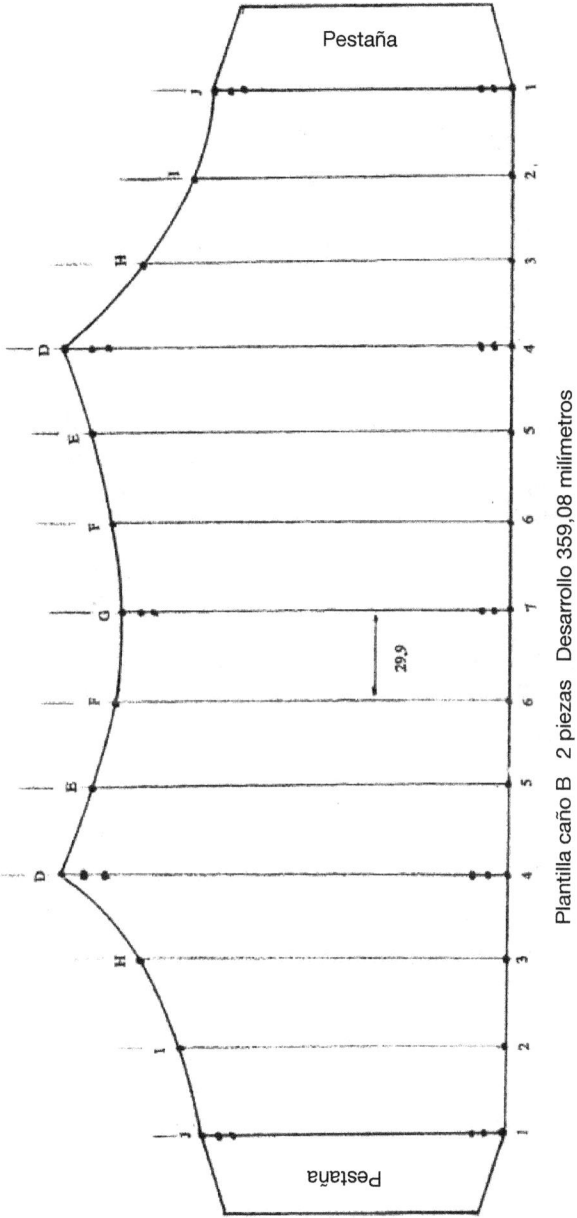

Plantilla caño B   2 piezas   Desarrollo 359,08 milímetros

Figura 20   Escala 1:2

REDUCCIONES

Reducción es una alteración en una tubería, que cumple la función de unir una cañería de diámetro mayor a otra de diámetro menor suavemente, evitando choques violentos del fluido al circular.

Existen accesorios que cumplen con este cometido, como se indica en la página 45 del Capítulo 2 de esta obra, pero no son pocas las ocasiones en que el oficial cañista debe construirlas.

Como se verá a continuación, una reducción puede ser construida partiendo del caño de mayor diámetro, con un sistema de trazado que indicará el material a eliminar, para llegar reducir a un diámetro determinado la boca menor.

Son dos los tipos de reducciones que se presentan, cada una con sus características particulares:

Reducción concéntrica, donde el eje o línea central de la cañería de diámetro mayor está alineada con la línea de centro de la tubería de diámetro menor. Se recomienda su uso para trasladar fluidos de baja densidad, de circulación rápida que evite acumulación por restricción, en el caño mayor.

Reducción excéntrica, donde el centro de la tubería mayor no está en línea con el centro de la cañería menor, formando como base que el interior inferior estén alineados, permitiendo así una libre circulación de fluidos densos. Son especialmente usadas en cañerías que conducen vapor, por permitir la libre circulación del condensado.

Reducción concéntrica

Se mostrará la construcción de una reducción concéntrica de caño de 3", reducido a caño de 2", en escala normal 1:1.

El sistema de trazado es común para ser empleado en la solución de otras reducciones concéntricas con otras medidas de caños o tubos.

Se trazará ayudado de una faja, a 1 ½ diámetro del caño mayor, una línea, que luego será dividida en 5 partes iguales, marcando los puntos 1, 2, 3, 4 y 5.

Caño de 3" = diámetro exterior = 88,9 milímetros
    Perímetro = 88,9 x 3.1416 = 279,28 ÷ 5 = 55,85 milímetros, cada parte.

Se traza desde el punto 1 hasta el borde del caño de 3" una línea generatriz, que será usada como centro del futuro trazado.

En la *figura 21* observamos la manera correcta de trazar una línea recta paralela al borde del caño, con auxilio de un trozo de ángulo apoyado sobre éste.

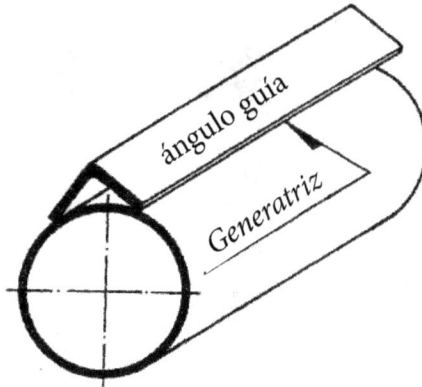

Figura 21 Marcando generatriz

Realizar los cálculos siguientes:

1. Determinar el perímetro de caño menor
   Caño de 2" = diámetro exterior x pi = 60,3 x 3,1416 = 189,43 milímetros

2. Dividir en cinco partes iguales el perímetro del caño menor
   189,43 ÷ 5 = *37,88 milímetros, medida B.*

3. Establecer diferencia de perímetros, entre caño de 3" y caño de 2".
   279,28 - 189,43 = 89,85 milímetros, diferencia.

4. Dividir en cinco partes iguales, la diferencia entre perímetros
   89,85 ÷ 5 = *17,97 milímetros, medida A*

Trazar en la boca del caño de 3", centrada en la línea 1 A, la dimensión de la medida A, uniendo sus extremos en el punto 1, como muestra la *figura 22* en la vista Elevación.

Los sectores marcados oscuros representan al material a eliminar.

Se marcan las medidas B y A de manera alternada, como se observa en la vista Planta, uniendo sus extremos con rectas inclinadas en los puntos 2, 3, 4, y 5.

Cortar el material marcado en negro, amolar y biselar.

Cortar un disco en chapa negra de ½"a ¾", del diámetro interior del caño de 2", que servirá de apoyo a los gajos al ser doblados calentándolos con un soplete, sobre la zona marcada en los puntos 1 a 5.

El trabajo terminado puede verse en la **figura 23**, en sus vistas Planta y Elevación.

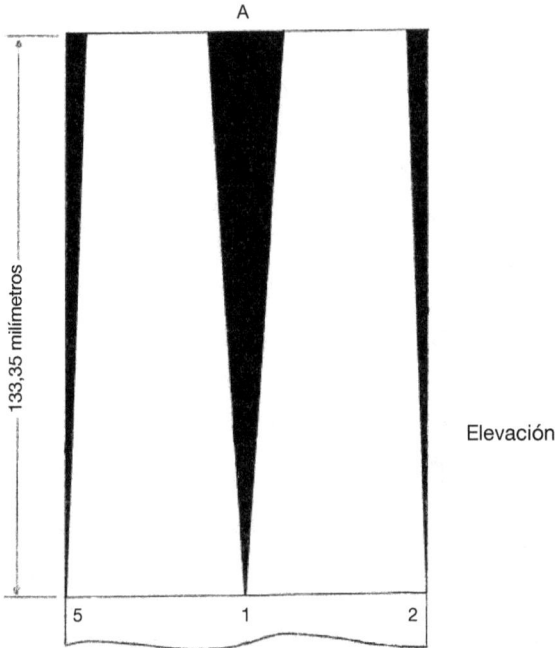

A

Elevación

133,35 milímetros

5   1   2

Figura 22 Escala 1:1

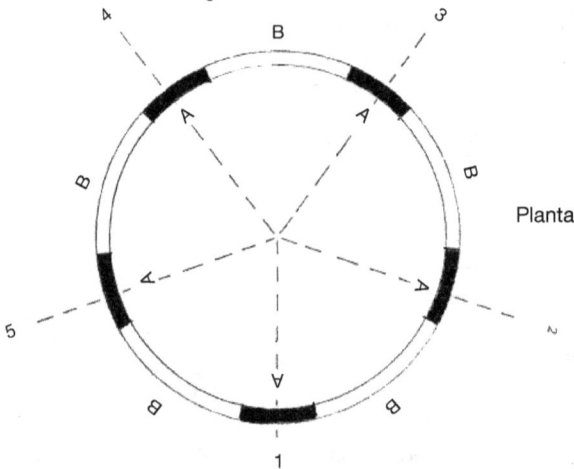

B

Planta

5   1   2

Diámetro 60,3 milímetros

Disco de apoyo

133,35 milímetros

5   1   2

Elevación

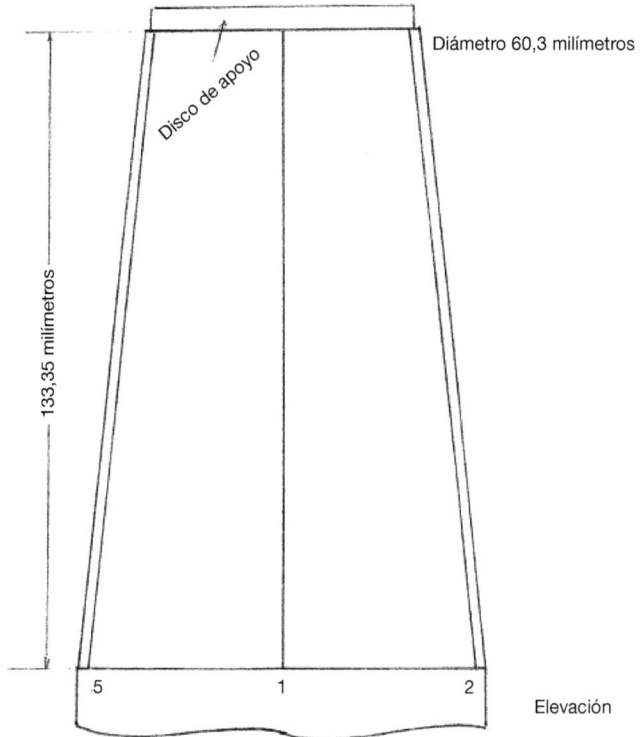

Figura 23 Escala 1:1

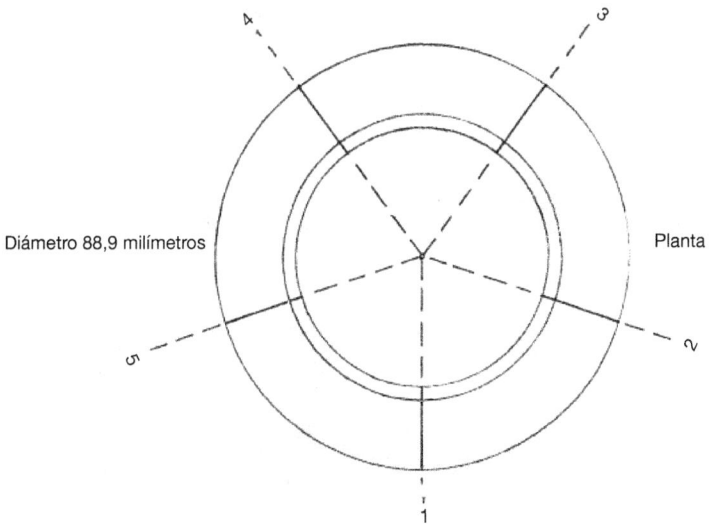

Diámetro 88,9 milímetros

Planta

Reducción excéntrica

Este trabajo se realiza sobre un caño de 3", reduciendo su salida en otro de 1½", desarrollado en estos diámetros por la limitación en el tamaño del papel utilizado.

Pero, como se manifiesta reiteradamente, el sistema es común para ser usado con otras combinaciones de diámetros de cañerías.

En primer lugar se traza empleando una faja, una línea que cumplirá la función de establecer el largo de la reducción, de 1 ½" diámetro exterior del caño mayor, más 6 milímetros, sumados como incremento. Ver punto x, vista en Elevación de *figura 24*.

Caño de 3" = diámetro exterior 88,9 milímetros
88,9 x 1,5 = 133,35 + 6 = 139,35 milímetros

Esta línea trazada se divide en siete partes iguales, logrando los puntos 1 a 7.

Usando como centro del trazado al punto 4, marcar una línea recta hasta la boca del caño de 3", procediendo luego a calcular y marcar en posición indicada, los valores o datos necesarios para su exacta construcción:

– Perímetro del caño mayor
  Caño de 3", diámetro exterior = 88,9 milímetros
  Perímetro = diámetro exterior x pi = 88,9 x 3,1416 = *279,28 milímetros*
– Perímetro del caño menor:
  Caño de 1 ½", diámetro exterior = 48,3 milímetros
  Perímetro = diámetro exterior x pi = 48,3 x 3,1416 = *151,73 milímetros*
– Diferencia entre perímetros
  279,28 - 151,73 = *127,55 milímetros*

El sistema a usar indica, además, resolver los siguientes cálculos:

A = 1/8 de perímetro de caño menor
   151,73 ÷ 8 = *18,96 milímetros*

B = 3/12 de diferencia entre perímetros
   127,55 ÷ 12 = 10,62 x 3 = *31,88 milímetros*

C = 2/12 de diferencia entre perímetros
   10,62 x 2 = *21,24 milímetros*

D = 1/12 de diferencia entre perímetros
   <u>10,62 milímetros</u>

Con estos valores, se procede a marcar sobre la boca del caño de 3", centrada en la línea recta trazada anteriormente desde el punto 4 a x', la dimensión A tres veces

$$18,96 \text{ x } 3 = 56,88 \text{ milímetros.}$$

Continuar marcando los otros valores en la posición que indica la *figura 24,* en su vista en Planta.

Las partes marcadas en negro corresponden al material a suprimir.

Se recomienda realizar las marcas usando cinta métrica exteriormente, porque se está trabajando con valores de arcos.

Unir, trazando líneas rectas desde los finales de los gajos marcados hasta el punto o número correspondiente, según indica la misma *figura 24,* en su vista en Elevación.

El largo real de cada línea que forma el gajo a mantener, es obtenida de la vista en Elevación de la *figura 25,* ocupando la zona de incremento la línea que forma el gajo x x -

1 A, que por su inclinación es el más largo.

Continuar trazando los gajos faltantes, obteniendo su dimensión en la figura citada.

Cortar eliminando las partes marcadas en negro, amolar y biselar.

Como se procedió con la reducción concéntrica, preparar en chapa negra de ¾" un disco de diámetro interior del caño menor, que se utilizará de apoyo al bajar y unir los gajos, proceso que se logra al calentar la zona de la línea x 4, con un soplete oxiacetilénico.

La *figura 25* en sus dos vistas, Planta y Elevación, muestra el trabajo terminado.

Los trazados típicos incluidos en este capítulo son los que con más demanda se solicitan en obra. Recomiendo practicarlos frecuentemente, para tener siempre presente su realización.

Las explicaciones que se han dado en cada ejercicio están elaboradas de la mejor forma para que sean interpretadas, retenidas y aplicadas con facilidad.

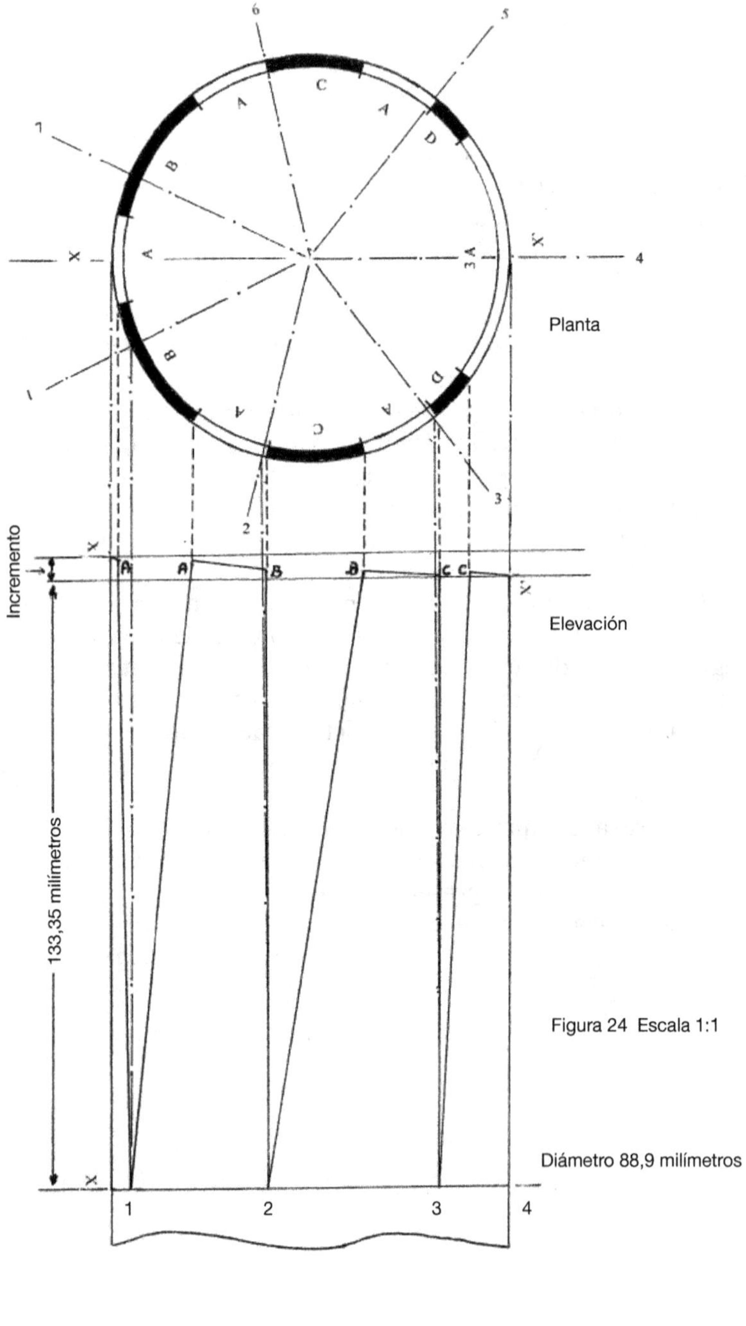

Planta

Elevación

Figura 24 Escala 1:1

Diámetro 88,9 milímetros

Incremento

133,35 milímetros

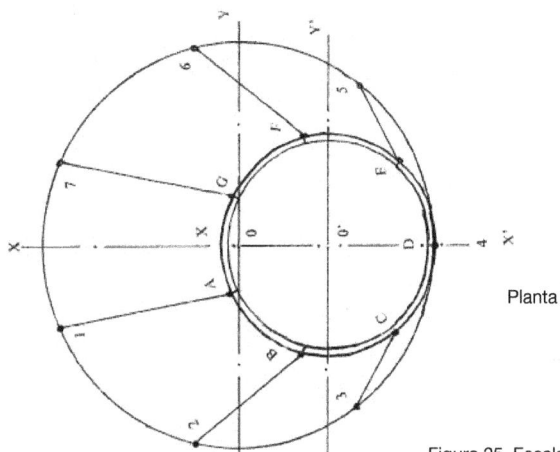

Planta

Figura 25 Escala 1:1

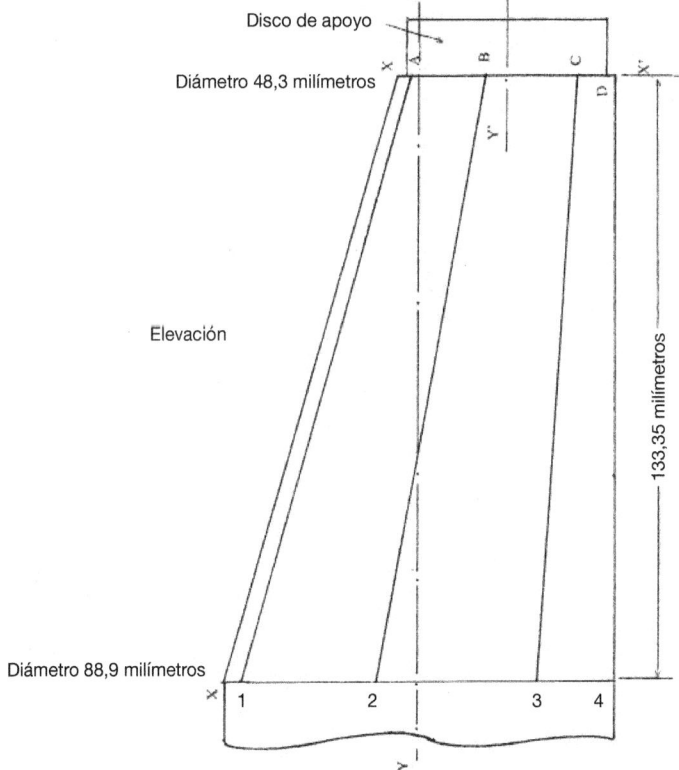

Disco de apoyo

Diámetro 48,3 milímetros

Elevación

133,35 milímetros

Diámetro 88,9 milímetros

Capítulo 7

ESCUADRADO DE CAÑERÍAS

APLICACIONES PRÁCTICAS

En este capítulo se conocerán y resolverán algunos problemas que suelen presentarse al oficial cañista, el que debe aplicar los conocimientos adquiridos en los capítulos anteriores
para poder lograr una solución rápida, perfecta y de calidad.

Uno de los problemas que surgen con bastante regularidad es el escuadrado de las cañerías, cuando se está construyendo una configuración de éstas.

Para poder realizar este trabajo con efectividad, se debe conocer el procedimiento para calcular diagonales, tanto de una figura rectangular como de una figura cuadrada. *Ver páginas 167 a 169 del Capítulo 5,* que nos indica aplicar la fórmula N° 3 para resolver el valor de la diagonal C de la figura 2, siguiendo los siguientes pasos:

1. Apoyar el caño A sobre caballetes regulables y nivelarlo.

2. Ensamblar a este caño, un codo de 90° radio largo o radio corto, punteando los cuatro centros.

3. Montar sobre caballetes, nivelar y ensamblar caño B con codo de 90°, punteando solamente los centros superior y inferior, para poder desplazarlo horizontalmente.

4. Marcar los centros superiores de ambos caños.

5. Marcar desde el centro del codo de 90°, punto 0, la distancia Y de cualquier medida, punto 1 del caño fijo A. Para conocer el centro del codo, recurrir a la tabla de la *página 38 del Capítulo 2,* columnas AL o AC.

6. Partiendo del centro del codo de 90°, punto 0, sobre el caño móvil B, marcar la distancia Y', mayor que la distancia Y, en el punto 2.

7. Con los valores de las dos distancias, completar la fórmula N° 3, para obtener el valor de la diagonal C *(figura 1).*

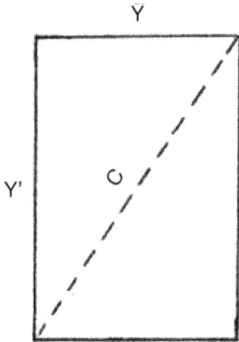

$$\sqrt[2]{Y^2 + Y'^2} = C$$

c = Diagonal de figura rectangular   Figura 1

8. Con una cinta métrica, con centro en el punto 1, se hará coincidir el valor de la diagonal C, con el centro superior marcado en el caño móvil B, en el punto 2.

9. Para cumplir con este paso, es necesario desplazar horizontalmente este caño, como indica la flecha de la *figura 2*.

10. Por último, puntear los centros laterales y colocar punteado, un trozo de perfil en diagonal, evitando así, que el escuadrado varíe al proceder a soldar las juntas codo-caño.

De esta forma se ha resuelto el problema, aplicando el Teorema de Pitágoras para resolver el valor de la diagonal de una figura rectangular, formada por los lados Y – Y'.

Como alternativa presento la manera más usada por los oficiales cañistas, por su practicidad, evitando retener o memorizar fórmulas matemáticas.

Se debe establecer el valor de la diagonal de una figura cuadrada, de la forma que indica la *figura 2,* en su diagonal D.

Realizar los pasos 1 a 5, vistos anteriormente y continuar con los pasos:

A) Marcar desde el centro del codo de 90°, punto 0, la distancia X en el centro del caño Fijo A, punto 3, con cualquier dimensión.

B) Marcar en el centro del caño móvil B, a partir del centro del codo de 90°, punto 0, la misma distancia X, en el punto 4, dimensión que se identificará como X'.

C) Tomando el valor de una cualquiera de las distancias marcadas, se multiplica por 1,414 para establecer el valor de la diagonal D.

$$X \times 1,414 = D \text{ (diagonal)}$$

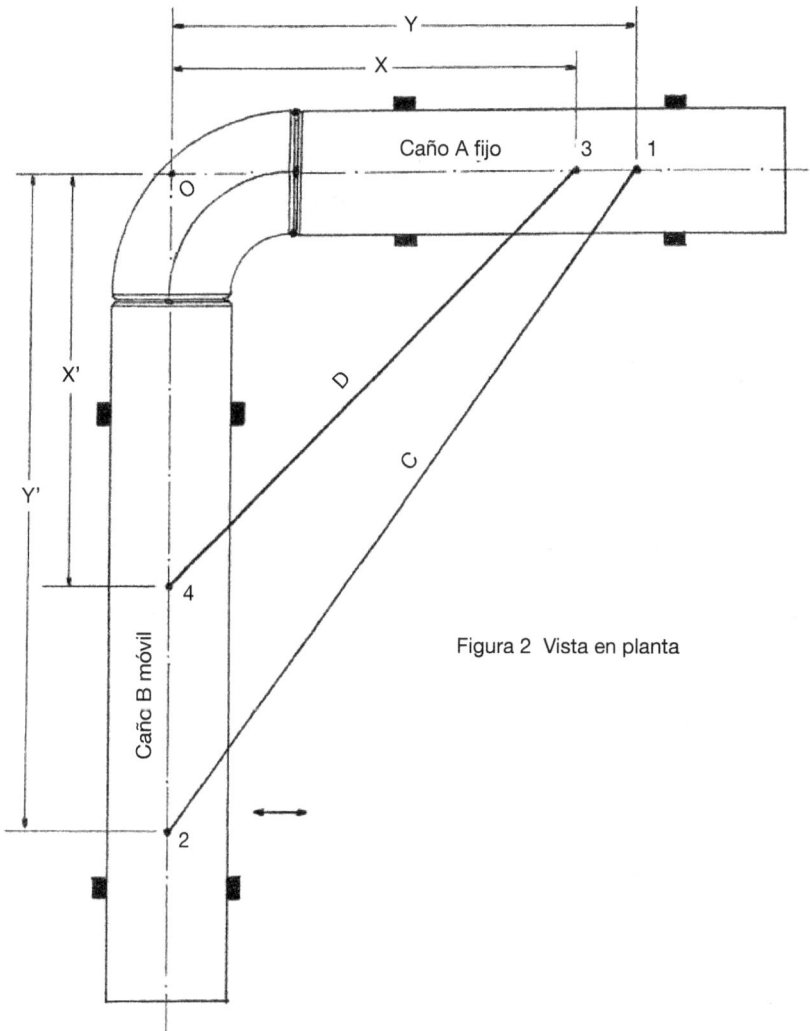

Figura 2 Vista en planta

D) Con una cinta métrica, con centro en el punto 3, se hará coincidir el valor de la Diagonal D, en el centro superior punto 4, del caño móvil B.

El proceso se completa con los pasos 9 y 10, anteriormente descriptos.

De esta forma queda resuelto el problema, aplicando la diagonal de una figura cuadrada, formada por los lados X – X'.

El número 1,1414 es el resultado de la fórmula N° 3 (Pitágoras), en un cuadrado que tiene por lado 1 milímetro, resultando finalmente el cuadrado del número 2 = 1,1414. Este valor será usado como fijo en toda operación relacionada con la búsqueda de diagonales de figuras cuadradas. En la *figura 3* se tiene el detalle de esta operación.:

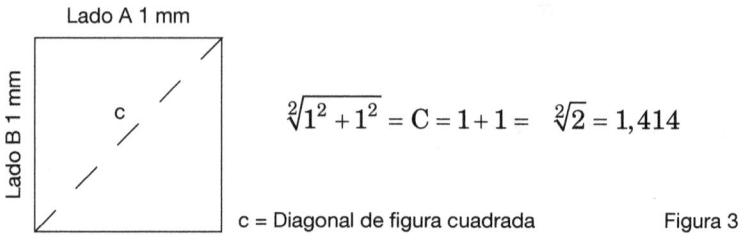

Lado A 1 mm

Lado B 1 mm

$$\sqrt[2]{1^2 + 1^2} = C = 1 + 1 = \sqrt[2]{2} = 1,414$$

c = Diagonal de figura cuadrada   Figura 3

También puede resolver este problema por intermedio de trigonometría, como se demuestra a continuación, en la *figura 4* y fórmulas correspondientes:

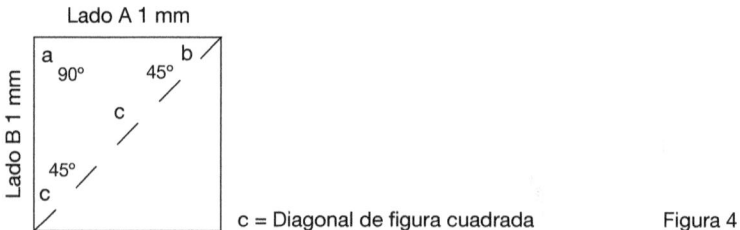

Lado A 1 mm

Lado B 1 mm

a   90°   45°   b

c

45°   c

c = Diagonal de figura cuadrada   Figura 4

Ver páginas 174 y 175, del Capítulo 5.

$$\text{Lado C} = \frac{A}{\cos.b} = \frac{1}{0,7071} = 1,1414$$

$$\text{Lado C} = \frac{B}{\text{Sen.b}} = \frac{1}{0,7071} = 1,1414$$

TRAZAR ÁNGULOS CON AYUDA DE LA TANGENTE

Este método es de gran utilidad para el trazado de ángulos de cualquier amplitud, sin auxilio del transportador o del goniómetro.

Para realizar, por ejemplo, el trazado de un ángulo de 25°, se procede como se indica en la *figura 5*.

En el punto E de la línea horizontal A E de 200 milímetros, se levanta la perpendicular E D, siendo su longitud el producto de multiplicar la dimensión de la horizontal A E, por el valor de la tangente de 25°.

E D = AE x tg de 25° = 200 x 0,4663 = 93,26 milímetros

Uniendo el punto D conseguido, con el punto A, queda trazado el ángulo de 25° del ejemplo.

El valor de la tangente del ángulo solicitado, se obtiene en las tablas de funciones trigonométricas o en una calculadora científica de bolsillo.

La dimensión de la recta horizontal A E, puede ser cualquiera.

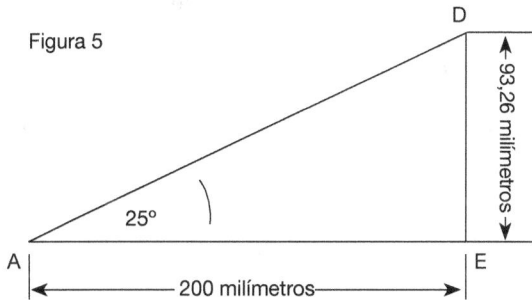

Figura 5

Seguidamente, como revisión, se repiten las figuras correspondientes a *"Elementos de la circunferencia"* y *"Definición de líneas goniométricas"*, de las páginas 168 a 171 del Capítulo 5.

Elementos de circunferencia

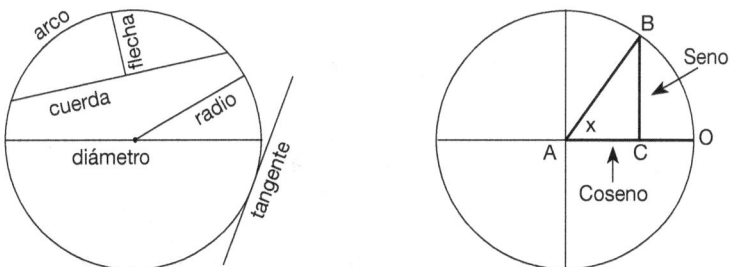

Radio   = 1 - la línea A-B
Seno   = la línea B-C
Coseno   = la línea D-E
Cotangente = la línea G-H
Secante   = la línea A-D
Cosecante = la línea A-G

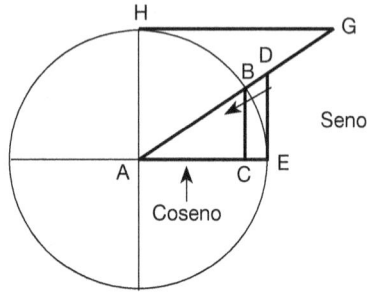

Se observa que la composición de la figura 5 es similar a la ordenación usada para establecer las líneas goniométricas, recordando que la línea horizontal A E correspondiente al radio de origen de la circunferencia, es tomada como un lado del ángulo.

El otro lado del ángulo propuesto es la línea secante A D, que según la extensión de la tangente E D, permitirá establecer su amplitud.

Con este procedimiento se pueden trazar ángulos fraccionados en sus minutos y segundos, si se necesitan con mucha precisión, consiguiendo resultados exactos.

La *figura 6* confirma lo expuesto:

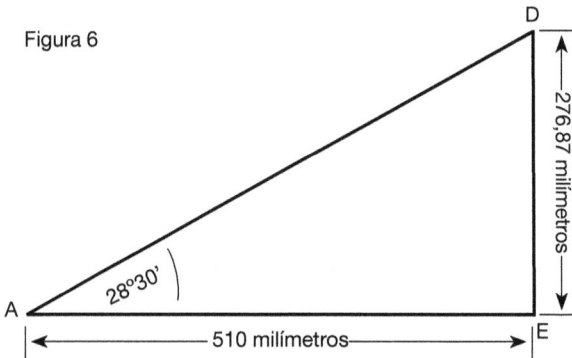

Figura 6

E D = A E x tg. 28° 30' = 510 x   0,5429 =   276,87 milímetros

DISTRIBUCIÓN DE AGUJEROS EN LAS BRIDAS

Para calcular la separación o espacio entre agujeros de una brida, se debe conocer primeramente el radio de la circunferencia donde se ubicarán estos agujeros, así como también la cantidad de los mismos.

No cometer el error de dividir el perímetro de esta circunferencia por la cantidad de agujeros solicitados, que nos dará como resultado el valor de un pequeño arco, ya que no representa realmente al espacio exacto requerido.

Para lograr que este trabajo sea realizado correctamente, se tiene que calcular el valor de la <u>cuerda</u> que corresponde a la extensión del espacio entre agujeros.

La cuerda de un arco dado se determina mediante la fórmula:

2 radios x seno de semiángulo =

Como primer ejemplo práctico, presento la solución de la brida N° 1, según *figura 7*.

Nos solicitan marcar 8 agujeros en una brida ciega, cuyos centros están ubicados en una circunferencia de 70 milímetros de radio.

Realizar los siguientes pasos:

1. Grados que corresponden a la división:
   360° divididos 8 agujeros = 45° (grados del ángulo).

2. Dividir en dos los grados anteriormente calculados:
   45° ÷ 2 = 22° 30' (grados del semiángulo).

3. Buscar en las tablas correspondientes, el valor del seno del semiángulo:
   seno de 22° 30' = 0,3926.

4. Aplicar la fórmula recomendada:
   70 x 2 x 0,3826 = *53,56 milímetros, valor de la cuerda.*

5. Marcar en la circunferencia de centros de agujeros, con un compás de punta, el valor de la cuerda hallada.

6. Puntear en estas marcas y agujerear con la broca correspondiente.

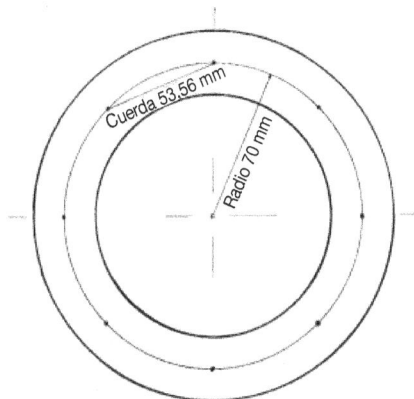

Figura 7   Brida N° 1 (8 divisiones)

Segundo ejemplo práctico

Brida N° 2 - 6 divisiones. *Figura 8*

Datos:
- Radio de centro de agujeros: 50 milímetros.
- Grados del ángulo de la división: 360° ÷ 6 = 60°.
- Grados del semiángulo: 60° ÷ 2 = 30°.
- Seno del semiángulo: 0,500.
- Aplicación de la fórmula: 2 radios x 0,500 =

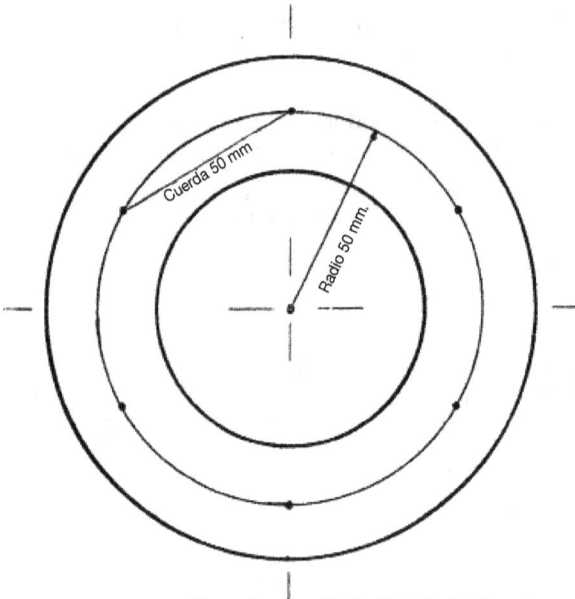

Figura 8   Brida N° 2 (6 divisiones)

50 x 2 x 0,500 = *50 milímetros de cuerda*

Tercer ejemplo práctico

Brida N° 3 - 10 divisiones. *Figura 9*

Datos:
- Radio de centro de agujeros: 65 milímetros.
- Grados del ángulo de la división: 360° ÷ 10 = 36°.

- Grados del semiángulo: 36° ÷ 2 = 18°.
- Seno del semiángulo: 0,3090.
- Aplicación de la fórmula: 65 x 2 x 0,3090 = *40,17 milímetros de cuerda.*

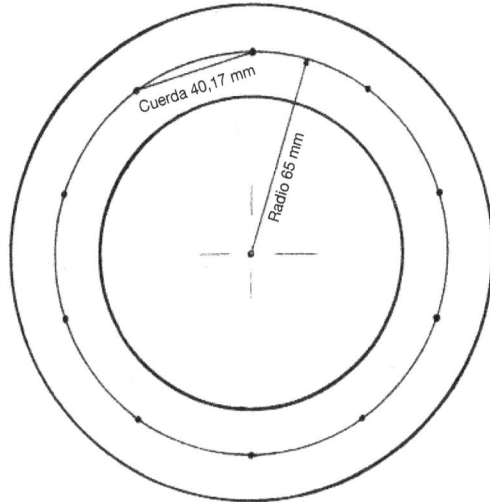

Figura 9   Brida N° 3 (10 divisiones)

MODELO DE GRAMIL ESPECIAL

En la *figura 10* se presenta el modelo de un gramil de fácil construcción para ser utilizado en la preparación de los cortes de intersecciones, directamente sobre los caños.

Este gramil es muy usado por los oficiales cañistas que trabajan en mantenimiento o en las clásicas "paradas", donde el tiempo es factor principal para realizar los trabajos rápidamente, evitando la demora que significaría realizar el trazado para la correspondiente plantilla.

El gramil se construye sobre una planchuela de hierro de 1 ½" x ¼", de forma según la figura 10, donde se indica que mediante un tornillo regulable de 5/16", con punta afilada, se puede realizar la marca 1 sobre el caño B, y con el filo de la punta del gramil se efectúa la marca 2 sobre al caño A, girando alrededor del caño B, como indica la *figura 11.*

Es conveniente preparar con tiza húmeda las zonas de las marcas, para que se destaquen y sean bien visibles al realizar los cortes.

También se recomienda colocar un apoyo punteado, para poder mantener el caño B en la posición solicitada.

En la figura 11 se puede ver un ejemplo de cómo usar este gramil especial.

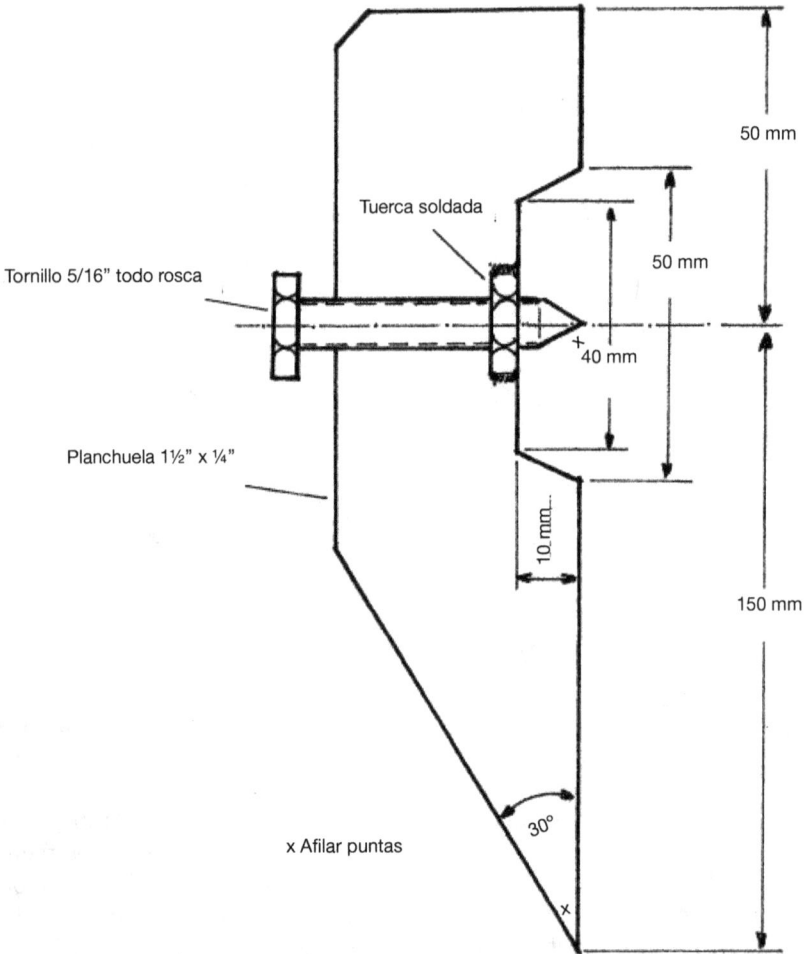

Figura 10

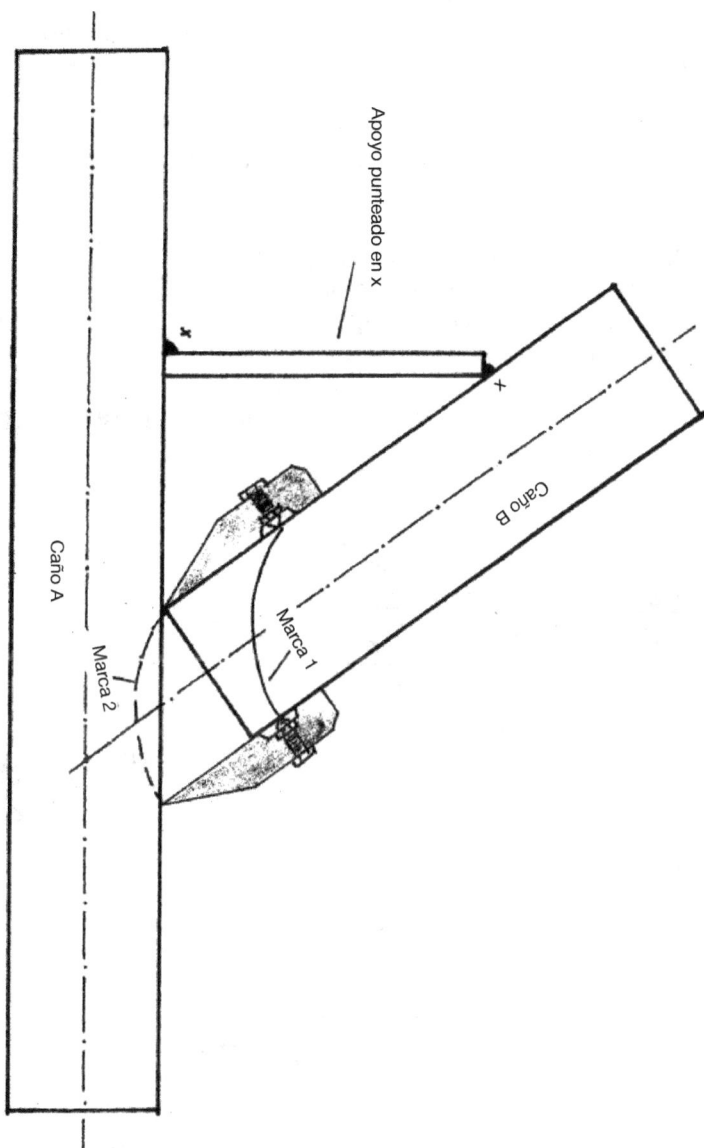

Figura 11

TRAZAR CENTRO DE CAÑO

Como primer paso, el oficial cañista marca en el nivel el centro de la gota horizontal, como puede observarse en la *figura 12*.

Luego en uno de los extremos del caño, apoya y equilibra el nivel marcado sobre el borde de éste, trasladando la marca del centro de la gota al caño, trazando la marca 1, como se indica en la *figura 13*.

A continuación realiza la misma operación sobre el otro extremo del caño, sin que éste se mueva, señalada en la *figura 13* como marca 2.

Seguidamente, con un hilo entizado, tensado y sujeto en ambas marcas, izándolo aproximadamente por el centro, de forma que al soltarlo y golpear sobre el caño, marque el trazo.

Con este procedimiento se pueden trazar centros de caños ubicados en cualquier posición, porque lo que se consigue es establecer como tangente al borde del caño, la línea de horizonte, representada por el centro de la gota horizontal del nivel.

Se recomienda entizar las zonas a marcar, para su mejor visualización.

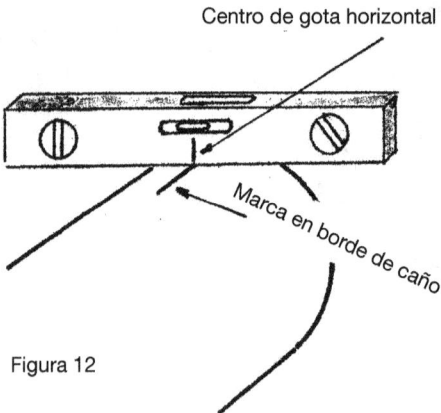

Centro de gota horizontal

Marca en borde de caño

Figura 12

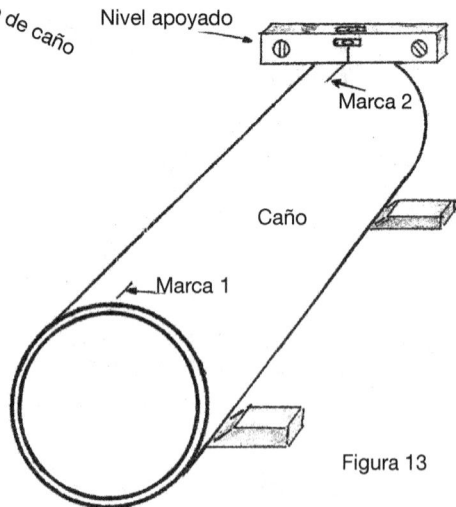

Nivel apoyado

Marca 2

Caño

Marca 1

Figura 13

MARCAR "BOCA DE PESCADO"

Cuando por razones de emergencia en que no se dispone de tiempo para realizar el trazado de una plantilla para construir una " boca de pescado", se tiene la alternativa de marcar los cortes directamente en el caño de la intersección, con auxilio de un semicírculo flexible, procediendo del modo siguiente:

En primer lugar, sobre el caño a usar para realizar la intersección, se marcan los cuatro centros aproximadamente en un largo de 200 milímetros, como indica la *figura 14*.

Se los numera del 1 al 4.

Luego se construye una plantilla de cartón, material para juntas o cualquier material flexible, con forma de un círculo del tamaño igual al diámetro exterior del caño al que se le acoplará la intersección "te" perpendicular, marcándole los diámetros A y B y cortándola por el medio, en el diámetro B, como se observa en la *figura 15*.

Seguidamente, apoyando esta plantilla con el corte B en el extremo recto del caño y con el radio A en línea con la marca 1, se procede a trazar una línea siguiendo la curva del semicírculo, según muestra la *figura 16*.

Repetir la misma operación al dorso del caño, sobre la marca 2.

Por último, girando la plantilla, con radio A sobre la marca 3, haciendo coincidir el semicírculo con las líneas trazadas anteriormente, trazar la curva correspondiente como señala la *figura 17*.

Girando el caño, hacer lo mismo sobre la marca 4.

De esta forma se tiene listo para ser cortado el inserto, de una manera rápida y exacta.

Esta solución es especialmente usada por los oficiales cañistas que cumplen sus tareas en mantenimientos o reparaciones urgentes, donde deben hacer uso de recursos que demuestren su habilidad, capacidad y experiencia logradas en su formación.

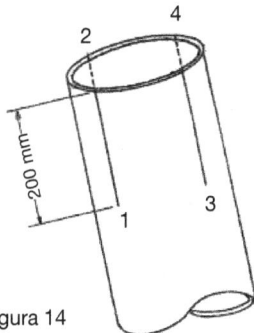

Figura 14

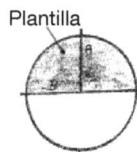

Figura 15

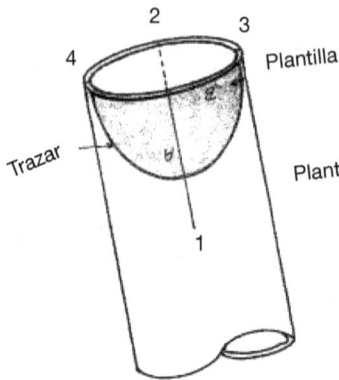
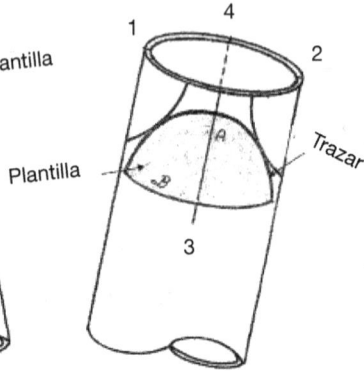

Figura 16   Figura 17

FRACCIONAR CODOS DE 90°

En varias ocasiones es necesario dividir un codo de 90° radio largo en grados menores, ya que industrialmente sólo se fabrican de 45°.

Como modelo se muestra en la figura 15 A un codo de 90° radio largo de 4" (cuyas dimensiones se detallan en la *página 44 del Capítulo 2),* que ha sido fraccionado en un accesorio de 40°.

Primeramente se divide la superficie del codo en cuatro partes iguales en ambos extremos, como se muestra en la figura 15 B, trazando luego líneas que unan las marcas C con C', D con D' y E con E'.

Seguidamente, se determinan las longitudes que se necesitan de los arcos E - D y C, aplicando la fórmula N° 1, usando como componentes los siguientes datos:

- Longitud de arco central D = radio del codo.
- Longitud de arco exterior C = D + ½ radio del codo.
- Longitud de arco interior E = D – ½ radio del codo.
- F = grados del accesorio buscado.
- Seno de 1° = 0,0175 (según tabla de funciones trigonométricas de *página 174, perteneciente al Capítulo 5*).

Fórmula N° 1

Grados del accesorio x Radio del arco x seno de 1° =

Suplantando por valores, según figura 15 A (escala 1:2), se tiene:

- F x D x sen. 1° = 40 x 152,4 x 0,0175 = 106,6 milímetros.
- F x C x sen. 1° = 40 x 209,3 x 0,0175 = 146,5 milímetros.
- F x E x sen. 1° = 40 x 95,3 x 0,0175 = 66,7 milímetros.

Finalmente se trasladan estas longitudes a los arcos correspondientes, uniendo los puntos con una faja; cortar y realizar bisel.

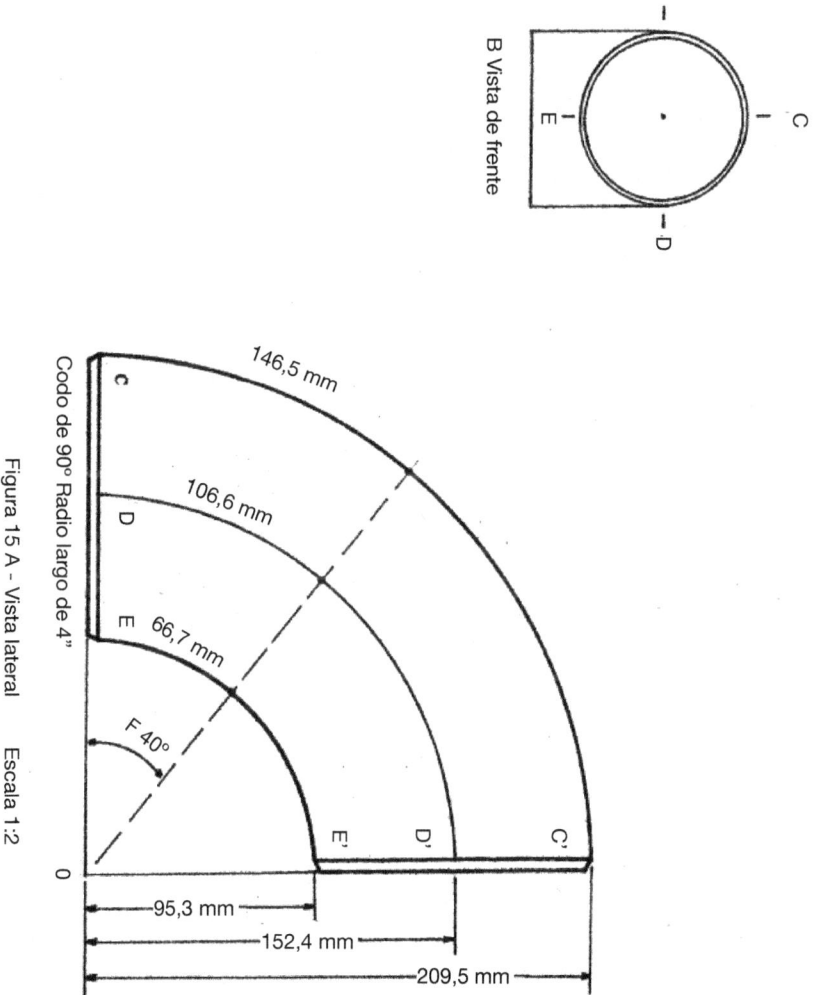

Figura 15 A - Vista lateral   Escala 1:2

Presento otra forma de solución para este problema, usando como alternativa la fórmula N° 2 para determinar las longitudes de los arcos C - D y E de un codo radio largo de 90°.

La figura 16 muestra un codo de 90° de 3" radio largo, fraccionado en accesorios de distintos grados.

Datos dimensionales:

- Radio E = 69,9 milímetros.
- Radio D = 114,3 milímetros.
- Radio C = 158,7 milímetros.

Referencias:

- C – C` = longitud de arco exterior.
- D – D`= longitud de arco central.
- E - E `= longitud de arco interior .

Fórmula N° 2

$$\frac{\text{Grados del accesorio x pi x R}}{180} =$$

Accesorio de 15° =

$$C = \frac{15 \times 3.1416 \times 158,7}{180} = 41,5 \text{ milímetros.}$$

$$D = \frac{15 \times 3.1416 \times 114,3}{180} = 29,9 \text{ milímetros.}$$

$$E = \frac{15 \times 3.1416 \times 69,9}{180} = 18,2 \text{ milímetros.}$$

Accesorio de 30° =

$$C = \frac{30 \times 3.1416 \times 158,7}{180} = 83,1 \text{ milímetros.}$$

$$D = \frac{30 \times 3.1416 \times 114,3}{180} = 59,8 \text{ milímetros.}$$

$$E = \frac{30 \times 3.1416 \times 69,9}{180} = 36,5 \text{ milímetros}$$

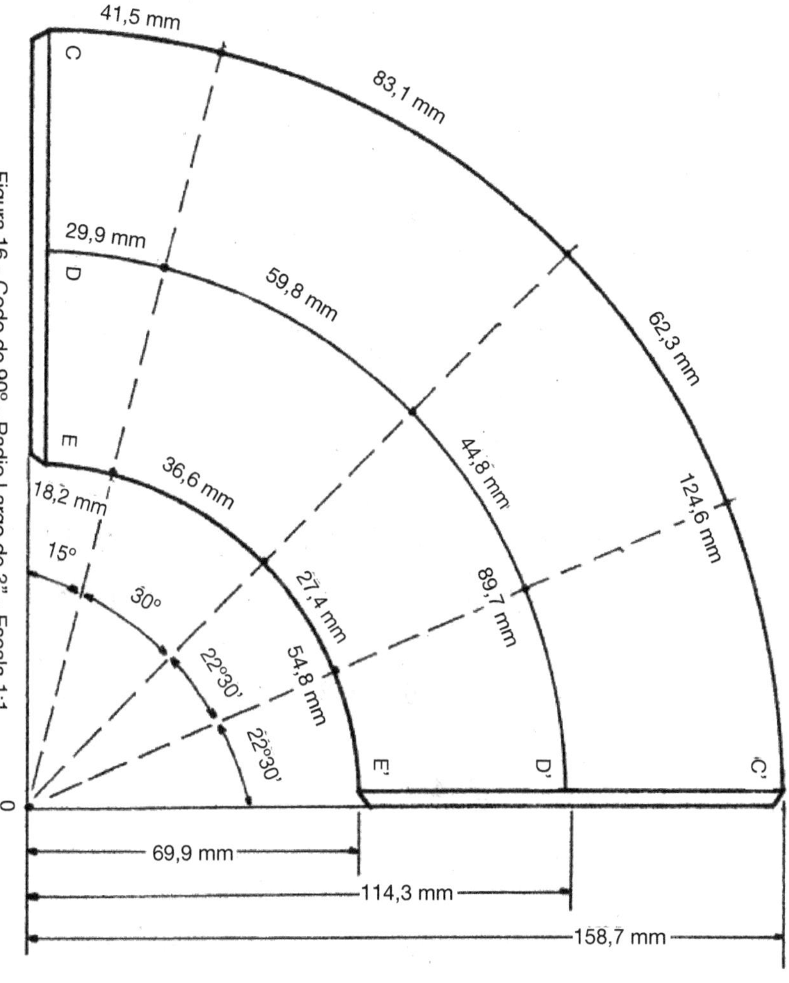

Figura 16 - Codo de 90° - Radio Largo de 3" - Escala 1:1

Accesorio de 45° =

$$C = \frac{45 \times 3,1416 \times 158,7}{180} = 124,6 \text{ milímetros.}$$

$$D = \frac{45 \times 3,1416 \times 114,3}{180} = 89,7 \text{ milímetros.}$$

$$E = \frac{45 \times 3,1416 \times 69,9}{180} = 54,8 \text{ milímetros.}$$

Accesorio de 22° 30':

$$C = \frac{22,5 \times 3,1416 \times 158,7}{180} = 62,3 \text{ milímetros.}$$

$$D = \frac{22,5 \times 3,1416 \times 114,3}{180} = 44,8 \text{ milímetros.}$$

$$E = \frac{22,5 \times 3,1416 \times 69,9}{180} = 27,4 \text{ milímetros.}$$

Si se aplica la fórmula N° 2 al ejercicio de la figura 15A, para resolver un accesorio de 40° en codo de 90° de 4" radio largo, se tiene qué:

$$C = \frac{40 \times 3,1416 \times 209,3}{180} = 146,1 \text{ milímetros.}$$

$$D = \frac{40 \times 3,1416 \times 152,4}{180} = 106,4 \text{ milímetros.}$$

$$E = \frac{40 \times 3,1416 \times 95,3}{180} = 66,3 \text{ milímetros}$$

Como se puede observar, salvo pequeñas diferencias sin importancia, los resultados son idénticos a los de la fórmula N° 1.

Por lo tanto, se pueden emplear cualquiera de las dos fórmulas.

www.ingramcontent.com/pod-product-compliance
Lightning Source LLC
Chambersburg PA
CBHW070406270326
41926CB00014B/2716